Excel 数智财务

CFO 的业财融合

实践之道

李春林◎著

中国铁道出版社有限公司

CHINA RAILWAY PUBLISHING HOUSE CO., LTD.

图书在版编目（CIP）数据

Excel 数智财务：CFO 的业财融合实践之道 / 李春林
著 . —北京：中国铁道出版社有限公司 , 2023.7
ISBN 978-7-113-30213-9

Ⅰ. ① E… Ⅱ. ① 李… Ⅲ. ① 表处理软件– 应用– 财务
管理 Ⅳ. ① F275–39

中国国家版本馆 CIP 数据核字（2023）第 080070 号

书　　名：Excel 数智财务——CFO 的业财融合实践之道
　　　　　Excel SHUZHI CAIWU: CFO DE YE-CAI RONGHE SHIJIAN ZHIDAO
作　　者：李春林

责任编辑：王　佩　　　　编辑部电话：（010）51873022　　电子邮箱：505733396@qq.com
封面设计：仙　境
责任校对：刘　畅
责任印制：赵星辰

出版发行：中国铁道出版社有限公司（100054，北京市西城区右安门西街 8 号）
印　　刷：番茄云印刷（沧州）有限公司
版　　次：2023 年 7 月第 1 版　2023 年 7 月第 1 次印刷
开　　本：710 mm×1 000 mm 1/16　印张：16.25　插页：1　字数：300 千
书　　号：ISBN 978-7-113-30213-9
定　　价：88.00 元

本书使用说明

读者对象

本书面向广大有志于快速提升Excel水平和渴望融入业财融合实务的财务职场精英，为了特别照顾非财务读者和财务新人自学，本书对所涉及的财务知识都做了深入浅出的诠释。

与一般的Excel图书不同的是，本书站在财务高级管理者传授财务新人的角度，从一系列真实可信、多业联动的业财融合实务案例切入，可学习到业财融合、管理会计、Excel（PQ）多学科复合应用知识，对企事业单位财务人员无疑是一份难得的综合应用大礼包。在书中，大家既能学到在业财融合场景下财务人员如何运用包括预测、决策和预算在内的财务管理、管理会计知识，又能学到Excel高阶应用、建模实操、公式和函数等综合运用。

本书对于所有有志于职场晋升的职场人士和大专院校的本专科生、研究生及MBA学员大有裨益，具有举一反三的借鉴意义。

正确学习方式

准备一台电脑和一支笔，打开本书的配套案例文件，对照模仿各章建模步骤动手操作，在书上写写画画。觉得书上印刷的个别图片较小时，你可在电脑上打开随书赠送的高清彩图放大鉴赏。不想动手时，你有两个选择：一是，学学各章财务基础知识，看看随书配送的思维导图，整体把握一下本书的知识分布；二是，拿出手机/平板电脑扫一扫书上的微课二维码，二维码上有微课时长，便于你安排碎片时间学习。学习中有疑问时，可以加入QQ群118615209与本书读友讨论，1群满员后，加2群；2群满员后，加3群……

高清字幕视频与配图

随书配送视频均为作者精心录制并剪辑的高清2K（部分4K）微视频，且配有字幕，画质清楚声音清晰，读者在阅读过程中直接扫描二维码即可收看；二维码上同时标有微课时长，供读者预留相应的时间来学习。视频绝大部分精剪在5分钟以内，简单明了。全彩配图截取了关键操作及细节，对操作步骤用①②③……标注先后，涉及鼠标操作的，同时将光标截取入图。

印刷配色逻辑

本书案例模型表格一律以绿色字表示可随时修改的已知内容，以红色字表示案例文件名，以蓝色字表示公式，以橙色字强调公式重点。

函数与公式

函数名称以英文大写字母表示，参数直接以通俗易懂的文字标注，如"=PPMT(利率,第几期,期数,现值,FV,各期是否是期初支付)"。本书的函数绝不做成词典式的罗列，因为 Excel 本身的"帮助"中已经清楚地列示了。我们选用的函数完全是出于案例自身的需要，以建立模型的必要性为标准，遵循"最少最精、常用够用"的原则，不贪大求全，不使用长公式，因地制宜、顺势推出，既摒弃了 Excel "帮助"中一些晦涩的部分，又进行了通俗化实用扩展。

全书公式一律以蓝色字印刷，函数的可选参数以*斜体*展现，对函数的讲解基本上按照函数"来源 / '函义'，功能，形式，参数，举例"的逻辑进行展开。本书约定有公式的单元格以非绿色字标示，单元格内公式可点击 Excel【公式】【显示公式】查看或直接双击进入单元格内查看。

场景设定

本书主要人物包括：

柴总，"70 后"，集团副总，财务分管领导。

小朱，"00 后"，集团财务新人，职场 1 年，具备一定的 Excel 基础知识，财务管理的具体执行人和实施者。

肖总，"80 后"，集团营销老总；李总，"90 后"，集团总经理以及集团生产总监等与财务管理产生工作交集的公司同事。

语言风格

本书反对刻板学习，提倡愉快学习、生动活泼口语化谈心式学习，作者对 Excel 的基础运用和高级应用娓娓道来，深入浅出、真实可信。

软件版本

本书的写作基础是微软 Office Excel 2021版，在照顾通用性的同时，增加了 Excel 最新推出的相关知识，带你勇立时代潮流，学"鲜"学先。

其他版本的 Excel 也并不影响书中绝大部分功能的学习，WPS 也可参照学习。本书所用文件的保存格式一般为".xlsx"格式，部分过于老旧的 Office 版本（如2003及以前）用户需要安装 Excel 2007 兼容包。

Excel 操作命令

菜单和按钮：涉及多个连续操作时，以"【 】"分隔，如【数据】【数据工具】【合并计算】。

键盘命令：用引号（""）包围，需要同时按住两个或以上按键时，用下划线"_"相连，如"Ctrl_Shift_Enter"。

鼠标命令：通常以点击表示点一下鼠标左键，以右击表示点一下鼠标右键，以拖动表示按住鼠标左键不放的同时上下左右移动鼠标。为与实体鼠标相区别，用光标表示鼠标在 Excel 中各种变化的形状，如"实心黑色十字光标""四向光标"等。

单元格地址

用列标和行号直接表示单个 Excel 单元格，如单元格 A1 或 A1 单元格。

单元格区域，用引号（""）包围，如"单元格 A1：C7"。中间的冒号（：）必须是英文半角输入法状态下录入的。

绝对引用是指在单元格或者单元格区域的列标或者行号之

前加上美元符号"$"，该符号加在列标前表示绝对引用列，可在公式拖动时锁住列标，禁止其自动变化，该符号加在行号前表示绝对引用行，可在公式拖动时锁住行号，禁止其自动变化。

相对引用时不需要加美元符"$"，在公式拖动时 Excel 可对列标和行号自动智能变化。

附赠超值大礼包

·62个实操案例文件和全书高清彩图166幅；

·116分钟作者原声2K–4K高清微课视频（带字幕）26个；

·180分钟作者原声数据透视表从建立到精通高清教学视频（带字幕）37个。

读者可加入QQ群118615209凭本书内文图6–2中的提取码获取以上资料。

数智业财融合短视频清单

序号	短视频名称	分	秒	页码
1	1-1.原来选区竟也有这么多学问呢!	6	58	16
2	1-2.表格线你会划吗?	2	33	18
3	2-1.从财经网站导入净利率前20名	3	45	34
4	2-2.不规范数字的Excel整理	2	42	42
5	2-3.不规范日期和时间的Excel再加工	4	48	43
6	2-4.通过日期整理学习PQ数据整理	6	51	45
7	3-1.确保利润前提下保底营收测算模型的构建	6	56	55
8	3-2.数据组合让你的展现伸缩自如	2	51	57
9	3-3.用条件格式凸显等值与近似值	3	38	66
10	4-1.边际收入与边际成本相等时的单价测算公式推导	2	46	91
11	4-2.盈亏平衡测算及图形制作	5	54	98
12	4-3.盈亏平衡图添加横竖指示线及美化	5	40	102
13	5-1.MATCH和XMATCH函数	5	18	124
14	5-2.INDEX函数原理及用法	2	40	125
15	5-3.Excel中@三种方法及一维二维数组相加	4	56	128
16	5-4.小而美的LET函数的妙用	2	33	129
17	5-5.组合投资风险与收益模型美化的两个关键点	2	52	144
18	5-6.投资组合风险与收益度量模型的动态扩展	4	31	145
19	6-1.4次循环实现赤字清零的验证	3	14	169
20	6-2.利用回归分析法来预测资金需求	2	58	171
21	6-3.以财务费用统计为例学习从模糊到具体的数据整	14	18	180
22	6-4.利用合并计算工具创建净现金流量清单	3	6	204
23	7-1.报表汇集系统的功能、结构介绍和使用	2	28	208
24	7-2.利用PQ实时归集动态增减的文件夹	5	39	222
25	7-3.设置汇总公式并验证上报情况	4	26	231
26	7-4.报表汇总系统的月初简单设置	1	22	233
	合计	99	1003	

推荐序 1

　　大数据年代，智能财务的发展日新月异，代表性的数字智能工具当数管理会计了，伴随着中国经济的高速发展，管理会计的应用在企业界受到了广泛重视。大家知道，在企业发展过程中，公司的价值最大化是企业的终极追求；而在新信息技术突飞猛进的当下，如何应用管理会计工具在提升企业价值过程中发挥作用，既是管理会计的痛点、难点，也是广大企业财务与会计从业者面临的前所未有的挑战。解决业财一体化过程中的痛点、难点的手段还得依赖于业财融合的本质——管理会计。遗憾的是，目前讲授管理会计理论的论著颇多，纯Excel操作层面的资料也不少，但应用新信息技术、结合了"业财融合"概念的数智化管理会计实务方面的书籍则很难觅。

　　李总的这部《Excel数智财务——CFO的业财融合实践之道》恰恰弥补了这一大缺憾。对财务与会计工作如何提升自身价值有着深刻的见解，也一直在用管理会计工具践行着"财务与会计出效益是王道"这个真理。李总的这部新作是继他上一本畅销书《财务精英都是Excel控——CFO手把手教你学管理会计》之后，时隔五年的又一力作。我对李总及其新著有几点颇为深刻的印象：

　　一是细致入微又内蕴深刻。初次接触这部新作，感觉都是纯操作层面的步骤演绎，每一次鼠标点击，光标变化、左右手的分工等都体现了李总扎实的细节化功底，但再深入研读、仔细琢磨，会发现书中介绍的每一个操作步骤背后，都蕴含着管理会计的理论思维和信息技术的应用逻辑。我相信企业财务与会计人员非常需要这种思维和逻辑来指导他们的日常工作，从而帮助财务与会计人员透彻理解准则和各项指引，并使之得到准确地执行。

　　二是行文亲和但不失严谨。李总这部新作延续了他之前著作的语言风格，简单明了、幽默风趣。财务与会计工作总是给人以沉闷、刻板的印象，相关知识的学习往往也很枯燥、很乏味，这部新作的行文风格却令人耳目一新，让人倍感亲切，使读者可在轻松、有趣的氛围中把握书中传授的严谨、专业的知识体系，在通俗中领略严谨，在简单中体验深刻，一定会有"旧时王谢堂前燕，飞入寻常百姓家"的感觉。正是因为这种风格，李总之前的著作才得以被市场广泛接受，非常畅销。对这种"接地气、重落地"的文风，我是非常赞赏和支持的，相信李总的这部新作也一定受到广大读者朋友的喜爱。

三是用心立著且不断求进。从李总几本专著的出版时间看，间隔时间都不短，可见他追求的是出精品、教真知，也是耐住寂寞精心打磨的。在介绍案例时，他不仅教大家怎样建模，还告诉大家为什么这么做、嵌入了哪些财务与会计原理和信息工具知识，然后再加以解读、回顾和拓展；对易错的地方还特别提醒读者注意回避。基于此，李总推出的Excel管理模型都具有极强的通用性和适应性。除了良心著书、授人以"渔"之外，李总自身仍在不断学习，结合多年的企业实战经验，研究和拓展管理会计更广、更深的应用领域，可得"探赜索隐，钩深致远"，实属难能可贵。

正因为如此，我祝愿并期待李总更多的作品面世，若能如愿，也是读者之福。而李总本人作为一位在实务中摸爬滚打的企业高管，躬体力行，将管理会计工具的应用融合于数字化浪潮中，且成果卓著、惠及众人了，正所谓"力行近乎仁"也！

总之，李总的这部新作很新潮，很务实，很落地，很实用，是各类财务与会计精英人士不可多得的实战指南、获胜宝典。故此，我乐于推荐给大家。愿我们都能在数智化的浪潮中，勇立潮头、不惧"难点"、不畏"痛点"，"智慧地"运用管理会计工具，找到赋能企业和实现自我的价值点。

与大家共勉，并为序。

容诚会计师事务所（特殊普通合伙）主席

陈箭深[①]

2023年1月8日于南京

推荐序 2

时值兔年新岁，李总的这本业财融合的数智财务书稿奉于案头，仔细阅读之后，只觉眼前一亮，又觉理所应当，为何？

业财融合核心关键在于多"业"协同。既然是融合，便不能是单打独斗，它强调的是团队作战。很多企业在推业财融合，但失败的案例比比皆是，除战略方向、团队协作方面的问题外，各业务部门管理能力的提升也是一个非常关键的"卡脖子"的点，特别是财务部门的财务管理能力的"段位"很重要。

这一点，我在诸多央企、上市公司、民企讲学时，也得到了众多高中层管理人员的深切认同，大家都是知道要提升财务管理能力的，但在"具体如何提升、使用何种抓手、如何落地实操"等方面普遍缺乏实用性的指导，尤其是在能够实质性提升财务管理能力的实用技术——管理会计方面，纯理论的"够不上"（不易学），结合实务的"找不着"（无参考），更别说是融合了信息工具的数智化实操书了。

有幸的是，春林的这本数智财务书就是填补这方面空白的。通篇细览，这本新作有自身鲜明的"五重"特点：

一是，重实用。该书就是为了解决企业业财融合管理会计实务中的痛点和难点的，全书从财务人最常用的信息工具 Excel 入手，包含了全面预算、净利管理、量本利分析、投资收益与风险管理、资金的需求和融资决策、证券定价、集团报表自动化动态汇总等，再谈到 Excel，其中既有基础的方法操作，还有函数和公式、图表和迷你图、条件格式，更有窗体控件、数据透视表、方案管理、合并计算、规划求解……干货很多，智者自取。

二是，重细节。有三个方面我是印象深刻的：其一，文字以字色区分了不同的内在逻辑，比如绿色字体表示已知自变量，蓝色字体表示公式，红色字体表示使用的文件等；其二，作者原声微课视频流畅高清 2K/4K，均配有字幕，且在书中配备了标注时长的二维码，读者可凭此预留时间学习；其三，高清截图是截取了行号和列标的。很多书是忽视了这个的，没有行号和列标你怎么对照文字中指代的单元格呢？甚至，截图包含了光标的位置。此外，书籍还配了思维导图……这就是细节。

三是，重指导。该书是讲Excel模型解决业财融合实操的，注重思路解析、注重模型适应性和拓展性：全书不仅细致地给出1、2、3……操作步骤和模型结果，还给出了方案思路和模型解读。模型建好后，面对企业新的变化，李总还教给大家模型的扩展，如何最简改造，甚至不改造就可以沿用模型，凸显了Excel管理建模的通用性和可扩展性。

四是，重新人。新书"爱"新人，指的是李总这部新作是充分照顾了财务新人的。不是说，参加工作时间短，就是新人；也不是，职级低，就是新人；而是说，在管理会计Excel数智化方面存在知识盲区的新人，李总这部书的"新"就新在这里了。为照顾新人，书中选用的案例的深度、财务知识的讲解、操作步骤的描述都是经过精心考量、布局的，没有繁杂的高等数学推导，没有长公式、没有一句VBA代码……当然，如果你想更进一步，李总的另一本畅销实操书《财务精英都是Excel控——CFO手把手教你学管理会计》可以满足你！

五是，重理解。该书延续了作者的幽默风趣的口语化讲授风格，如同一位知心朋友与你聊生活，聊新知，轻松幽默、通俗直白、娓娓道来。细致一读，就会发现，书中不只是教你如何做，还会在关键处教你如何"避坑"（躲开易错处），告诉你"避坑"是为了什么。如此种种，都是为了你更好地理解。

这些特点正是令人"眼前一亮"之所在。

李总如此精心地谋篇布局，突破的是业财融合中各"业务部门"各说各话"两张皮"的撕裂，解决的是管理会计和Excel应用各自为政的问题；李总作为一位企业管理实战经验丰富的高管人员，深耕管理会计领域多年，又深谙Excel智能工具的财务应用之道，将数智管理会计融入业财融合实务，这本新书正是李总的经验分享和心血力作。对于陷入业财融合困境、苦于无所求知的读者来说，本书的出版无疑是一件幸事。

这部新作可以缩短财务管理、管理会计理论与业财融合、企业管理实务的距离，如果你是职场新人，即将就业的大学生，经济、金融、管理和财会专业在读学生，这本书无疑是非常适合的；如果你是企事业单位高管人员、职场经理（主管）、中介机构专业人士，当然也可参考、借鉴学习。

随着信息技术的发展，财务会计的绝大多数工作将由计算机完成。从繁忙算账工作中解脱出来的会计工作者更为广阔的战场将在管理会计领域，那么如何从财务会计信息海量数据中进行挖掘，使自己变为"数据工程师、数据维护师、数据分析师"？该书给读者提供了很多应用场景和操作指南，可作为大学会计专业管理会计学辅助读物、MBA学员教材辅导、各类财会培训和管理会计培训机构教材。

这本著作不厚但"重"，值得隆重推荐。

四川大学商学院教授、博士生导师、博士后合作导师

极米科技（688696）、雷电微力（301050）独立董事

中国会计学会理事（第六、七、八届）

干胜道

2023年1月8日于成都

推荐序 3

　　数智财务的典型应用可落脚于数智管理会计，这是解决业财融合实践难题的一把利器。数智管理会计对传统管理会计模式（如组织、流程和工作模式等）进行的全方位变革，使管理会计体系能够更好地支撑企业业务发展。

　　1922年，美国会计学者奎因坦斯在其《管理会计——财务管理入门》一书中首次提出"管理会计"的名称，标志着管理会计的正式诞生。经过百年发展，管理会计从最初的简单成本核算发展到当下强调价值创造的综合管理，取得了一系列成就；进入数字化时代，管理会计既面临新挑战和新问题，也迎来了发展的新空间和新机遇。2014年至今，我国财政部陆续发布《全面推进管理会计体系建设的指导意见》《管理会计基本指引》和管理会计工具相关的"管理会计应用指引系列"，至今已有34项。"基本指引"＋"应用指引"彰显了中国管理会计的先进性和技术引领性。

　　目前，和世界管理会计发展情况一样，我国管理会计同样面临数字化转型，因此，数智化管理会计已真实走入企业应用，数智管理会计全面赋能业财融合则是大势所趋，借力于焕发勃勃生机的Excel工具，春林推出这本《Excel数智财务——CFO的业财融合实践之道》新著，实在是顺天时、接地气之举了。

　　与传统管理会计相比，数智管理会计具有深度融合企业内外部海量数据、提供实时动态的数据服务、直接赋能企业业务发展、深入应用人工智能技术和帮助企业感知现在与预测未来等五个鲜明特点。春林的这本新著正是在这样的背景下融入了这五个特点的佳作。

　　这本新著的目标是解决当下企业业财融合痛点、难点的，它契合了业财融合的市场刚需，也是春林继2018年畅销书《财务精英都是Excel控——CFO手把手教你学管理会计》之后，结合业财融合的、更贴近财务"新"人的数智化财务书籍。春林的语言风格我是了解的，仍然是延续了一以贯之的浅显细致、风趣幽默。全书内容均立足于一家企业集团真实的职场情景，以业财融合为逻辑主线，运用财会人员高频使用的Excel为实操工具进行数智赋能，涵盖了从数据收集、整理，到模型搭建、实时刷新与分享、可视化呈现的全过程数智化解决方案。

通阅各章，可以看出这本新著的一些鲜明特点：全书高清视频和图文制作精心细致，行文逻辑严谨、实用，各章从企业业务融合场景的具体需求出发，遵从"问题提出、建模思路、解决方案/建模方法、模型解读与回顾"的底层逻辑，结合所运用的财务知识和信息化知识加以综合分析，提出实际可行的解决思路和模型选择，最后加以总结，并举一反三。

总之，这是一本数智赋能业财融合、管理场景真实再现、问题解决思路清晰明了、易学易用的好书，值得有志于在业财融合道路上一展身手的职场精英、大中专院校师生深入学习、参考借鉴。

是为序。

中国财政学会理事
南京审计大学副校长
经济学博士、教授
裴　育
2023年1月6日于南京

自　序

写作背景

　　2023年3月7日，国家大数据局正式组建，标志着国家级数字化转型进入了数据驱动时代。有人从中看到了数据技术发展的希望，财务人则从中看到了生产力提高的契机，看到了数字对经济的推动，看到了数字化转型时代智能财务的勃兴——**技术如何才能为我所用？财务人在大数据时代如何同步提升自我、打通晋级加薪的快速通道？**

　　随着大数据、人工智能、云计算等技术的发展，财务管理活动进入了智能化时代，数智财务将全面引领数字化浪潮下财务变革新趋势，而业财融合(IBF)则是在这一时代背景下，在当今企业广泛应用且比较棘手的一项经济活动。

　　本质上，业财融合属于管理会计的范畴，这就为数智时代财务人员大展身手提供了实现的可能。2022年5月，中国铁道出版社有限公司的王佩编辑找到了在管理会计领域深耕的我，约写一本业财一体的智能财务新书。王佩是我的老朋友了，自从上一本2018年由她策划的《财务精英都是Excel控——CFO手把手教你学管理会计》推向市场后，深受读者欢迎。想来我也是五年未动笔了，况且，业财一体和管理会计融合也是我比较感兴趣、且有些心得的主题，我深信未来财务人员在业财融合的浪潮中是可以大有作为的。

　　很自然地，这本书顺理成章地提上了我的写作日程。

　　在大数据管理浪潮中，**业财融合要运用大数据思维，将企业海量的经济数据资产化、资源化，利用管理会计工具方法，实现财务和业务双向有机融合**，财务人的"提升、晋级"必须借助于现代信息化工具，将业务流程关键控制点及相关的控制指标嵌入到管理系统中进行固化、模型化，必须从企业整体层面业财联动，形成管理"闭环"。

如果你是一名不懂业务的财务人员，你的职业之路将会越走越窄，无论是否成为专职"联通"财务和业务纽带的财务BP（商业伙伴），每一个想要晋级加薪的财务人必须是熟悉业务的财务，必备的一项核心技能便是：**能够为业财融合提供专业洞见和智能解决方案**。

　　数智化财务应用最广的就是管理会计技术，而信息化管理工具最灵活且学习成本最低、最见成效的就是财务人员最熟悉的信息工具Excel。多数时候，融入了管理会计思维的Excel模型在不经意间便可够实实在在地解决业财融合痛（难）点问题。

　　我们知道，管理会计引入中国也有不少年头了，国内企业也有不少实践，但市面上可学习借鉴的实用书少之又少，而运用大数据思维，将企业海量的经济数据资产化、资源化，借力Excel高阶应用的指导书籍就更加是凤毛麟角了，幸好我在这方面有一些想法和经验，在上海财经大学所学知识和工作实践中的领悟，是万万不敢私藏的。分享是一种快乐，出版社的邀请是一种鼓励，但我当如何分享呢？

　　我将结合企业集团管理实务、结合业务场景、组织流程和资源配置实例，教给你如何将管理会计嵌入Excel提升智能财务水平、如何在业财融合契机中卓有成效地提升财务价值和企业价值——

　　一方面，对于Excel，细化到每一次鼠标点击，光标变化和左右手的分工——我会讲到Excel自带的函数、控件、图表、条件格式、数据透视、方案管理、合并计算以及PowerQuery的导入和简洁清洗……还不包括令小白望而生畏的公式和VBA，一句代码也不需要你写。

　　另一方面，对于管理会计，管理模型的设计是基于哪些财务技术？操作过程中这样做的目的是啥？有哪些容易犯错的地方？我会讲到管理会计的全面预算、利润测算、量本利分析、货币时间价值、投资组合、风险评估、资金需求、证券定价……这些行业内耳熟能详的专业知识。

　　通过学习，你能够获得复合型知识训练——

　　一方面，你可以掌握如何将管理会计这一结合了经济学、管理学、会计学和数学的交叉学科和Excel这一拥有强大计算、统计、分析功能的办公工具，二者实打实地结合起来，通过业财融合背景下的营销、生产、投资、融资以及财务本身等多个"业务口"经济活动的财务建模去解决业财一体化的"痛点""难点"。

　　另一方面，也最重要，我希望你能够掌握我在业财融合问题解决过程中"问题提出→思路分析→方案详解→回顾解读"的底层逻辑，学会"起→承→转→合"的核心架构，这将会令你受益终身。

有同学可能会问，要提升业财融合的财务管理能力，需要系统地学习管理会计和财务管理理论知识吗？需要去学习纯Excel技术方面的书籍吗？

我的回答是不需要，为什么？

因为财务管理＋Excel技术这类实操的活儿完全是可以"干中学、学中干"的，在操作过程中学习、领悟，反过来用知识指导实践，这是实操类技术的一种先天优势。我们是财务"匠人"，用"工匠精神"指导我们精益求精地实操，是可以实现理论和实战同步提升的。

那么，我是不是反对专门去学习纯Excel技术、纯管理会计知识呢？——并不是，如果你有余力，是可以去学的，在自身能力许可范围内，"活到老、学到老"，尽可能多学，"终身学习"是大家永恒的话题。

正如我在2015年《账表的力量——就这样搞定会计》一书中指出的"江山留胜迹，我辈复登临。"这是我喜欢的一句话，因为每年，我们都会登上一个新的高度，尽管它是前人走过的路，但在当下，让自己能够领先于他人，这正是我们大家自我提升所应当追求和达成的。

转瞬间，大半年过去了，利用了若干假日和黑眼圈，每一个文字均仔细推敲、每一幅插图皆用心制作，每一个视频都精心剪辑——唯有如此，方能完稿。

嗣后，再寻数位"80后""90后""00后"读者试读、反馈后逐一修改……

时入新岁，终将付梓，我满是期待：如果这本小书能够帮助企业解决一点业财融合难题，能够帮助财务人员，特别是职场新人和大二以上的财会专业学生提升数智时代Excel高阶应用和管理会计实操水平，提升存在价值，助力快速晋升，便是我最高兴的事情了。

章节设定

全书分为上下两篇，共七章：

上篇第一至二章，是本书的基础，细致介绍了在数智能财务演进和企业数据中心建设过程中，如何从源头解决业财一体化数据精准获取难题。第一章讲了大数据时代业财融合和Excel这一对"帅哥美女"初相识，解盲业财融合，介绍了数据建模的基本逻辑和Excel的实操"手法"等基础知识；第二章，基于数据建模的数据源要求，特别引入了多项PowerQuery（PQ）数据导入的"源头"处理技术，并介绍了源数据的日期和数字的整理方法。

下篇第三至七章，是本书的主体，以北京正望集团为例，深入阐述了如何依照业财融合的内在要求，突出财务专业特征，结合管理会计的知识点，通俗简明、系统一体地讲解了集团（及下属分支机构）在业财融合过程中遇到的全面预算管理、利润锁定前提下的营销"多业"协同、量本利分析与生产管理、风险视角下的组合投资管理、资金的需求和筹措、集团报表动态汇总的自动化等多种业务情景下的数据赋能技术和解决方案。

特别鸣谢

中国铁道出版社有限公司编辑王佩女士，她拥有专业的筹划、组稿能力和极强的沟通技巧，感谢她在本书成书过程中给予我的鼓励、指导和帮助。

我要感谢我的家人，没有他们在背后默默的付出和支持，也不会有这本书的面世。

我要感谢酒店资深财务专家、高级经济师、原金陵饭店股份有限公司副总及财务负责人胡文进先生，航空业资深财务专家、注册会计师、高级审计师杭道富先生。

我要感谢在成书过程中给予我帮助的上海财经大学校董、容诚会计师事务所首席合伙人肖厚发先生，和君咨询合伙人张文义先生，浙江立信所副所长胡赋先生，扬州九天环保科技有限公司董事长李步兵先生，上海美凯地板VP&CFO蒋薇女士，广西建通投资监事会副总的黄易英女士，"澳洲野玫瑰"和其他研究生同学。

最后，要特别感谢在百忙之中抽时阅读本书样稿并为之作序的财政部会计准则咨询专家、会计泰斗葛家澍教授弟子、厦门大学会计系博士、高级会计师、注册会计师陈箭深先生，四川大学博士生导师、极米科技（688696）和雷电微力（301050）独立董事干胜道教授，中国财政学会理事、经济学博士、南京审计大学副校长裴育教授。

由于笔者水平有限，书中的错漏之处，恳请批评指正，发我邮箱：2540968810@qq.com。我会及时勘误，并更正于微信公众号"智汇会计"和我的微博：https://weibo.com/lclstudy。也欢迎一起加入QQ群118615209来共诉业财融合背景下的财务管理和Excel的美好前程！

李春林

2023 年 4 月 18 日

目 录

• 下 篇　专业篇

第 3 章　多业协同保净利

第 6 章　融资管理巧 "融" 知

第 1 章
业财融合下的 Excel 数智之光

大数据时代，智能财务的推行让业财融合成了大势所趋。一直以来，企业的财务和业务都是独立分开的"两张皮"，各拉各的调，偏于事后的会计核算已不能满足企业生存竞争之需。将业务和财务紧紧相拥使之连体，必须借助先进的数字技术和智慧大脑，事中甚至是事前控制的财务管理需要运用更多的管理会计技术。难吗？不，我们有 Excel 作为强悍的数字工具，可以让管理会计助力业财融合成为财务人员的刚需，尤其是作为"00 后"财务新人的你们。轻松融会贯通 Excel 和管理会计，低投入高产出，跟我走……

1.1
各吟各调的"两张皮"之痛

1.1.1　我们的业务和财务早就"融合"了

会场上的讨论永远是那么热烈。销售总监肖总又在发火了："我们好不容易拉了个客户，客户现在出不了纸质材料，还是青岛老客户介绍的，你们财务小姑娘这个要那个，这 3 000 万元的单子还做不做了，柴总？"

生产计划单上财务还没有签字，吊机 KM2023 还没有排期，难怪肖总一头火。

"肖总你说的老客户是济南济济成套设备公司，这家至今还欠我们 5 000 万元的应收款，作为中间介绍的青岛这家公司据我们了解是济济王老板弟弟的公司，预订单发给他们半个月了都不肯签字，钱总你说怎么排期？"

生产总监老钱有点懵，"你们下订（单），我们照单生产就是了。"

……

销售、生产和财务，似乎一开会就吵架，都快成惯例了。这样的局面该如何处置？企业业务财务各说各话，难以融合，业财融合似乎是个遥远的梦。

那么，你知道什么是业财融合吗？企业怎样才能做到业财融合呢？作为财务，我们能够有哪些作为呢？简单地说，要真正实现业财融合，就必须回答业财融合"是什么""为什么""怎么做"的问题。

1. 业财融合的本质。

业财融合（IBF, the Integration of Business and Finance），是个具有我国特色的名词，顾名思义，是指业（务）与财（务）的融合，是业务发展与财务管理的结合，业务和财务融为一体、和谐共进。从业务部门来说，大家在业务开展的全程都要有经营思维和风险意识，要清晰地认识到业务开展需要为公司创造价值和利润，控制和规避风险，控本增效（也是创造价值）；从财务部门来说，大家要深入业务活动，特别是要将财务管理前移到业务前端，通过对数据的预测和分析，把结果反馈给业务部门及决策层，使企业的管理决策更加科学；同时，企业通过把握业务流程的关键控制点和潜在风险点，并实施有针对性的改进，降低运营风险。

业财融合是一项系统工程，是从企业整体层面对企业经营和管理的平衡与共进。业财融合的本质是发展与控制，是（经济）业务与财务（管理）的有机融合（合体）。这里的"有机"就意味着业财融合不是简单的业财相加，而是二者和谐统一，在融合的相互作用下呈螺旋上升态势（如图1-1所示），它是企业追求发展与管理上升的过程和目标，是企业价值创造的DNA，涵盖了企业在发展战略指引下的管理策略和行为，包括组织、预测、决策、分析和控制，具象化表现为制度和流程设计、执行和评估、改进，各种数字资产的积累，数据模型的研发和运用。

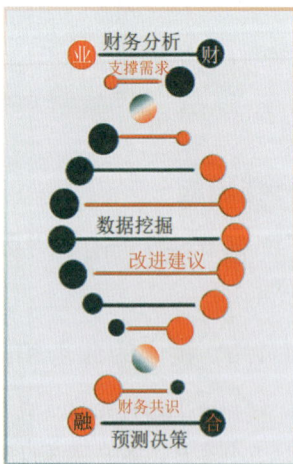

图1-1　业财融合的螺旋上升

要精准掌握业财融合，还需要规避几个常见的认识误区：

- 业务，不只是指销售或营销，不只是指直接创造营收的部门（个人），也不只是指创收行为。业务指的是公司在生产、经营、管理过程中所发生的经济行为、经济事项。

- 业财融合就是业务部门与财务部门合二为一，这不是笑话——2020年，笔者在与江西一家小企业财务负责人聊天的过程中，对方就以为是把两个部门合二为一，告诉我："（业财融合）我们早就做到了，销售和财务都是田总（老板小舅子）一个人管。"

- 业财融合是财务与业务的双向融合，不是单向奔赴。不只是财务要单方面主动与业务融合，这实际上是对财务的苛求，业务也要靠近财务。从操作层面看，各职能部门也须持开放接纳心态，主动融入业财共进体系，业务负责人应具备相应的财务管理知识：一是能够初步理解财务知识，具备足够的风险控制意识；二是侧重于理解财务管理和风险控制方面的知识，无须纠结于具体会计核算处理。实战中，我们鼓励公司业务人员就业务发展向财务部门提出支撑需求，就财务管理中存在的问题向管理层和财务部门反映并提出改进建议。

- 业财融合并不意味着财务部门要越位插手业务工作，业务部门不能拿财务曾参与业务活动而提出免责，财务部门也不能简单地因参与业务项目而承担责任，二者并不存在相互取代、共同免责的关系。

2. 为什么要进行业财融合。

时代在发展，经济行为愈加复杂。行业的市场竞争逐渐加剧，公司业务在经济大潮中不进则退。在新的商业模式带来新的机遇的同时，企业会面对的新发展问题和管理风险。复杂多变的环境和外部的不确定性，迫使公司作出更为敏捷和快速的应对。传统的事后核算型财务管理方式已经不能适应这种需求，需要将财务管理向业务前端前移，在业务决策时提供财务分析和风险提示，做好财务规划，降低风险。

面对瞬息万变的市场环境，企业的应对必须更加快捷、精准，无论是产品投放的调整，还是应对经济形势变化的开店闭店计划……都需要更敏捷、更准确地财务数据支撑企业决策。换言之，企业需要能够快速从海量的业务数据抽丝剥茧，形成敏捷的企业决策，从而为企业创造新的价值。而价值创造，即企业的业务活动所产生的收益大于付出的成本，这种收入成本差，也就是利润。但企业要实现价值的正向增加，既要考虑业务活动能取得的收益，还要考虑相关的成本和可能的风险损失。

只有通过业财融合事前介入，企业才能以数据的形式（实质是企业的数字资产）体现整个价值创造的过程和结果，从而实现科学决策，也为后期的业务开展积累经验和支撑，并提供控制依据和标准。

3. 业财如何真正得以融合

业务和财务要真正实现融合，核心在于管理闭环的形成，也就是"事前规划、事中控制、事后评估"的循环往复，并且在管理的闭环链条上必须嵌入业务流程的关键控制点。

公司结合发展的不同阶段，将业务流程关键控制点（如资产签约的要求、商品上架的审核、提成结算的条件）以及相关的控制指标（如商品上架的毛利率、资产收费的折扣率）在管理系统中进行固化，实现系统日常的控制；同时，通过日常归集的业务信息数据，进行自动分析和预警提示，实现业务和财务管理效果的实时反馈和改进，实现管理系统的螺旋式上升。

业财融合的标志即管理闭环的形成，而这个闭环必须具备"三个需要"的特征，即需要覆盖"事前预测、事中控制、事后评估"功能，需要具备根据形势自我适应、自我调整的功能，需要全程嵌入关键控制点。

业财融合不只是财务部门的事，也绝不只是财务部门的"家事"。从企业整体层面联动整合，是融合的根本，财务可以是主导，但绝对不是全部。业务活动受财务管理约束，财务是业财融合指导下的先行者。

4. 业财融合的数智化

业财融合是一个过程，它将业务和财务的数据和流程进行了集成和优化，以提高管理效率和决策能力。数据引入、数据整理，数据展现是业财融合的三个重要环节：

- 数据引入：指将来自不同系统或来源的业务和财务数据通过接口或工具导入到统一的平台或数据库中，以便进行后续的分析和处理。
- 数据整理：指对引入的数据进行清洗、转换、匹配、校验等操作，以提高数据的质量和可用性，并为分析提供准确和完整的数据基础。
- 数据展现：指利用可视化工具或软件将整理后的数据以图表、报表、仪表盘等形式呈现给用户，以便用户能够快速地获取洞见和价值，并支持决策。

5. 业财融合的成效。

融合得怎么样？关键看成效。业财融合，关键点在于"融合"，融合有深浅，程度有不同，大致可以划分为三个阶段：

- 基础阶段。数据贯通、提高效率，即业务运营的数据跟财务核算可以连通、衔接，能够提高财务人员的核算效率，降低整体核算成本；
- 提升阶段。数据初融、联动分析，即能够在企业层面实现业务数据、财务数据的联动分析，通过建立完整的数据穿透分析，挖掘数据背后的商业价值；
- 晋级阶段。数据预测、"看见未来"，即财务（数据）赋能预测和决策，能够让企业"看见未来"，通过历史数据和对未来的判断，以某种数据模型来指导业务发展，改善实际业务发展中的问题。

6. 实战中对业财融合的反思。

现在，我们回过头来看看上面会议中的冲突所暴露的问题吧。

拿这次会议来说，我们应该清醒地意识到，业务财务分离导致的发展停滞和企业内耗问题，至少有以下几点问题需要改善：一是公司缺乏统一的流程化、数字化系统控制体系，参会人员对控制点未形成共识，出现了销售和财务的扯皮，双方对于前置预签订单的重要性认识不一，前期准备不充分；二是销售唯营收（营业收入）至上，忽视了风险控制，存在"重数量、轻质量"的发展倾向；三是财务对自认为不合规的批单简单地一推了之，无足够的前期沟通和解决方案，导致卡单半月之久，从更高层次看，尚未引领（或主导）企业建立覆盖业财流程关键控制点的风险控制流程、数据模型和数据（基础）资产；四是生产部门工作被动，缺乏担当和试生产数据，无法预测试错成本，没有历史数据、没有生产控制模型，自然也就失去了发言权。

我们来看一个跟预订有关的真实案例（专网通信爆雷案）：

2021 年 5 月 31 日，上海电气一则《重大风险的提示公告》掀开了专网通信（为专业用户提供无线网络通信服务）贸易爆雷的序幕。至 2022 年，先后有国瑞科技、中天科技、汇鸿集团、凯乐科技、江苏舜天等十余家公司的专网通信业务均出现重大风险，涉及资金规模高达数百亿元，多家上市公司"披星戴帽"，更有甚者黯然退市。

之所以出现这种结果，就是因为涉事的多家上市公司自身预付款较高，但收账不足，风险控制部门事前对业务尽调不足，事后也未及时处理，风险防控意识或执行力度较差。而前述会议中青岛公司甚至未确认订单,更遑论预先支付,因而,财务部门对存在损失的风险忧虑是有道理的。

7. 业财融合和业财一体是一回事吗?

业财一体化在实务中非常容易混淆的两个概念,经常有人把它们看作是同一个东西,也不能说是不对的,因为它们是相关的,我有三句话来告诉你:

- 业财一体化更侧重于借助 IT 技术手段,实现基础数据、账簿表单、工作流程、进销存等方面的一体化。
- 业财融合更侧重于利用管理会计工具方法,实现财务与业务等方面的双向融合。
- 业财一体化可以看作是业财融合的一部分。

1.1.2 财务在业财融合的管理转型和价值实现

如前所述,业财融合中的"财"实际上是以财务管理为主体的企业管理,它并不局限于财务部门,但理论和实践都要求以财务部门为主导,肩负起财务管理的责任。作为财务部门及财务人员,他们在业财融合中确实是应该挑起大梁的。怎么挑呢? 我认为,财务部门(和人员)可以从以下方面去提升:

1. 思维意识。

人和人的根本区别在于大脑,在于对事物的认知。财务人员必须要对业财融合有正确的定位和认识,业财融合迫切要求我们从会计核算中摆脱出来,不是核算不重要,而是要基于业务活动。

- 克服本位以观全局。财务管理不只是财务部门的管理,或者财务部门对财务事务的管理,而是在企业整体层面对企业财务事务、经济业务的管控。财务管理要主动服务业务活动,财务人员要及时了解和学习业务,立足于企业全局思考发展,深入了解业务特点,深刻理解业务需求,形成系统服务机制。
- 视野广阔而不局限。财务人员要基于业务的视角,用财务管理理念和工具方法服务业务活动开展,从而形成管理合力,提升企业价值创造能力,不能只局限于眼前的凭证、报表、单据。我们应将眼界扩展至公司所在的行业、公司上下游的客户、供应商,还应放眼行业政策、行业趋势、商业模式、竞争者信息等，不能将眼界只局限于会计准则的要求。

- 思维灵活而不僵化。我始终强调的是会计要"死"，财务要"活"，会计核算要实事求是、力求准确，但财务管理思路要开阔，思维要开放，比如常说的降本增效，降低成本费用一定能够增加效能和利润吗？不尽然，如果某一项成本费用是拓展营收必备的，我们就不可苛求预算内列支。
- 合规风险控制以创价值。风险控制的思维要从合规向价值创造转移，不可以只是简单地向业务部门"Say No"，而是要在控制风险的前提下，灵活应对，给业务部门提出解决建议或变通方案。

2. 管理技能。

认识是先导，技能是支撑。一方面是财务技能：现代财务应当是集"战略财务""业务财务""共享财务""专家财务"一体的复合型人才，财务的概念，再也不能只是核算和监督老两样了，我们必须懂一些战略管理、运营管理、投融资管理、风险管理等等，时代的发展要求我们熟练掌握财务管理、管理会计、会计核算的基本知识并加以灵活运用；日常工作中，财务人员要学会从事务性和审批性的工作中抽身出来，熟悉业务、深入业务、抓住关键控制点另一方面，现代财务要求我们掌握信息化工具（比如Excel），具备数据导入、数据挖掘、数据分析、数据导出的预测、决策支持能力，需要财务人员熟练运用一种或多种信息处理工具进行数据建模，例如搭建决策分析、价值管控、业务数据等不同模型；具备数据、经营、管理核算等服务赋能能力，承载公司组织架构之间的协同、支撑数据资产的形成、贯通整个"业务"全流程。用数据说话，建立和运用量化的指标体系解决业务问题，建立起"业务活动→数字通道→信息管理→数字资产→预测决策→管理支持"的全链条，统一业务数据和财务数据口径调频，避免鸡同鸭讲，建立业财系统接口和管理回路。财务不懂"业务"、不懂管理，只能提供低价值的服务。

对于财务人员，最现实的抓手就是管理会计，我们要学会从繁杂的财务数据中提炼出有价值的信息，基于数据的分析和预测，转化为对商业决策有价值的建议。不能仅仅满足于将财务分析的数字填入报告模板上，单纯的数字和报表展示对于公司决策者并无价值可言。明白这一点，才有可能成为业务伙伴（BP），才能为决策提供价值支持。通常的情况是财务运用财务分析、标杆对比、变动趋势、经营预测、风险评估等财务工具，揭示业务运营中存在的问题，并及时向管理层或业务部门进行反映，协助业务部门制定优化方案并进行整改。从会计基础知识核算员转变为具有商业敏感度、逻辑分析能力的财务管理人员是我们的目标。

你要时常问自己，你有能力改变业务（销售、研发、生产等）行为，将其纳入管理吗？

根据财务数字化转型中角色和职责的不同，财务人员的职业发展路径可能是：

COE（Center of Excellence），即领域专家在财务细分领域具有深厚知识和技能的人员，如税务专家、审计专家等。

BP（Business Partner），即业务合作伙伴，与业务部门沟通协作，提供财务数据分析和决策支持的人员，如财务分析师、财务顾问等。

SSC（Shared Service Center），即共享服务中心，提供内部标准化、高效低成本的财务服务的人员，如会计出纳、账单处理等。

相比于各个职能口的业务部门，我们财务人员的优势就是掌握了财务数据，这样的信息资产是公司的，也是我们财务的优质资产，如何把这样的资产盘活，让资产为公司创造价值，是财务人员需要深度思考的事情。财务人员在经营团队中扮演的角色应该是业务分析师，能充分理解宏观微观环境、公司基本面的商业运行规则和模式，立足于进行数据加工和分析，提供决策支持和业务指导。

财务人员，必须具有"职业张力"，让自己成长为"主控型"财务BP！

什么意思？财务人员和财务部门应当利用自身掌握的财务知识去拆解、分析、整合业务，利用管理会计知识去影响、引导、驱动业务，研究、摸透"对手"——经营（过程、模式等），对对手的渗透一定要掌握主动权，多了解一线业务，找出经营的薄弱环节和低价值的点，提出有价值的分析建议。

只有我们手里掌握着数据和管理技能，成为业务伙伴，企业"业务"的管理人、公司"经营"的整合者——只有这样，才能真正进阶为有强势影响力和控制力的"主控型"财务BP。

1.1.3 "抓两头、控中间"——数据建模的基本逻辑和步骤

业财融合需要依赖信息工具，而我们不需要千寻万寻，我们财务最常用的Excel就是很好的信息工具。有人说，需要内外部IT公司（人员）专门研发工具使用。但无论何种工具，它们都会有一个共同的特征，都会留下与Excel的交互接口，也就是说，它们必然会存在Excel的导入、导出功能，这是为什么？

1. 为什么是 Excel。

Excel的用户面广，使用简单，操作灵活，数据计算、挖掘能力强悍……目

前还没有其他软件能够取代，单单就用户占有来说，这就决定Excel是财务人员共用共通的数据工具，甚至可以不夸张地说，Excel是全公司均可接收的信息工具。实际上，Excel与企业购买或研发的信息软件并不是你死我活的竞争关系，它们可以是相互依存、相互促进的共生关系。对于财务人员来说，"油多不坏菜"，多一技傍身，心中更有底气。

且不论其他软件能否助力业财融合，Excel的数据处理、分析是可以助力财务实现深度业财融合的，有这样一款简单可用、极易上手的信息工具，我们又何不笑纳采用呢？

有人问我，金山公司的WPS可以做到吗？我的回答是可以的，本书所教的Excel管理工具同样可以运用于WPS表格。

2. Excel建模思维的建立。

实际上，业财融合所需要的预测、决策能力是财务管理的科学范畴，更进一步说，是管理会计的内容；而管理会计是建立在众多科学模型基础上的学科，它将一系列数据（若干控制点）经过模型的加工、整合处理，给出结论性指标或者参考值（范围）。从关键控制点到结论，需要复杂的演变和大量的计算，也就是说需要依赖于特定的技术模型，完成从输入到输出的中间过程。而这里所说的模型不是凭空生成的，它需要我们综合运用管理会计等学科知识在纸面或者电脑等介质上建立恰当的经济模型来适应经济业务。很明显，电子模型建立起来更省事、运算更快、更易保存。说到电子模型，这恰恰又是Excel的强项，Excel是一个优秀的数据建模工具。

借助Excel建立适应财务管理需要的经济模型是财务搞定业财融合的制胜法宝，而要借助Excel建立模型，与借助其他信息工具并无二致，如果是IT专业人士，会给出一大堆对于财务相对晦涩的专业术语，我们暂且不谈。我们要从财务熟知的视角来看，不同建模的思路大致都是三步：输入→中间处理→输出。Excel建模思维具体如图1-2所示。其中，核心是中间的处理过程，也就是模型的搭建，这是我们财务安身立命的技术活儿，对于外行来说是一个秘而不宣的"黑箱"。对于非财务而言，你们只需要关注两头（即如图1-2所示之1和3），可忽略中间的建模过程如图1-2所示之2，但对财务来说，我们需要全程知晓，并且精通中间过程——这也是本书要教给大家的。

中间的建模过程的重点，是业财融合中财务对经济业务的剖析、提炼、再加工，在此基础上，财务需要通盘考虑以下工作：

1）将业务问题进行精细分析，找出经济业务的关键控制点；

2）转变为信息语言，要将对应管理科学中的变动因素转变成Excel可接受的数据（公式或运算工具，如规划求解等）；

3）整合多种变量，厘清内在逻辑关系，将这种关系加以固定保存在电子表格中，完成模型的搭建；

4）向模型灌入数据（录入或导入），在输出界面获取运算结果，形成电子报告，数据模型形成的企业历史数据、数据库、报告以及相关的规章制度、执行效果记录都是企业的电子数字资产；

5）将电子报告"翻译"成商业语言，与各业务职能部门进行沟通，落实管控要求；

6）与业务部门一起，对于内控效果进行评估，根据经济业务的变化，重新设定新的管理目标，如图1-2所示之4，调整数据模型，完成管理闭环。

建模过程的核心是把控中间过程，对于输入和输出，要重视简易方便，照顾使用人的操作习惯，也就是说："抓住两头、把控中间"，这是数据建模的基本逻辑。数据模型是财务对于业务深度理解后的结果，是财务管理思维的内在体现，模型的建立和运用更是业财融合在管理工具上的外在呈现。财务不应仅仅局限于财务内部使用，而应当与业务多多交流，在使用中不断完善，增强适用性，增加内控效果。

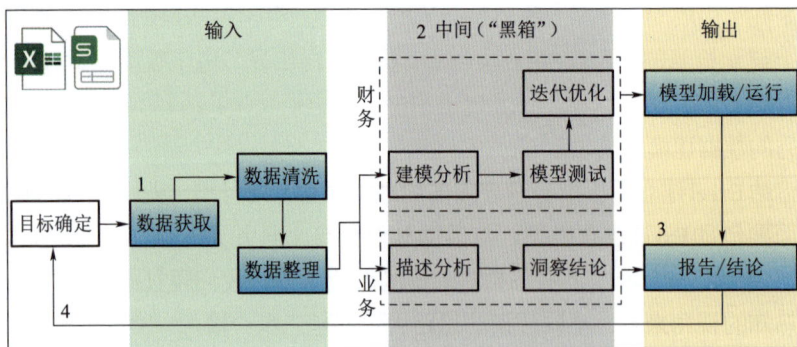

图1-2　Excel 建模思维示意图

用好工具，"搂草打兔子"。万丈高楼平地起，我们就从Excel工具最基本的操作开始，而且我们起步就得超越常人。

1.1.4　业财分离的"病根"和大数据时代的解决法则

谈论业财表面上是业务和财务，实质上指的是财务与"非财"。分离也好、一体也罢，讲的是财务与"非财"是否是"两张皮"的问题。

怎么理解这句话？

我们经常听到老板要的报表，财务拿不出来，财务做的数据老板看不懂，财务也搞不清楚老板究竟想要什么？

财务和老板相互靠"猜"，你不懂我，我也不懂你——老板缺乏必要的财务基础，问不出来专业的财务问题，提不出来针对性的报表需求；财务呢，不懂经营，对业务流程似懂非懂，知之甚少，或者似是而非，在"小"会计的圈子里"自嗨"，做出来的东西内部管理用不上。

如果融不进老板的圈子，或适应不了企业文化，就会主动或被动地从公司退出。

这种现象在很多企业中是普遍存在的。

推而广之，如果把"老板"换成"非财"，换成"业务"，同样适用：

- ◆ 财务不懂业务，业务不懂财务，业财之间缺乏必要的"共同语言"，难以共情，达成共识。
- ◆ 企业各业财各职能口管理视角不同、管理对象细分（颗粒）度不统一、同一事件（业务）管理描述方式不一进而造成管理标准不一致，前台后台分头建设管理系统链路梗阻，系统越多信息孤岛，缺乏足够协同能力。
- ◆ 此外，业财各职能口难以克服本位主义，数据关联性弱，数据认责机制不明，跨部门数据追溯艰难，相互扯皮或者和稀泥，造成管理基础的数据从源头就失去可靠性和准确性。
- ◆ 加之，在一个公司中，业、财两类部门地位一般是平等的，它与老板与财务的关系不同，可以一方强行要求另一方服从自己，推行自己的理念，业、财事务各有各的专业轨道，成为平行线是常态，相互交融是努力。

——以上就是业、财"两张皮"的根源。如此，哪里能有效沟通？哪里能够和谐共存？谈什么融合？谈什么业财一体？

有一则寓言故事。某一天，老师让天鹅、梭子鱼和大虾它们三个把一辆车拉上山，天鹅奋力向天飞，梭子鱼拼命水里游，大虾弓着腰拼命往后拉，但车子一点都没动，实际上他们每个人都出力了，但结果却不如人意。

知道这是为什么吗？因为方向不一、用力的方式不一，不能形成统一的合力。

人们考虑到他们的习性不同，给大车装上一个滑轮，调整他们的轨迹，将他们的力量转化成车子前进的方向，车子就能够动了。

业财一体就是这个造轮子的过程，企业就是车子，天鹅、梭子鱼和大虾是不同的业务部门，而财务就是具体造轮子的机构。

分析出了业财分离的根源，业财一体的秘方也就到手了。既然是业务与财务是地位平等的，那就需要它们共同的上级，也就是说，要解决业财融合"痛点"，就必须从企业整体层面（如老板挂帅的战略委员会或者专业小组）来推动。但仅仅如此还不够，财务与"非财"还得要相互靠近，将"你不懂我，我也不懂你"的困境扭转为"你心知我心"的和谐，有态度，还要有专业能力：业务要有基础财务知识，具备算账意识和规范意识和受领的财务指标（如采购口的应付款周转率）；财务要有经营常识和服务意识，加强对业务的渗透力，财务要有业务流程分解能力和指标的财务化归集能力。

以现代数字技术推动公司建立企业级数据中心，梳理业务流程，整合前、后台，形成"（梳理）业务→（建立）数据→（形成）资产→（创造）价值→（全程）管理→（指导）业务"的闭环。用数智工具赋能业财融合，凝"芯"聚力（"造轮子"），才能打通业务与财务壁垒。这里的"芯"是企业内的数据运算之芯，是业财共同为企业价值最大化的奋斗之心；这里的"力"是技术力，是财务管理的能力和信息化运用的能力。

更通俗一点说，业务与财务都必须具备财务思维，是在规范经营（业务流）基础上，规范财务管理。在大数据时代，业务与财务相互之间的工作沟通所依托的报表必须是运用了智能财务分析、预测、决策工具，建立的相对固定的、模块化的管理模型，从而实现提高工作效率、提升经营效益的业财一体化目标。

这是业财融合（业财一体）的不二法则。

1.2 Excel 起步就是超越

1.2.1 赢在起跑线——Excel 操作"手"法

作为一门实用的计算机技术，Excel 的操作性非常强。操作不是虚的，它是需要实打实动手的。同样的使用鼠标和键盘，你和他的实操效率高下可能迥异：手法得当，效率飞升；手法失据，应用拉垮。

每个人都是从基础操作开始的，如同我们学习如何拿筷子和碗，从小妈妈就会教育我们，用手扶着碗沿，如何用三指夹稳筷子。我在这里教给大家的，也是如何端好Excel"饭碗"，如何把鼠标和键盘用得更得心应手。

手法重要性的话不再多说，实际上，原本我是不准备讲这一节的，我和很多人一样，认为这是最基本的了。但事实上，我错了，通过对 N 多新人操作Excel的观察，很多人从起步阶段就没有养成良好的操作习惯，导致后续的操作效率大打折扣。下面我们就来讲Excel实操。

1. 鼠标与光标。

鼠标是物理意义上的一个实物，我们可以使用它的左、右击和滚轮，而光标则是在电脑屏幕上显示的一个符号，随着鼠标的移动，光标也在移动，并有可能发生形状的变化。在Excel中，常见的光标形状就是一个白色的箭头或者粗空心白色十字。

在实际工作中，也常常有人把屏幕上显示的光标称为鼠标的。

2. 鼠标的点击与双击。

点击，又称为点击。如果不加特别说明，点击指的是点击鼠标左键，食指自然轻放在鼠标左键上，需要做"点击"这个动作时，食指快速地敲击鼠标左键一下，并抬起食指，鼠标按下左键的持续时间通常不超过一秒。

双击，指的是食指快速地敲击鼠标左键两下，并抬起食指，这个动作持续时间通常也不会超过一秒。

按住左键，指的是食指向下压住鼠标左键不松，同时配合鼠标移动的动作，将会选择更多内容。待选择后，停止移动鼠标，向上抬起食指松开左键。

根据光标变化的几种形状，我们来看看鼠标点击的几类情形：

- ◆ 白色箭头光标 ▷ ：当移动鼠标至 Excel 标题栏、工具栏、状态栏等之上时，光标变为白色箭头，当鼠标移动到某个图形或者文字标志之上，这个标志会出现深色背景，并在鼠标停止几秒后有可能出现提示信息，这样的标志就是功能按钮，点击它，会弹出更多功能菜单，或者执行某个动作或者运算。

- ◆ 空心粗十字光标 ✛ ：当移动鼠标到 Excel 的矩形单元格方框内，光标变为空心粗十字，点击鼠标左键，该单元格将被一个深绿色方框框住，表明此单元格已被选中，是"当前单元格"，可以对它进行进一步的加工处理。

- ◆ 四向白色箭头 ✛ ：当单元格（区域）被选中，移动鼠标到单元格边缘，光标将变为四向白色箭头，按住左键，光标变为白色箭头，移动鼠标，Excel 界面会出现与选中的单元格（区域）同等大小、并且以更粗深绿色框框住的矩形，这代表被拖移的目标位置（在新矩形内同时显示该位置的单元格地址），松开左键，就可以将该单元格拖移。如果不想移走原单元格，在鼠标移动时，注意移动的目标位置和原位置同一即可，或者按下 Ctrl-Z 撤销上一步的移位。例如将单元格区域 B4:C5 拟移动到 E3:F4，如图 1-3 所示。

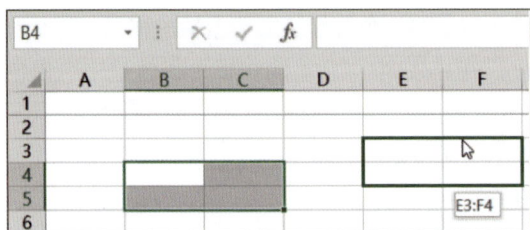

图 1-3　Excel 单元格区域拖移

◆ 瘦长竖条形光标 │ ：当移动鼠标至 Excel 地址栏、编辑栏时，光标变为瘦长竖条形，点击一下左键，就可以在地址栏、编辑栏输入了；当移动鼠标到 Excel 的矩形单元格方框内，光标变为空心粗十字，双击鼠标左键，光标变为瘦长竖条形，表明已经进入单元格编辑状态，此时，可以在单元格内输入了。鼠标移动到其他单元格，光标形状仍然是空心粗十字光标，仅在双击的单元格区域呈现为竖条光标。

　　说到这里，要注意了，一个让新人迷惑（不知所措）、老手恼火（感觉鼠标不听指挥了）的现象出现了，原本好好的Excel，突然不能用了——怎么就不能用了呢？菜单上的按钮（比如文本居中）点不动了，怎么点都没有反应！别慌，这是因为双击进入了单元格编辑状态，原先适用于单元格整体的按钮对于单元格的内容是不适用的，这些按钮都以灰色显示（不可用）。我们考虑其他事情的时候，很容易忽略这一细节。

　　那么，怎么解决呢？很简单，我们想保留编辑内容时，按下回车键；不想保留时，按下键盘左上角的ESC键退出编辑状态即可。

　　注意：双击鼠标时，鼠标一定要在单元格之内（或者称为单元格之上），此时光标是空心粗十字光标，无论单元格是否已经被选中，完成双击这个动作，也就是完成选定和进入编辑状态这两个动作了。

对于已经选中的单元格，双击单元格边缘，不会进入编辑状态，而是光标位置的快速移动。

- 黑色细十字实心加号 ✛：当单元格（区域）被选中，该区域右下角将会出现一个绿色实心小方块，移动鼠标到该方块处，光标将变为黑色细十字实心加号，此时按住左键并向上、下、左、右移动鼠标后松开左键，会将该区域的内容复制到拖拉后的区域中。

- 黑色双细十字实心加号 ✛：当单元格（区域）被选中，该区域右下角将会出现一个绿色实心小方块，移动鼠标到该方块处，同时按住 Ctrl 键，光标将变为黑色双细十字实心加号，此时按住左键并向上、下、左、右移动鼠标后松开左键，会将该区域的内容复制到拖拉后的区域中。如果原区域中包含数字，Excel 将会递减（向上、左）或递增（向下、右），将数字填入拖拉后的区域中。

3. 鼠标的右击。

点击鼠标右击的动作，常称为右击或右击鼠标，这是由右手中指来敲击鼠标右击完成的。在 Excel 不同区域，右击将调出与该区域相关的不同的功能菜单，菜单中集成了多个功能选项，移动鼠标到菜单项之上，该项将以深色背景突出显示，点击左键，即可执行该项所代表的功能。集成相关功能是右击的重要优势之一，但在实操中存在过于依赖右击的情况——比如要复制某单元格内容，我们可以：

- 右击。移动鼠标到该单元格之上，右击调出功能菜单，移动到"复制"项上，点击鼠标，该单元格会被动态虚线框所包围，表明该单元格的内容已被复制到剪切板中。注意：实操中，有人存在一个增加手部动作的错误操作是，移动鼠标，先左键选中单元格，再右击呼出菜单，这种先选中单元格的点击左键的动作是多余的。

- 菜单按钮。在选中单元格的状态下，依次点击【开始 – 剪切板 – 复制】。在【开始】选项卡不是当前活动选项卡时，需要先点击该选项卡激活它。

- 快捷键。在选中单元格的状态下，直接按 Ctrl–C 即可。

三种方式，所需要手部动作的次数是不同的，手的劳累程度和需要花费的时间也不相同。我建议尽量使用快捷键，一个良好的操作习惯是，左手在没有动作时，事先轻放在键盘上，五指位置依次为空格键、C、D、S 和 A。

4. 鼠标的移动与拖移。

移动：对于鼠标（或称滑鼠）正常的操作是右手拇指和无名指轻轻握住鼠标两侧，保持鼠标底部未抬起悬空的状态，前后左右移动，相应地，光标也会在屏幕中上下左右移动。

拖移：右手食指按住左键不放，移动鼠标，这个动作称为拖移。

先选中某个单元格，再向上下左右拖移鼠标，Excel中多个单元格将被选中（这些单元格以灰色背景展示，并用深绿色线框包围），这个动作称为（单元格的）框选。在某个单元格进入编辑状态时，在该单元格（或编辑栏）内移动鼠标，在需要选择的单元格内的某个字符前按住左键，左右拖移鼠标，单元格的部分或者全部内容就会被选中（这些内容以灰色背景展示），这个动作称为（字符的）套选，如图1-4所示。框选中的一个或多个单元格称为单元格区域或选区，它是表格的局部或全部，可以是表中已使用或未使用的部分。关于选区的详尽介绍，扫码短视频学起来。

原来选区竟也有这么多学问呢！

图1-4 Excel单元格的套选和框选

1.2.2 Excel大厦之"砖基"——单元格高效实操

单元格（区域）是Excel最基本的舞台，也是我们与Excel实现交互的最基本的场所，我们按照一定的规则告诉Excel它想要的，它就会给出我们想要的。这一节我们来学习单元格的复制、剪切、粘贴、移动、清除和删除、美化等基本操作。

1.复制、剪切单元格。如果需要一个与某一单元格一模一样的单元格，那肯定就是需要复制单元格了，上一节我建议使用的是Ctrl-C。如果需要一个与某一单元格一模一样的单元格，但不保留后者，也就是原始单元格，那就需要剪切单元格了。先选中原始单元格，按下Ctrl-X。

2.粘贴单元格。复制或者剪切原始单元格后，选中任意一个单元格，也就是你需要存放的新位置使用Ctrl-V。

3.移动单元格。模仿上一节拖移动作，可达到剪切粘贴的效果；拖移时，按住Ctrl，可达到复制粘贴的效果。

4.单元格清除。一般指的是去掉单元格里的内容，选中该单元格，【右击-清除内容】或按下Del键即可。实际上，附着在单元格之上的，还有批注、格式、超链接，如果要同时去除多项，将该单元格恢复到未使用状态，点击【开始-编辑-清除-全部清除】。

5.删除单元格。将单元格本身及其内容去除，选中该单元格，点击【开始-单元格-删除单元格】或【右击-删除】即可。删除后，指定该单元格右侧或下部的单元格填补删除后的空位。删除与清除不同，删除包括单元格本身，会腾出一个空位，而清除仅能将单元格内容清空。

6.单元格的美化。实际上是对单元格的内容的美化，选中该单元格，可以设置它的字体、大小、加粗、文字色、填充（背景）色、表格线（见1.2.3）、文字在单元格中居中（左或右）、自动换行（单元格宽度不足以一行显示时自动切换到下一行显示）等，直接点击【开始】选项卡中相应的按钮即可。对单元格采取的这些设置，统称为单元格格式。

这些设置之中，要隆重推荐的是格式刷 🖌，这是复制单元格格式的一个重要工具。当你觉得某个单元格格式不错，想要将它应用到另外一个单元格之上时，可以先点击觉得不错的那个单元格，点击【开始-剪切板-格式刷】按钮（点击后，按钮以灰色背景显示），移动鼠标到将要应用格式的单元格上，此时光标变为 ✚🖌，点击该单元格，即完成格式的复制。如果要应用到多个相邻的单元格之上，可以按住左键拖移鼠标直到这些单元格的最后一格上松开左键；如果要应用到多个不相邻的单元格之上，则需要先点击觉得不错的那个单元格，双击【开始-剪切板-格式刷】按钮（点击后，按钮以灰色背景显示），再去点击这些不相邻的单元格，要结束复制，需要再点击一次格式刷按钮（点击后，按钮的灰色背景消失）。

如何理解单元格及其格式呢？

一个单元格好比一间房子，设置格式的过程如同装修一样，格子里面的内容如同住的人一样，如同人有人种，Excel为了便于区分，将单元格内容大致区分为"数字""日期""文本"几种类型，如未明确指定，则为"常规"格式，而"批注"如同在户门上贴的标签一样。而单元格地址相当于你家的门牌号（如602），多个单元格就像一栋楼中的多个人家，这栋楼就相当于Excel的工作表，你给这个工作表取的名字（工作表标签）就是幢号，多栋楼房就构成了一个小区，类似于一个Excel工作簿，保存到电脑上，就成了一个Excel文件。

最后加赠一个小技巧：当工作簿中的工作表较多时，比如100张，如何快速地找到第一张或者最后一张呢？你是依次点击标签左侧的"◀""▶"吗？那就要机械地点很多下，这会让人很烦躁。能不能快一点呢？尝试一下：按住Ctrl键，再点"◀""▶"，第一张（或最后一张）是不是立刻出现了呢？试一试吧！

1.2.3　表格美化之基——表格线你可能都不会划

既然Excel是一个表格工具，那么我们的学习就从表格开始。表格是由一个个具有内在逻辑联系的单元格构成的，也可以直接简称为"表"。但要注意，有时所称的"表"指的是工作表（由Excel下面的工作表标签控制一个整体页面，也就是全部单元格的总称）。一个工作表中可以有多个具有内在逻辑联系的单元格组合成的表格。

关于表格，需要加以明确以下概念：

表（Table）。按 Ctrl + T 创建的结构化对象；

区域（Range）。包含在矩形范围内的某一组单元格；

命名区域（Named Range）。已命名过的区域；

动态区域（Dynamic Range）。由 Excel 公式计算给出的单元格范围，范围是可变的；

工作表（Sheet）。Excel 工作簿中的某个页面。

对于这些表格，虽肉眼可见有灰色的边框线条，但实际打印出来是无线的，它需要我们人工添加它的边框和内部线条。常见的方法有四：

一是选中表格，点击【开始-字体-绘制边框】去套用Excel预先规定好的线型；

二是按Ctrl-1调用"格式"对话框来设置框线；

三是按Ctrl-T将普通表转成智能表（也叫超级表），然后套用智能表预设的样式；

注意：智能表右下角有一向右下的小三角形标志，移动鼠标至其上，光标变成向左上和右下的箭头，按住鼠标左键前后左右移动，可以增减智能表所包括的行和列。

四是……你可以看一下这节的微课，做下比较。

数智财务·业财融合之道

作者亲授 2′33″

表格线你会划吗？

对于框线，我的建议是多使用【开始-字体-绘制边框】，可以更加灵活设置表格线，并且不需要事先选中单元格。

1.2.4　SUM 函数带你步入人生第一个公式

Excel中有两个重要的词语，它们相关联、易混用，它们是函数和公式。下面就来了解一下。

首先是函数。说到它，我们很容易想到初中学的"$y=kx+b$"和高中学的"$f(x)=kx+b$"。其中，x叫自变量；y叫因变量，是结果。通俗地讲，就是y随着x的变化而变化。按照什么规则变化呢？"$kx+b$"就是变化规则，或者叫作$f(x)$。在Excel中的函数，也很相似，给它一个自变量（比如Excel最直接的操作对象&——单元格），Excel函数会按照某种规则（比如求和、折现值）给出相应的运算结果。

举个小例子：在单元格A3中输入"=SUM（A1:A2）"后回车，再在单元格A1和A2中输入数字1和2，A3中即自动算出结果3，如图1-5所示。这里的SUM就是一个函数，它是求和函数名称，它将因变量*A1*到*A3*（冒号"："表示"从……至……"），根据计算规则（求和）进行运算，给出计算结果，这就是函数的作用。

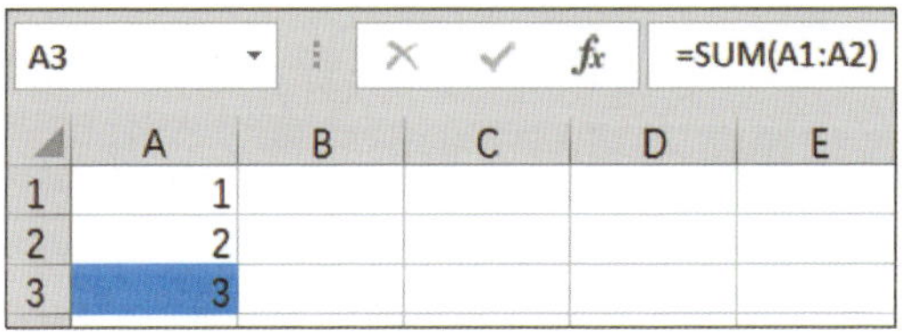

图 1-5　人生第一个 Excel 公式

观察单元格A3中输入的内容"=SUM（A1:A2）"，可以发现，与函数名称同时出现的是一结小括号"（ ）"，括号中的部分是参数，如"A1:A2"是SUM函数的一个参数，如果将冒号改为逗号（"，"），"=SUM（A1:A2）"变为"=SUM（A1，A2）"，SUM函数则拥有了两个参数A1和A2。要注意的是：

- ◆ 如果一个函数有多个参数，从左向右，依次称之为第一参数、第二参数……
- ◆ 不同的函数需要的参数的个数是不同的；
- ◆ 函数的参数不必每次都全部输入齐全，不可省略的叫必选参数，可省略不输入的叫可选参数（在后续应用时再讲述）。

其次看公式。实际上，上例A3中输入的内容就是一个公式，最明显的标志是以等号（"="）开头，如果我们在单元格B3中输入"=A1+A2"，这也是一个公式，计算结果也是3，但这个公式中没有函数。甚至于，我们直接输入"=1+2"，这同样是一个公式。但这样内嵌数字的公式，我把它称为弱公式，我强烈不推荐，我反对公式中嵌入数字，反对的理由是弱公式适应性很差，如果需要调整，必须修改公式，而不像其他公式一样，简单修改单元格输入值（因变量）即可动态得到计算结果。弱公式在表格中公式较多，公式间逻辑复杂时，很难查找错误。在设计公式时，我们能够避免就尽量避免使用弱公式。

至此，我们可以发现，公式中有可能包含函数，也有可能不包含，函数必须放在公式中才能得到计算结果，不在公式中的函数是无法运算的。

注意（也是我反复强调的）：输入公式一定要将输入法调至英文半角状态，否则 Excel 无法识别公式中的各种符号！

最后看一下函数与公式的关系。我打个比方：如果函数是就餐用的碗盘，公式就是一桌酒席，酒席中必须有碗盘，简陋点，可能是一个，丰盛点，就会有多个。举个例子：我们把公式1"=Sum（A1:A3）"叫简单公式，把公式2"=If（Sum（A1:A3）>180,"及格","不及格""叫复杂公式，这样的公式往往由两个（或以上）的函数构成，形成嵌套结构，也称为嵌套函数。

1.2.5　打印设置和预览不只是节省纸张那么简单

我们在Excel中设计、美化了的各种表格、模型，肯定不只是为了在电脑上自己看看，除自己使用外，更多的可能是给同事再加工、发给客户或者报送领导，它可能是电子的，也有可能是需要纸质打印。这就需要考虑打印纸张的问题，一般是A4，这也是Excel默认设置的，当然这是可以调整的，方法是点击【页面设置】【纸张大小】进行选择。实际上，在正式打印前，我们还需要在【页面设置】上进行以下调整（如图1-6所示），做到让接收人拿到即可打印。

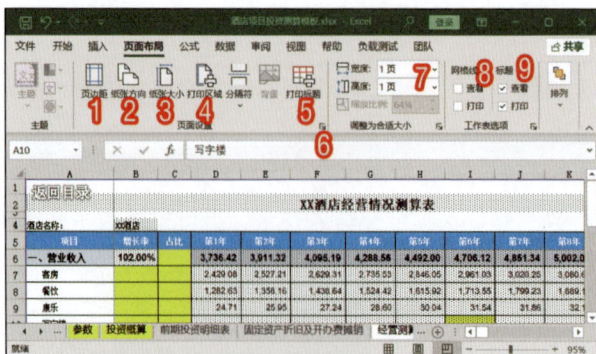

图1-6　页面布局选项卡的使用

1. 实用的页面设置之一。

①页边距。设置打印内容在纸张上四周的留白，Excel默认的设置不能满足要求，或者我们想尽可能在一页纸多打印一些内容时，需要点选【页边距】【自定义页边距】后输入数字。

②纸张方向。设置打印纸是横向的还是纵向的，直接点选。

③纸张大小。设置打印纸的种类，A4还是B5等。

④打印区域。很多人使用Excel多年，都没弄明白这是干什么的。如果你要将工作表中的所有内容全部打印出来，这就不需要设置，这也是人们不知道为什么要设置打印区域的原因。但如果你只需要打印工作表的局部，需要预先选中这些要打印的内容，再点击这个按钮下的【设置打印区域】，其他未被选中的区域就不会被打印了。

注意：a.设置好的区域是可以取消的；b.按住Ctrl可以同时选中多个不相邻的单元格区域；c.区域设置好之后，这个按钮正面就会增加一个菜单项【添加到打印区域】；d.单个单元格也是可以作为打印区域的。

⑤打印标题。在这里指定所打印的标题在所在的行、列地址，尤其是表格很长时需要指定各页共同的顶部标题行，当表格很宽时，需要指定左端共同的标题列。

⑥右下箭头图标按钮。点击将调出关于页面设置的对话框，用以指定更多的页面设置项。在Excel中见到此图标，就可点击调出更多相关的功能对话框。

⑦宽度和高度。强制设定表格打印成1页宽或若干页宽，强制设定表格打印成1页高或若干页高。

⑧网格线。在Excel界面中我们看到横竖交织的灰色网格线，这些线条除非按照"1.2.3"划线外，不会打印出来，勾选"打印"可强制打印，为美观我们常在表格设计完成后去除"显示"勾选。

⑨标题。此处标题与前述"打印标题"不同，此处指的是设置行号和列表的"显示"和"打印"，一般设置为勾选"显示"，不勾选"打印"。

2. 实用的页面设置之二。

在【页面设置】选项卡如图1-7所示，可以进行更详细的设置。

点击【页面】选项卡：

①【方向】等同于图1-6之②【纸张方向】。

②【缩放】等同于图1-6之⑦【宽度和高度】，对于较长的表格，通常在A处输入1，B处删空；对于较宽的表格通常在B处输入1，A处删空。

点击【工作表】选项卡：

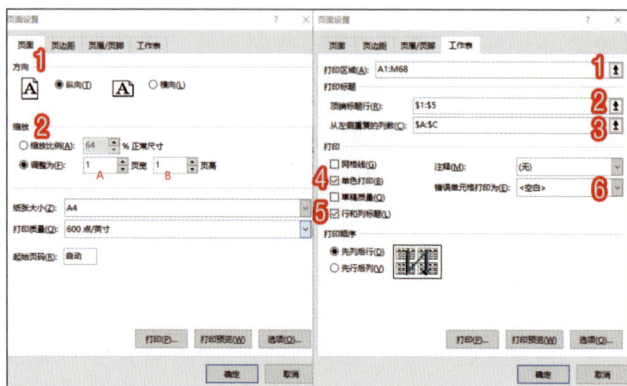

图 1-7　页面设置选项卡的使用

①【打印区域】等同于图1-6之④【打印区域】，但此处可以直接输入或者点击右侧箭头按钮指定单元格区域地址。

②和③【打印标题】等同于图1-6之⑤【打印标题】，图1-6的长表格设置的顶端标题行是"$1:$5"，从左侧重复的列数（左端标题列）是"$A:$C"。注意，在打印预览时，打印标题是灰色是不可以修改的。

④【单色打印】。无论你的表格显示什么色彩，勾选后，都将以黑白灰打印，这往往是为了节省打印机的彩色墨水。

⑤【行和列标题】等同于图1-6之⑨【标题】。

⑥【错误单元格打印为】。如果单元格出现公式错误，将会出现各种提示，如"#DIV/0!""#N/A!"等，如果不是为了打印出来检查错误，直接打印出来，将很难看，可以设置为有错误，但不打印，即指定为"＜空白＞"。此处的设置，是很容易被忽视的一个实用功能。当然，也可以直接在公式中使用IFERROR等函数来屏蔽错误显示。

3. 打印预览。

打印之前，预先浏览下打印效果是必要的，但是【打印预览】按钮很多人找都找不到，实际上，有三种方法可进行打印预览。

①快捷键。按下 Ctrl-P。

②添加按钮到快速访问工具栏。依次点击下拉小三角形按钮 ，完成【打印预览和打印】按钮的添加，之后，点击快速工具栏 按钮。

③点击图1-7【打印预览】按钮。

用以上方法预览图1-6文件的打印效果，如图1-8所示。

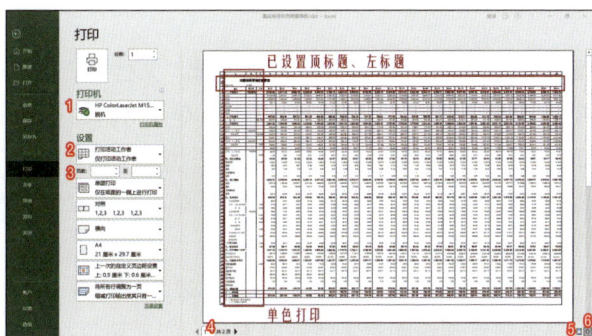

图1-8　文件预览效果

①打印机。指定打印机，不要小看这一步，如你电脑连接多台打印机，特别是局域网打印机，要防止将数据打印至其他人的打印机上，造成泄密。

②打印范围。指定仅打印当前工作表，还是仅打印选中的（一或多个）单元格区域。如果选择【打印整个工作簿】，则会打印当前工作簿中所有可见的工作表（不包括隐藏工作表）。

③【页数】。指定打印范围内的某几页。注意与【份数】的区别，【份数】指的是一式几份。

④【页码】。输入或点击向左向右三角形按钮，指定要预览哪一页。

⑤【页边距】。类同于如图1-6所示之①、如图1-7所示之【页边距】，不同的是，点击此处按钮后，该按钮以深色背景展现，表明可在预览页拖动虚线直观调节页边距。再次点击该按钮，深色背景和虚线将消失，不再可拖动。这里插一个小故事，因为新版本Excel默认未展示虚线用以拖拉页边距，某些同学误以为Excel无此功能，转投WPS怀抱，失去了用户，怪就只能怪Excel将这个按钮做得太小了，是吧？

⑥【缩放到页面】。点此按钮将在预览当前页全部、预览当前页局部之间切换。

4.数据报送前的整理。做好的表格在对外报送前，除检查打印设置外，还必须注意以下细节：

◆ 去掉隐私数据。要时刻绷紧信息保密这根弦，防止敏感数据外泄，给公司和个人造成无法挽回的损失。对于隐藏的行、列、工作表做一次检查，避免疏忽铸成大错。按以下步骤操作：①点击 Excel 主界面 [文件]；②点击 [信息] 选项；③点击 [检查问题] 按钮；④在

23

出现的浮动窗口内点击 [检查文档]；⑤弹出"文档检查器"对话框，勾选想要检查的项目（一般保持全选）；⑥找出来的检查项将在前面加一红色感叹号加以警示，并在检查项后出现"全部删除"按钮，如不想保留该项目的内容，可点此按钮删除。拉动右侧的滚动条，查看所有警示项，根据需要，删除或保留。

◆ 关闭 Excel 前留意最后选中的是哪个工作表的哪个单元格，这个单元格是自己希望呈现给阅读人第一眼看到的吗？建议在关闭保存前，选中想要给阅读人首先看到的单元格。

◆ 自己给表格设置的字体，阅读人的电脑上有吗？由于微软雅黑在 8 号字以下效果不佳，字号 6.5–8 号字推荐使用：①英文及数字显示：Meiryo UI、Segoe UI、MS UI Gothic 字体；②英文标题：IMPACT；③简体中文显示：MingLiU、PMingLiU、Zfull–GB 字体；④繁体中文显示：MingLiU、PMingLiU、Zfull–BIG5 字体。如果没有，他所见到的效果就和自己看到的不一样。比较安全的字体是中文"微软雅黑""黑体""宋体""仿宋""楷体"，英文字体如"Arial""Times New Roman"等。某些时候，如向 PPT 中转粘贴图表时，将不得不使用截图来固定效果。

◆ 对方看到的表格中是否还有因为列宽不恰当而显示的"#####"吗？行高、列宽、对齐这些是否全部调整完毕了呢？

1.2.6　AI 猛将 Copilot 重塑企业 GPT 智能财务

不少人认为，Excel 相比那些大型 ERP 或公司外购自制的其他专业软件担不起数字智能，但我一直没有动摇对 Excel 提升企业数智水平的认知，因为，Excel 是 OFFICE 的当家花旦，OFFICE 背后是微软，微软一直在布局 AI（Artificial Intelligence，人工智能），保持大数据时代的科技领先。

这不，2023 年 3 月 17 日，微软发布了搭载 GPT-4 的 Microsoft 365 Copilot，英文原义（飞机的）副驾驶员，这里指的是工作副驾驶。Copilot 结合了大型语言模型与 Microsoft Graph 中的日历、电邮、文档、会议等数据和 Microsoft 365，将你的意图变成了强大的生产力工具。

具体点说，Copilot 这种人工智能技术，它可以嵌入您每天使用的 Microsoft 365 应用程序，如 Word、Excel、PowerPoint、Outlook、Teams 等，与您一起工作，释放创造力，提高生产力和技能水平。

通俗地讲，你的想法告诉Copilot，它就会告诉你如何解决，**将你的想法变成现实**，Copilot已经前进了一大步，比如帮助你写一篇文章、给出营收增减趋势，自动生成一组PPT，而不只是你回到家对着智能电视说的那种"Hi，小X，打开电视"这么简单。

GPT-4是微软投资的OPENAI公司于2023年3月14日发布的大型语言模型GPT（Generative Pre-trained Transformer）系列的第四个版本，微软确认，使用GPT的New Bing在GPT-4其正式发布之前实际上已经在使用。基于GPT的还有OPENAI公司2022年11月发布的ChatGPT（聊天机器人）。

对于财务人来说，高频的使用智能工具自然是Excel，下面我们来看看Copilot如何智能驱动Excel的？

Copilot与你一起分析源数据，它可以根据你用自然语言（比如你问它"这个季度的营收结果及增长趋势怎样？"）的问题，识别趋势，创建可视化结果，或者给出不同情形下的结果。

如果你问它"本月的业绩趋势的特点是什么？"它会告诉你订阅了推介信的客户平均购买金额要超过那些没有订阅的客户，同时，它还可以帮你作图，折线、柱状、圆环图让你看得更直观。

如果你进一步追问增减变动的原因，它会在源数据上涂上颜色提醒你，创建简单的数据模型和数据透视图表。

不同的询问方式，Copilot会有所不同。这让我想起财务人必备的一项重要技能，沟通，包括沟通方式和沟通技巧，这往往是我们工作成败和顺序与否的一个重要因素。

很多"00后"的财务人不知道的是，在你们出生的年代，微软Ofiice有一个动画小助手&——lippy（默认是大眼夹），它存在于Office97-2003中，与Copilot不同，Clippy仅能给出办公提示和建议，而如今的Copilot却是个非常聪明的家伙，它作为效率和效益生产工具，建立在巨量语言数据模型的基础上，它的智能化水平已经对当今AI造成绝对的碾压，更不用说20年前的Clippy了，如图1-9所示。

不只是Excel，对于WORD、PPT，Copilot同样的能够帮助我们，比如你让它根据主题生成一篇小文章，根据新闻稿生成若干页的PPT也只是几秒钟的事情。

——AI科技进步迅猛，作为财务人要抬头看看前路，知晓一下方向，掌握数智工具，为财务管理所用。

大数据时代，不能只是机器学习，我们更要不断求进，勇立时代之巅，无论是走专业化之路成为财务BP、SSC、COE，还是走上管理岗位，财务主管、经理、总监/CFO，进而成为CEO，财务人都需要终身学习，锤炼财务思维，解决企业管理难题。

　　截止本书付印，虽然Copilot还没有进入大规模应用推广阶段，但智能财务AI应用的时代潮流已经涌现，保持关注和学习，我将适时推出新的课程，与财务人共进。

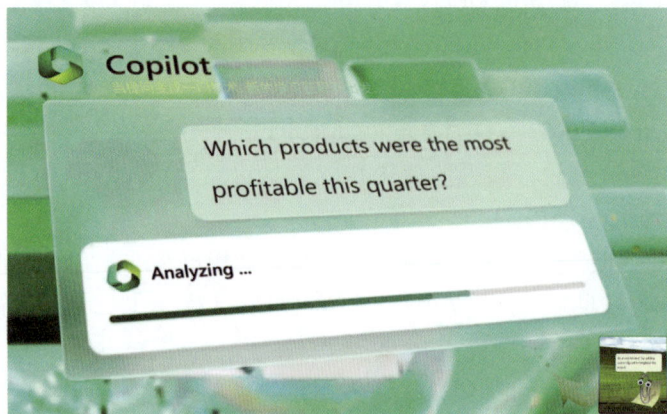

图 1-9　从 Clippy 到 Copilot

第 2 章
多源导入和数据源头整理

业财融合是建立在大量的数据基础上的，而数据来源渠道广泛，格式繁杂。如何将多源数据为我所用，是企业数据建模必须面对的实际问题。要建立 Excel 的财务管理模型，首先得提供给它能够正确识别的数据。Excel 提供了丰富的导入工具，这些工具该如何高效使用？导入后又如何利用 Excel 内嵌的和 Power Query（简称 PQ）整理数据？数据导入和整理，我们需要以什么样的数据管理理念来指导……这些正是在本章你将学习到的知识。

2.1
数据资产的 Excel 多源导入

2.1.1　从源头夯实数据基础

数据导入，如同资产入库，如何归整、分类、加工，是个值得考究的问题。有Excel，就会谈到数据导入，Excel那么多单元格，成千上万个的格子不可能一个一个地去手工输入吧，特别是在已经有别的软件生成的数据的情况下，直接利用数据导入将其引入Excel表格中，既避免了重复劳动，又增加了数据的准确性，但相应地也带来了一些数据格式匹配的问题。

数据导入，指的是从 Excel 外部（针对某一 Excel 文件而言，来自其他位置）将已有的数据注入 Excel 文件工作表中的动作。如果只是简单地打开外部数据（称之为源数据或者数据源、源），复制其中的数据，再回到Excel工作表进行粘贴，严格地说，这并不是数据导入。

导入源数据是为了做进一步的加工、处理、数据挖掘和分析的，要满足这一条件，导入的数据必须能够被Excel正确识别，比如"2-1"，究竟是序号2-1，还是2月1日，或者1月2日，或者只是个无意义的字符串？

这就涉及Excel中一个很重要的概念"格式"，这是什么意思？因为Excel想知道你放在单元格中的东西究竟是什么？"格式"是数据的类型、样式、框线、颜色等的统称，但最重要的还是类型。Excel认可的类型大致有：

- 文本。就是一串字符，用户自己去理解，Excel不管，Excel仅原样呈现。
- 数字。Excel可以用来运算的，数值或货币。
- 日期和时间。日期本质上是数字值，代表自1900年1月1日以来的天数。当你把日期的年月日时分秒写成千奇百怪的样子，你得告诉Excel这是日期时间。
- 特殊类型。包括空白、错误、布尔值（True/False）。

对于Excel而言，格式是一等重要的，这不，你在Excel中要设置单元格的格式，快捷键都是Ctrl-1。

故而，对源数据必须先导入，再整理。而第一步借助Excel自身的数据导入功能，可以对源数据进行简单的初步辨识和加工。Excel具有强大的数据导入功能，某些功能对于 我们大部人来说，可能是闻所未闻的，但这无伤大雅，我将其列成表2-1，大家可做一了解。本章我们就只学习最常用的数据导入，包括：从文本/CSV、自网站、来自表格/区域。

表 2-1　Excel 数据导入功能列表

序号	来源类	功能项	序号	来源类	功能项
1	来自文件	从工作簿	5		来自PDF
2		从文本/CSV	6		从文件夹
3		从XML	7		从SharePoint文件夹
4		从JSON	8	来自数据库	从SQL Server数据库

序号	来源类	功能项	序号	来源类	功能项
9		从 Microsoft Access 数据库	26	来自在线服务	从 SharePoint 联机列表
10		自 Analysis Services	27		从 Microsoft Exchange Online
11		从 SQL Server Analysis Services 数据库	28		从 Dynamics 在线
12		从 Oracle 数据库	29		从 Salesforce 对象
13		从 IBM Db2 数据库	30		从 Salesforce 报表
14		从 MySQL 数据库	31	来自其他源	来自表格/区域
15		从 PostgreSQL 数据库	32		自网站
16		从 Sybase 数据库	33		自 Microsoft Query
17		从 Teradata 数据库	34		从 SharePoint 列表
18		从 SAP HANA 数据库	35		从 oData 源
19	来自 Azure	从 Azure SQL 数据库	36		从 Hadoop 文件
20		从 Azure Synapse Analytics	37		从 Active Directory
21		从 Azure HDInsight	38		从 Microsoft Exchange
22		从 Azure Blob	39		从 ODBC
23		从 Azure 表存储	40		自 OLEDB
24		来自 Azure Data Lake Storage	41		空白查询
25		从 Azure 数据资源管理器			

2.1.2 源自 CSV/TXT

源自 CSV/TXT 指的是 Excel 要导入的数据来源是 CSV 或 TXT 文件，文件的明显特征就是后缀为 ".csv" ".txt"，这两种格式本质上都是文本文件。其中 CSV（Comma-Separated Values）被称为逗号分隔值，是一种通用的、相对简单的文件格式，它是一个字符序列，不含必须像二进制数字那样被解读的数据，是以纯文本形式存储表格数据，利用它作为中介，可在不同的程序之间转移表格数据。

打开 Excel，点击【数据】【获取和转换数据】【从文本/CSV】，选择一个 CSV 文件，弹出如图 2-1 所示的对话框，对其中主要部分说明如下：

- 【文件原始格式】。这是能否正确导入 CSV 的关键之处。Excel 会在这里默认给出一个文本格式，观察导入的文字是否为乱码，如果是，则需要我们点击此处的下拉三角形按钮选择一个格式，仅"简体中文"就有多种格式（如红框 K1），如尝试后仍为乱码，建议选择第一个"＜无＞"。

- 【分隔符】。默认为"逗号"，观察导入的内容，如分列正确，则不必修改；如有误，可尝试选择其他分隔符号。

- 【加载】。点此按钮，会在当前工作簿内新增一张工作表（红框 K5），将 CSV 文件注入，建立 CSV 源文件与此表的关联关系（这里称之为"查询"，绿线 X1）。

- 【加载到…】。点击【加载】按钮右侧小三角会弹出一个菜单，点击第一项与点击【加载】按钮作用相同，第二项点击后，将弹出【导入数据】对话框（绿线 X2）。注意 Excel 按钮中如有"…"则表示将会有下一步的交互对话，需要我们进行选择。

- 【导入数据对话框】。红框 K2 选择一种数据显示方式，除第一种"表"外，不会有明细数据注入 Excel 文件中，第四种"仅创建文件连接"时，红框 K3 变灰，不需要选择，K3 是指定导入的数据存入位置，是放入当前工作表中，还是新建一个工作表。点【确定】按钮将数据注入 Excel 文件（绿线 X3）。

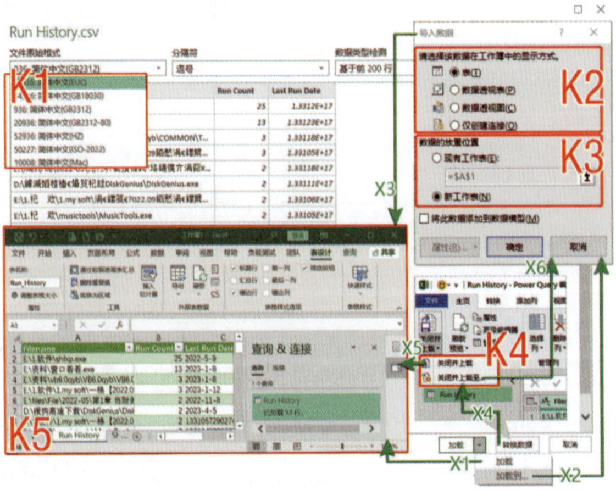

图 2-1　导入 CSV 文件

- ◆ 【转换数据】。点此按钮，将 CSV 文件中的数据引入超级查询"Power Query"（简称 PQ，关于 PQ 详细操作见"2.2.3"节），在 PQ 中可以引入各列增删、转换、修改、增加新的逻辑判断等，这里暂且不讲，我们可以将这些动作放在 Excel 中操作。"转换数据"（绿线 X4）的意思是将要注入 Excel 的数据交付给第三方加工一下。PQ【主页】有两个按钮（红框 K4），分别是：

  ① 【关闭并上载】。点此按钮，将 PQ 转换后的数据注入 Excel 中（绿线 X5）。这里不要被"上载"二字搞迷糊了，其实际意思是将数据返还给 Excel。注意：已经上载导入 Excel 的表格，仍可以点入该表格内，点击【查询】【编辑】（或直接双击红框 K5 中的查询名称）；重新调用 PQ 进行修改后上载。

  ② 【关闭并上载至…】。看到这个按钮中的"…"，我们就知道将会有下一步的交互对话了。点此按钮，在弹出的"导入数据"对话框（绿线 X6）选择后将数据注入 Excel。

上述数据导入过程的内在逻辑（如图 2-2 所示），同样适用于其他类型的导入。

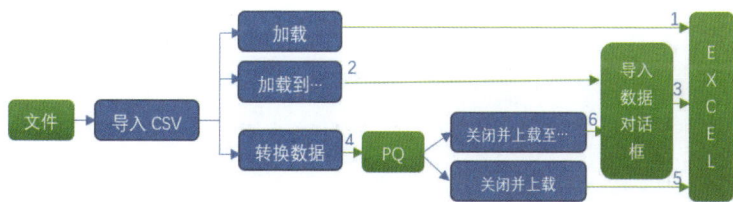

图 2-2 导入 CSV 文件逻辑流程

当源文件 CSV 发生变化，在图 2-1 红框 K5 中右击查询名"Run History"，在弹出的菜单中点击"刷新"可将 Excel 工作表中的数据更新，也可以鼠标点入导入的数据明细中，点右击"刷新"。如不慎将"查询&连接"关闭，可点击【数据】【查询和连接】恢复。

2.1.3 链接世界新鲜速递的数据获取

源自网站导入数据指的是 Excel 要导入的数据来源于网站上的网页文件的内容，并且希望其能够跟随网站更新。比如，我们想要从新浪财经获得我国上市公

司最近报告期（季报）净利率排名前20名的公司清单。我们能看到的页面如图2-3
所示。

图 2-3　新浪财经最近报告期上市公司净利率排名前 20 名的公司

① 点击【数据】【自网站】，按图2-4步骤进行操作即可将网页表格导入Excel。

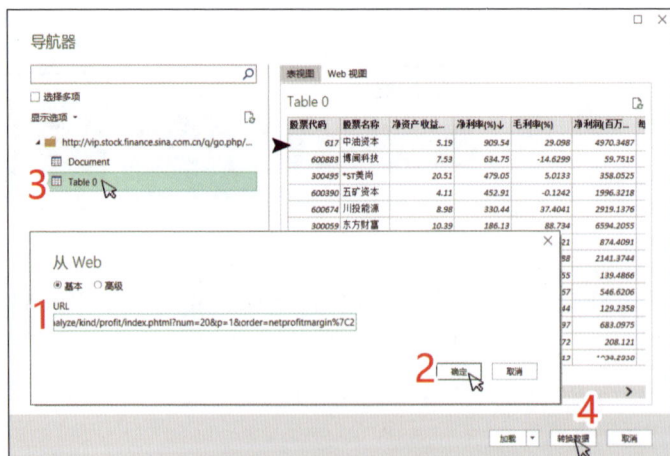

图 2-4　导入网页

②1和2：在【从Web】【基本】【URL】中粘贴上述网址，点击【确定】按钮。

③ 在【导航器】显示选项中点中"Table 0"，则网页中该表内容便显示在

"表视图"中。

④ 观察到表"Table 0"第一行中油资本的股票代码为617，较正确的代码为000617缺失了前面的几个0，因此需要将"股票代码"列进行处理，点击【转换数据】按钮。

⑤ 点中图2-5"股票代码"列标。

⑥ 点击"数据类型"右侧下拉小三角，在弹出的菜单中点击[文本]。

⑦ 点击【关闭并上载】按钮，将数据注入Excel中（如图2-6所示）。

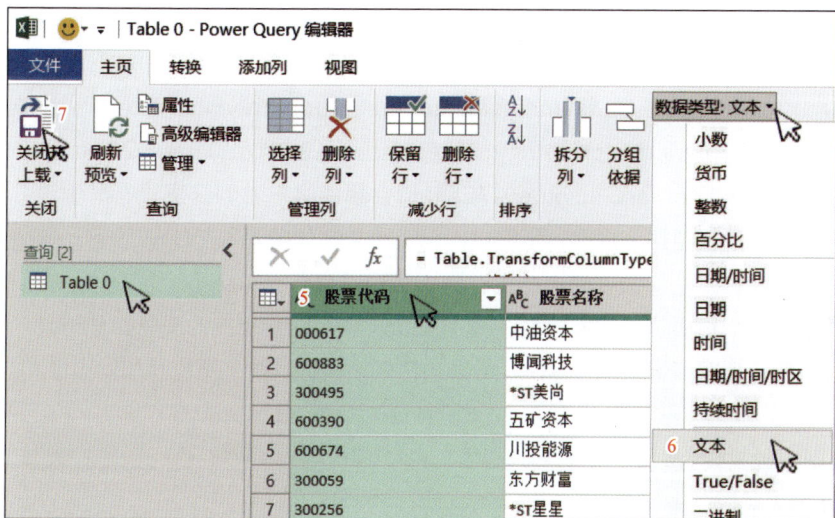

图2-5　利用PQ简单处理数据

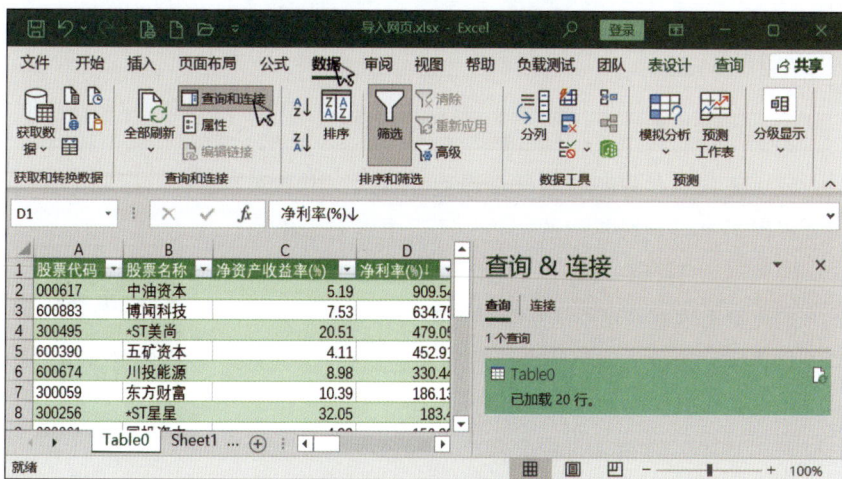

图2-6　从网站导入Excel中的表格

在上述导入数据的过程中，有以下几点是需要注意的：

◆ **网址规律**。把握要导入的网址的命名规则很重要，本节举例网址中问号（"？"）之后的字符"num=20&p=1&order=netprofitmargin%7C2"也是有规律的，要查看前 30 名，可将 20 改名 30；1 表示查找前 20 名的第 1 页结果，如要查看 21~40 名，可将 1 改为 2；order 后面的关键字是排序的依据（见表 2-2），如要按"每股收益"排名，可将"netprofitmargin"改为"eps"；如要查看倒数若干名（即由小而大正序排列），可将 C2 改为 C1。以下网址"http://vip.stock.finance.sina.com.cn/q/go.php/vFinanceAnalyze/kind/profit/index.phtml?s_c=&reportdate=2021&quarter=2&num=10&p=1&order= income%7C2"你会解读吗？看到这里，有同学该问我了："这些规律，是网站内部人士告知你的吗？"No，没有人告知我。"那你怎么知道的呢？"说实话，我自己总结了一些规律！在浏览网页时，点击网页中不同的按钮，观测网址相应的变化，总结其变化规律，记下来；然后，尝试自己修改网址，输入浏览器加以验证。

表 2-2 排序依据关键词列表

指　标	关键字	备　注
净资产收益率（%）	roe	本例网址中问号（"？"）与 num 之间插入以下代码即可指定报告期：reportdate=2023&quarter=1　2023 表示 2023 年，1 表示 1 季报，年报用 4 表示
净利率（%）	netprofitmargin	
毛利率（%）	profitmargin	
净利润（百万元）	netprofit	
每股收益（元）	eps	
营业收入（百万元）	income	
每股主营业务收入（元）	mips	

◆ **网页要求**。并非所有的网页均适合导入，由于网站服务器限制，很多网页是禁止被抓取的，并且网页中需有表格（一般显示为 Table…），才适宜导入。记住：不是所有网页都有表格，也不是所有网页都可以导入。另外，如果网站改版，网页的命名规则发生变更，则 Excel 中的查询就会失效，需要重建。

◆ **导入理由**。有读者可能会问，从网页中也可以将表格复制过来啊，为什么不直接粘贴，而要用数据导

从财经网站导入净利率前 20 名

入呢？这个问题具有一定的代表性，且不论网页是否禁止了在浏览器中的复制功能，即使是可复制过来的表格，它仍是静态的，也就是说不会随着时间变化而变化，只能反映粘贴那一时刻的数值；而数据导入是动态的，它可以随时刷新，网页变化了，Excel 的数值就可以跟着发生变化，它是一个动态的效果。

◆ **数据刷新**。该功能与"2.1.2"相同，如刷新过于频繁，可能会被网站服务器列入黑名单。本节例子中的财务指标，建议大家在不同的报告期（季报、中报、年报）刷新观察排名。

◆ **扩展举例**。如果要查 601318 中国平安 2022 年 4 期的利润对比表，可使用网址 https://money.finance.sina.com.cn/corp/go.php/vFD_ProfitStatement/stockid/601318/ctrl/2022/displaytype/4.phtml，参见文件"D:\SZCW\Chap2\ 601318.2022.4.PS.xlsx"。如果要查询 2023 年最近两期报告的资产负债对比表，你会吗？此文件中"Table_7"的第一行你知道如何去除吗（不是删行）？

2.1.4　源自表格 / 区域查询

源自表格/区域导入数据指的是 Excel 要导入的数据来源是表格或区域，而这样的数据源如"1.2.3"节所述，有几种不同的类型，大致可分为普通表（无格式、未转换、未命名的一组单元格区域）、超级表（Ctrl-T 转换）、命名区域（静态和动态）、工作表。

1. 普通表。

在点击【数据】【来自表格/区域】之前，对单元格的选取有三种可能：选中多个普通表格、鼠标不在任何表格中、鼠标在某一个表格中。如你选中多表，Excel会自动把最后一组单元格作为要导入的表格；如鼠标在表外，则需要你进一步指定表区域；如果在表内，则自动给出表区域，你仍可以重新指定区域，如图 2-7 所示。

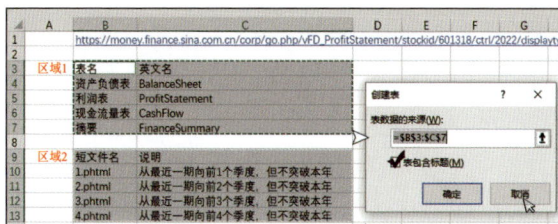

图 2-7　普通表（区域）

继续以"2.1.3"采用的文件为例，点击【来自表格/区域】按钮，调出的"创建表"对话框。我们如果点击【确定】，Excel将做两件事：一是将区域1转换为超级表，并给它取一个类似于"表1、2、3…"这样的名字；二是立即调入PQ希望我们对表格各列进行处理后，将结果返回给Excel。如果点击【取消】，Excel不会做任何动作。我的建议是点击【取消】，不要惊讶，我的理由是：

如果你点了【确定】，Excel会将"表1、2、3…"这样无意义的表名自动记入接下来创建的查询中，久之，你自己都会忘记"表1、2、3…"究竟指的是哪个表了。也许你会想起来给自动转换后的超级表改名，但查询中的名称不会自动更新，你还得对照着去重新编辑查询，烦琐且易错。如果你已经点击【确定】并调出了PQ，请点击PQ右上角的叉号关闭，【放弃】修改，返回Excel立即给自动转换后的超级表改名。

你会改名吧？如果不会，看一下这一段：鼠标点入超级表，Excel会增加一个选项卡【表设计】，点击它，在工具栏最左侧在"表名称"内输入你想要的名称就可以了。

如果你点击了【取消】，请将鼠标点入要导入的普通表格内，按Ctrl-T将其转换成超级表并给它取一个有意义的名字，如图2-7中"区域1"转换后改名为"财报中英名"。

普通表是我们肉眼以为的表，而Excel认为它们只是一组单元格。

2. 超级表。

鼠标点入超级表中，点击【数据】【来自表格/区域】。Excel立即调出PQ（如图2-8所示），这里暂不做什么处理，直接点击【关闭并上载】，导入超级表建立新查询（如图2-9所示），我们在【表设计】中将导入的表格命名为"财报中英名查询"，该表已与源超级表建立链接，当源表发生变化，在新表上右击可【刷新】。

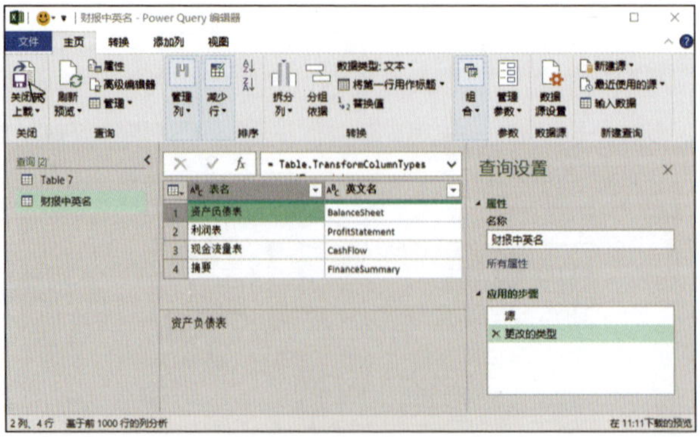

图2-8　Excel 导入超级表调入 PQ

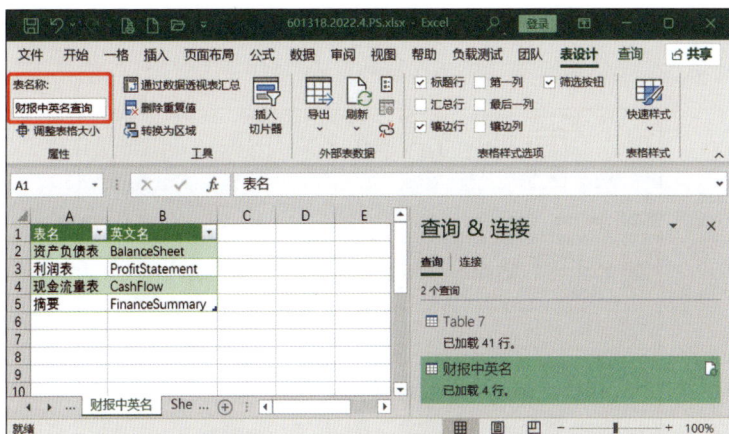

图 2-9　Excel 导入超级表建立新查询

3. 命名区域。

要导入一块已经命名了的单元格区域，这里的关键词是"命名"。我们在上面已学习了转为超级表再取名的方法，你可能会问："不转超级表能够给普通表取名吗？"答案是可以的，选中普通表（如图 2-7 所示中的"区域 2"）中任意一个单元格，按 Ctrl-A，点击【公式】【定义名称】（如图 2-10 所示），将该区域取名为"短网址含义"。注意点入该区域，Excel 不会增加新的选项卡【表设计】。

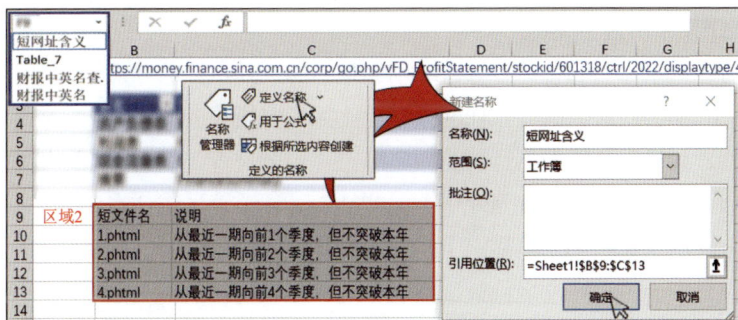

图 2-10　给普通表命名

区域取名后，就会出现在公式编辑栏左侧的"名称框"（如图 2-10 蓝框所示）中，今后只要打开工作簿，无论当前活动工作表是什么，均可以直接点击名称，选中该命名区域。关于名称的更多信息，可点击【公式】【名称管理器】查看。注意：超级表的局部也可以再另外命名，作为一个独立的名称。

鼠标点入超级表中，按图 2-11 之 1~5 的顺序，点击【数据】【来自表格/区域】，在 PQ 中点击查询"短网址含义"，点击【将第一行用作标题】（因为普通命名区域，Excel不能确定第一行是否为标题），点击【关闭并上载】，在Excel【表设计】将导入的表格命名为"短网址含义查询"。

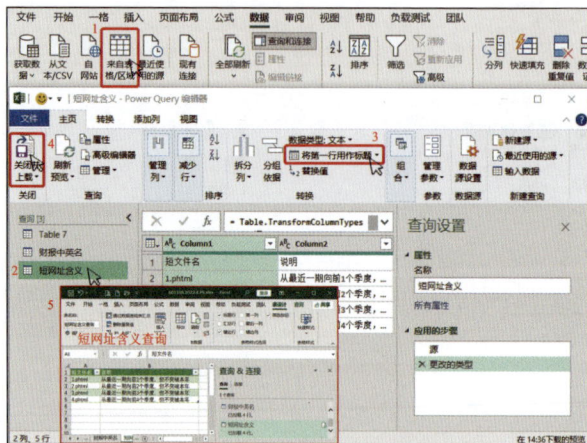

图 2-11　自命名区域导入表格

在Excel中合理地为数据（如单元格区域）命名虽非必须，但对训练我们的数据管理思维（对数据进行管理的系统化思维模式）、提高工作效率（快速识别正在或希望使用的数据）大有裨益。但细心的你是否观察到，图2-10蓝框中的"Table_7"我并没有改名，知道这是为什么吗？另外，PQ中的"将第一行用作标题"是应用较广的一个操作，须学会。

与前述从未命名的普通表导入不同的是，Excel并不会擅自给你做不喜欢的更改，它此时不会对命名区域做任何改动（比如设置格式、颜色等）。

此外，如果命名区域的行列范围是静态（也就是查询所引用的区域地址不会随着源命名区域的行列增减而变化）而非动态区域，该区域范围变动并不能相应地在"短网址含义查询"表格中【刷新】。"名称框"列出的区域全部是静态区域，动态区域是不会出现在"名称框"列表中的，但它可在输入函数时作为参数被选取。因动态区域涉及比较复杂的运用（如INDEX+MATCH函数组合），这里暂不做讲解。

在office 365 之前的 Excel 版本中，【来自表格/区域】按钮名称有所不同，但在【获取数据】周边也可轻易找到。

4. 工作表。

工作表作为一个整体能够被引用导入，Excel并没有直接提供这样的功能。如果将该表已使用区域命名为静态区域，然后按照上述"命名区域"导入数据是可行的。但如果需要将该表已使用区域设置为动态区域，则需智能判断最后一个单元格区域的行号和列标仿照动态命名区域来设置。这对于新人来说，难度较大，这里不讲。

上述的"获取数据"均是在同一个工作簿中进行的，下面学习的是如何引入另外一个工作簿的情况。

2.1.5 跨文件导入及数据管理理念养成

1.跨工作簿获取数据。

如果要从其他工作簿引入表格建立查询，必须保证被引用的工作簿未被打开。按照以下步骤获取数据：

新建一个Excel文件，并命名为"D:\SZCW\Chap2\从其他文件引入.xlsx"，打开它，建立一张工作表"其他文件引入"。

点击【数据】【获取数据】【来自文件】【从工作簿】，选择"D:\SZCW\Chap2\601318.2022.4.PS.xlsx"，弹出"导航器"，按图2-12之1至4顺序操作，在"显示选项"下找到该文件中的工作表"转给其他文件"，点击它，该表内容将显示于"导航器"右部，点击【加载到…】，在"导入数据"对话框指定数据存放位置为现有工作表的A1后【确定】将数据导入工作表"其他文件引入"。至此，完成建立与外部工作簿的查询。点击【表设计】，将获取的表格名称改为"源自转给其他文件的查询"。

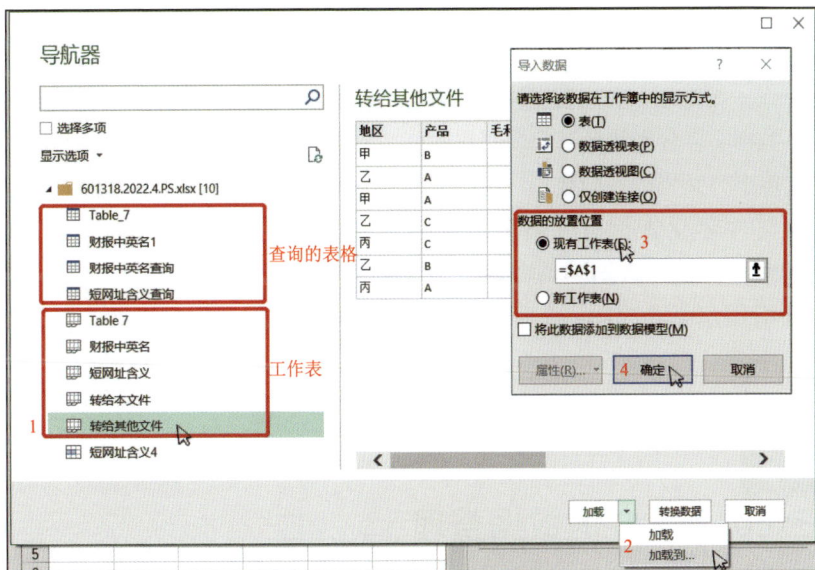

图2-12 从其他工作簿获取数据

39

从其他工作簿查询，需要注意以下几点：

如果出现文件路径相关的错误，比如你双击打开的文件路径不是"D:\ SZCW\Chap2\"，你可以点击【数据】【获取数据】【数据源设置】【更改源】 来修正路径问题。

如果被引入的工作簿相关内容发生变化，无论该工作簿是否关闭，均可 在打开的"从其他文件引入.xlsx"文件中刷新查询。

从其他文件获取数据，具体来说，外部文件中的查询表、工作表、命名 区域（不包含动态区域）均可以作为数据源。

勾选图2-12中的"导航器""选择多项"，再勾选要引入的数据源，可 同时建立多个查询，点击【加载】仅建立查询，点击【加载到…】建立查询 并导入表格以多个新工作表形式存放，见"D:\SZCW\Chap2\从其他文件引 入多个查询.xlsx"。

2. 与数据导入相关的数据理念。

如果建立与同一文件的工作表的查询链接比较困难，则可以转换思维，另建 一文件来获取数据。引入的工作表（已被Excel自动转换为智能表），可将其中某 些单元格区域命名，再建立新查询，就与处理同一文件中命名区域方法和效果相 同了。

跨文件建立查询链接背后的逻辑基础是企业中部门之间的分工，是基于组织 架构的部门分设的。一个文件被多个文件查询引用，形成"一对多"的关系，或 者多个（数据）文件以统一的查询逻辑形成"多对一"的关系。财务可以充分利 用这一点，新建若干统一数据格式的文件，另在一个独立文件内建立多个查询 后，将数据文件分发给各部门填写再收回，刷新链接。如此，既可限定机密文件 的阅读范围，又可动态取数。

跨文件建立查询有利有弊，经验是将源数据存放在某一个Excel文件 中，该文件仅包括数据，无查询链接，作为外部的独立数据仓库，供其他文 件构建引用，获取数据，便于基于同一个 Excel 数据源上构建多个报表解决 方案。

2.2
Excel 和 PQ 的数据整理

在"2.1.1"节我们知道了Excel可以识别的格式，也知道了不规范数据必须进行加工整理，否则无法得到正确的结果，更不用说搭建智能管理模型了。我们就常见的两种格式的数据整理做简单的讲解。

2.2.1 不规范数字的 Excel 整理

不规则数字，指的是肉眼看起来像数字，但是不能计算，不能被数据透视、分类汇总的数据，常见于从网银、ERP、CRM导出的文件中，其不能被Excel识别的原因是在单元格中混杂了肉眼可见、不可见的特殊字符，用ISNUMBER、LEN函数都可辨认。如未经格式处理，从形式上看，不规则数字在单元格中是左对齐，而真正的数值是右对齐的，一眼就可以区分。清除掉单元格中的可见、不可见的特殊字符，将这些数据还原成能够被计算的数值，是必须面对的难题。

1. 一行多显——软回车的录入和提纯。

如果我们想在一个单元格中输入几行数据，而不是占用几行的单元格，要怎么做？双击进入单元格，或者点入编辑栏，在要换行的文本后面，如图2-13之①的"格"之后，按Alt+Enter即可。要提纯，方法也简单：按下Ctrl_H后，在"查找内容"后方框内按下Ctrl-Enter，此时，这个方框里面就包含了两行内容，点击方框上半部分和下半部分，可以观察到光标是长短不同的（如图2-13之②所示），"替换为"后的方框内不输入任何内容，然后点击【全部替换】按钮（如图2-13之③所示）即可清除软回车。

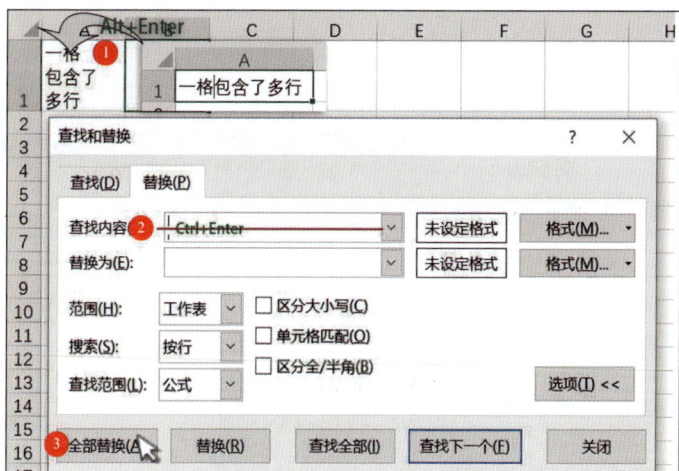

图 2-13　软回车输入及清除

2. 通用的整理方法。

实际上，导致数据不规则的字符也不只是软回车，甭说空格、制表符了，有些你可能都没有听说过，比如"从左到右强制""零宽度空格"等，清除不规则特殊字符的方法也是五花八门，比如文本格式转换、数据分列、POWERQUERY提取等，限于篇幅，不再一一介绍，有兴趣的同学可以加入本书业财融合群获得帮助。这些方法有其优点，但都只能解决某种特定的字符，而不能一次性清除所有不规则字符，那么有没有通用的办法来提纯呢？方法有三：

（1）联合Word替换法。正望沈阳公司2022年的利润表导出后，表中出现了"#VALUE!"不能计算的错误提示，检查发现C5:C10数字可能有问题，尝试过多种方法，也无法将数字恢复。请教了上司柴总，柴总在电话里匆匆说了一句："用'一格'，或者借助Word的查找替换，通杀！"然后微信给财务群里发了一串神秘字符"[!0-9.-]"。明白了，原来是这样：

①选中要提纯的数据单元格C5:C10，按Ctrl+C复制；

②新建一个Word文档，按Ctrl+V粘贴；

③按Ctrl+H调出"查找和替换"对话框，点击【替换】选项卡，在"查找内容"方框内输入易总发的神秘字符"[!0-9.-]"，"替换为"方框不输入任何内容。注意，点开该对话框左下角【更多】，然后勾选"使用通配符"，这是关键；

④点击【全部替换】按钮，将粘贴过来的表格从Word复制到Excel。

（2）"一格"工具一键法。选中要提纯的数据单元格C5:C10，点击【一格】【一格集】【清理】（如图2-14之⑤所示）即可。简单易学，一键成功！

两种方法都可搞定数字提纯。整理后，利润表中"#VALUE!"已经消失，数字可以正常计算（如图2-14之⑥所示）。

不规范数字的Excel整理

图2-14　不规则数字通用提纯的两种方法

（3）VBA代码法。这是第三种通用方法，对Excel小白存在一定难度，不展开叙述了，想深入学习的，可以去财务精英群下载群文件照搬代码就行了。

这三种方法，都适用从文字和数字混合的字符串中快速提取数字。

2.2.2 不规范日期的Excel再加工

对于数据建模，数据源的整理是最初始的一步，数字如此，日期也不例外。有手工输入的日期，也有从数据库后台导入的，如不能被Excel准确识别，也就无法使用相关功能，比如日期函数、数据透视、规划求解等。

1.规范的日期格式。要记住Excel认可的日期格式包括：短横线或者斜线分隔的年月日，如"2000-1-4""2001-7""1965/5/11""1972/6"；中文表示的年月日，如"1998年4月28日""2022年5月"；使用英文（缩写）表示的月日，如"August-5""July-26"。无论如何输入，只要Excel能够识别，日期在编辑栏的显示形式统一都是"yyyy/m/d"，分隔符号是斜杠，年份是4位、月份和日期是一位或者两位。

2.不规范日期的提纯。不规范的日期大致可以分为两种，一是Excel不可识别的，二是Excel可以识别的。提纯的总体思路是先统一分隔符，再使用数据分列，具体方法如下：

（1）Excel不可识别的。按以下思路和步骤进行整理。a.替换分隔符。先用"查找替换"将五花八门的分隔符替换成斜杠"/"；b.替换后出现双斜杠"//"，再替换为单斜杠"/"；c.数据分列。利用数据分列将此列转换为日期，分列向导第2步取消所有的勾选，向导第3步"列数据格式""日期"，指定为"MDY"格式。Excel数据分列需要待处理的数据必须在同一列的连续区域。

以上是针对有分隔符的日期文本而言的，像"20240611""240103"这类没有分隔符号的文本，则应找出形式上的规律，使用MID函数取出相应的年月日，利用连接符"&"重新连接后，再使用数据分列完成提纯。

（2）Excel可以识别的。实践中也有Excel虽可识别但将月份和日期颠倒了的情形，比如"2023/4/11"本应该是2023年11月4日，就需要将其整理为"2023/11/4"。此时，可以利用数据分列，分隔符空格，分列向导第3步"列数据格式""日期"，按照"Y/D/M"指定。

（3）Excel可识别和不可识别日期的区分。可识别的日期如未经格式处理，在单元格内靠左显示，不可识别的靠右显示。还可以利用筛选来区分，方法是：按下Ctrl-Shift-L添加筛选，点击"日期"右侧的小三角，在弹出的筛选面板上，

作者亲授 4'48

不规范日期和时间的
Excel再加工

可识别的日期已按照年份和月份进行了分组，不可识别的日期则单列为一个选项，独占一行。

无论是否可被识别，都可尝试在替换统一分隔符号之后，使用数字分列来完成提纯，在数据分列向导第二步去除所有勾选，第三步日期格式为"DMY"。如果月和日颠倒识别了，可以使用此方法再试一次即可纠正。提纯后，可根据需要将单元格设置为"短日期"等日期格式。

（4）一格工具一键整理。选中要整理的单元格（待处理的数据无须在同一列，也可以是不连续区域），点击【一格】【一格集】【清理】下拉小三角【日期整理】（如图2-15之②所示）即可完成日期提纯，如果月和日颠倒识别了，可以再点击一次【日期整理】即可纠正。

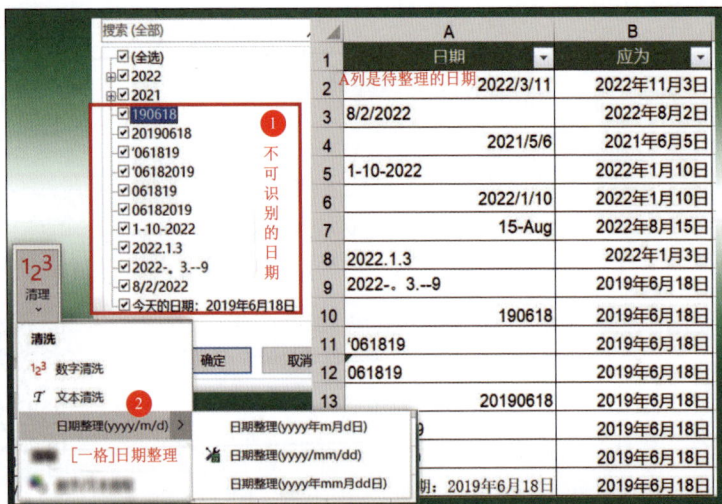

图 2-15　Excel 可识别和不可识别日期的筛选区分

3.规范的时间格式。Excel认可的时间格式是用小写英文状态下的冒号（":"）分隔的时分秒，如"21:3:5"（21时3分5秒）。

4.不规范时间的提纯。实际工作中，有人喜欢用小数点来表示时间，如："3.5"表示3小时5分，"3.5.12"表示3小时5分12秒，整理方法是用Ctrl_H将"."替换为":"；"2.33"表示2小时19分48秒，整理方法是用函数TEXT格式化显示，假设时间在单元格A1内，使用"=TEXT（A1/24，"h:mm:ss"）"得到"2:19:48"[1]。

要克服不规范数据（数字、日期等）带来的麻烦，我们自己要养成规范输入

---

[1]　参见李春林已出版图书《财务精英都是 Excel 控：CFO 手把手教你学管理会计》的相关内容。

的习惯，比如应半角小写时绝不大写，年月日次序要按Excel要求的格式来写等，唯有如此，才是节省时间提高效能的关键。

2.2.3 内嵌 PQ 数据整理之牛刀小试

PQ 对多数用惯了 Excel 的同学来说是陌生的存在，但 PQ 实在是强大又是简单的。在前面的若干节，我们已经一睹芳颜。在本节，我们走得更近些——学习更多的 PQ 数据整理的知识，不讲代码，极少公式，纯操作。

如图 2-16 所示，红框 K1 所示表格是从成千条数据中截取的局部。我们试图按照"时间"列升序排列，期望的结果是 K2，结果却是 K3。对"时间"列一细看，原来这一列各行中存在诸多问题，比如有些"年"字前后会有空格，年数前也有空格，"月"字后有多种不想要的字符（"，""~"等）。因此，我们自然想起数据整理的高手 PQ，点入 K1，点击【数据】【来自表格/区域】，调入 PQ，按表 2-3 所列的步骤进行操作，对照视频学习，即可得到期望的结果。

通过日期整理学习
PQ 数据整理

图 2-16　PQ 整理前后的表格

表 2-3　PQ 数据整理及操作说明

序　号	步　骤	选项卡	功能钮	作　用	备　注
0	更改的类型	—	—	将"时间"列改为日期格式	PQ 自动
1	替换的值	转换	替换值	去除空白	
2	按分割符拆分列	转换	拆分列	根据各行共有的"月"字将其后乱码去除	
3	更改的类型1	转换	数据来源:日期	将拆出的第一列转为日期格式	表示这是第2次进行该动作

序 号	步 骤	选项卡	功能钮	作 用	备 注
4	重命名的列	转换	重命名	将拆出的第一列转为日期格式	
5	删除的列	主页	删除列	删除拆出第二列	去掉乱码
6	复制的列	添加列	重复列	将拆出的第一列复制一个一样的列	学习复制副本列
7	插入的年份	添加列	日期–年–年	增加一列放置从副本列提取年份数字	
8	提取的日	转换	日期–天–天	将拆出的第一列转为仅含日的数字列	
9	已添加自定义	添加列	自定义列	添加一个自定义列	学习添加补0和指定字符
10	插入的合并列	添加列	合并列	选中的两列合并，并取新名称	注意两列的点击先后顺序
11	删除的列1	主页	删除列	删除以上过程中的过渡用的多余的列	表示这是第2次进行该动作
12	重排序的列	主页	–	将"日期"列拖到最前	拖动列标
13	排序的行	主页	A→Z	将"日期"列升序排列	

　　上述操作完成，点击【关闭并上载至…】将整理后的表格返还给Excel指定位置。本节使用文件"D:\SZCW\Chap2\数据整理_利用PQ.xlsx"。

　　在这一节，我们学习到了日期和文本的整理，主要包括列的增加、拆分、合并、复制，日期的提取等基本操作，其中要重点关注字符的批量添加和补0操作（记住公式"=Text.PadStart（Number.ToText（[#"时间 – 复制"]），2,"0"）"。

　　学完本节，你对PQ的数据整理能力是不是有了新的认识？易学且强悍。至此，你已经摸进PQ的门槛，可以算是PQ的入门者了。

　　Excel导入数据并加工后，我们就可以开始走上愉快的数据建模之路了。在业财融合的道路上，我们又向前迈进了一步！

第3章
多业协同保净利

业财融合是业务和财务的有机融合，是企业内部管控的一个重点，涉及各个业务（职能）部门。这些部门是企业价值的直接或间接创造者，企业价值以所有者权益增值为最大目标。企业的一切经济行为都是围绕股东价值增值展开的，在企业的不同发展时期，配合企业战略引领，各业务部门通力协作，奋斗于同一目标指向和统一的财务管理指标，守土有责，各尽其职，共同致力业财深度融合。

3.1 全面预算的知识准备

3.1.1 全面预算之"全"

时至7月，集团公司就已经下达了未来半年净利润指标，无论如何都要确保下半年公司净利达800万元。为此，请财务编制预算组织测算营收保底数，请各部门拿出自身近半年的费用控制目标。

1. 全面预算的"全"管理理念。

"凡事预则立"，成事者必谋划于前，这是企业管理制胜之道。预算可从字面理解为对未来的盘算、核算，它紧密贴合于管理职能的"预测"内涵，核心在于"预"，着手点在"算"。

1）预算的概念。预算是通过对企业内外部环境的分析，在科学的生产经营预测与决策基础上，用价值和实物等多种形态反映企业未来一定时期的投资、生产经营及财务成果等一系列的计划和规划。而全面预算是总预算，是企业对未来规划期内经营决策的全面性的综合的财务描述，完整的总预算包括经营预算、专项预算（如资本预算、资金预算等）和财务预算，涵盖了特定期间的销售、生产、成本、现金收支、投融资等各方面的收支活动的预测。同时，在此基础上，编制出预测期的利润表、资产负债表等预测报表，用以反映企业的经营成果和财务状况。

2）预算的本质。从形式上看，表面是制作各种报表、说明及相关的文件（规定）；实质上，这些数字和文字的编制与下发体现的是以财务管理为主的企业管理的思想和行动规划，对未来的预判、谋划，事前协调、控制预算期内资源的获得、配置和使用，体现了企业"我想要、怎么要，如果成败我如何"的管理理念。

3）全机构（员）预算。全面预算关系整个组织机构而不仅是其中的几个部门，它是将各下属机构和部门的各种利益整合为一个参与各方都同意的计划，是自愿参与、自愿作为考核目标的资源协同规划。预算包含的内容不仅仅是预测，它还涉及有计划地巧妙处理所有变量，这些变量决定着公司未来努力达到某一有利地位的绩效。预算（或利润计划）可以说是控制范围最广的技术，全面预算绝对不能是财务部门闭门造车的结果，它必须是为了创造最大企业价值，以资源整合作为贯穿始终、全员参与、目标一致的管理活动的成果。在工作实践中，预算工作会成立跨部门的专门的工作小组，领导小组组长由企业（集团）总经理担任，副组长由企业（集团）副总经理或财务总监担任，组员由集团各职能部门负责人或重点分、子公司一把手担任。预算编制往往由组织架构中的部门作为独立主体参与或联合参与，而这些部门内部组织全体员工参与资源预配、计划。企业相关职能部门应相互配合，形成分工明确、责任清晰、相互协同、运转高效的工作机制和责任机制。

4）全程管理。编制全面预算是一项量大面广、时间性和操作性要求极强的工作，涉及企业和下属各分支机构和部门，囊括了生产经营的各个方面，覆盖了预算的事前编制、事中执行和事后分析、优化。所谓"全面预算、全程管理"，不只是测算、计算工作前置，而是包括过程控制、调整和评估等管理工作都要提前介入并全过程渗透。

5）全面辩证。全面预算的"全"还体现在全维度的工作部署和展开，这里要注意克服三个倾向。一是，防范形而上学，为预算而预算。全面预算绝对不能停留在纸面，为了完成任务、为了形式，轰轰烈烈地做完，束之高阁，如果没有事中执行或者弱执行，没有事后的评价与考核，这样的预算不能称为全面预算，实际上还不如不做。二是，防止过度管理、机械教条。全面预算是基于某个时间点对未来的预期，但未来总是不确定的、变化的，原预算赖以存在的前提变化了，就不应再简单抱着原预算不放；或者是过于强调执行，不容许有毫厘偏差，这可能导致管理成本加大和员工离心，预算毕竟是"预"，仅仅是预估、预测，偏离也不意味就是不好。三是，一定要有全员发动、全员参与。现实中往往是管理层级越低，对预算的参与程度越低，理解和执行越差，导致预算目标脱离实际或者企业战略目标不能落地。

2. 各司其职、全面发力。

业财融合是贯穿于企业的全生命周期的，从企业成立、成长、兴盛到消亡，业务与财务都是融合发展的；而全面预算是企业管理中业财融合的一种表现形式，预算工作是在各业务部门与财务部门全力合作下完成的。全面预算是业财融合的深刻体现，各编制主体在全面预算工作中的主要任务和职责包括：

1）领导小组。事前确定总的预算编制与管理的原则和目标，事前就预算（或调整）方案提出审核意见，事中协调解决预算编制和执行跨机构的重大问题，事后根据预算执行结果提出考核和奖惩（或调整）意见。

2）财务部门。依据各类预算编制情况，测算财务资源的承受能力和重大支出的预期效益，综合确定各项财务预算指标，模拟现金流量，并对各类分项预算的合理性和可行性进行财务审核，对各业务部门进行预算编制指导；预算汇总编制、分析、报告和日常跟踪监督。预算工作常常被人误解为只是财务部门的事，甚至部分财务人员也如此认为。这样的观念固然不够全面，但也反映了在预算工作中财务部门的重要性。对预算工作的管理，涉及大量管理理念的落实、大量财务测算方法的运用，这是业财融合中"财"的重要性的体现，也是财务人员成长、晋级的必由之路。

3）业务部门。重点做好主要产品产量、主要经营业务规模与效益等指标的分析预测工作，编制年度生产计划、营销计划。

4）投资管理部门。围绕企业战略和业务计划，结合企业资金保障状况和投资项目预期效益，合理测算各项资本性开支的规模与标准。

5）人力资源管理部门。依据年度人才计划、薪酬管理规定、政府"减、免、缓、停"相关政策等，合理预计职工薪酬、福利等人工成本。

6）其他相关部门。根据所属企业预算制度履行相应的职责。

7）条线管理。集团本部各职能部门，除负责本部年度预算外，还要对条线范围内所属企业年度预算情况，进行指导和审核。

在明确各职能机构任务和职责的基础上，全面预算需要管理层牵头组织，上下联动，必须经过"由上而下""由下而上"的多轮反复推敲、研判，才可以形成最终定稿。

3.1.2 滚动预算和弹性预算

全面预算从不同角度可以进行不同的分类，这也是管理理论对管理实践的提炼和总结。

1. 滚动预算。

根据预算编制的时间频率，全面预算分为定期预算和滚动预算。定期预算一般与会计期间同步，如按月或按年，便于预算的考核，但它容易限制管理的思维，使其局限于规划好的经营活动，而对稍纵即逝的经营机会失去把握。

滚动预算是需要不断调整预算详细程度的一种编制方式。

根据调整的频率不同，分为逐月滚动、逐季滚动、不定期滚动，滚动预算根据截止期是否固定，又分为两种：

一是截止期确定，假如无论何时，都以当年12月为截止期限，比如：已经编制的2023年预算，9月执行完毕，需要根据前9个月的情况调整未来3个月（2023年10月至12月）的预算，并增加2024年1月的预算；10月执行完毕，需要根据前10个月的情况调整未来2个月（2023年11月至12月）的预算……

二是截止期顺延（预算涵盖期限不变），假如企业预算期限以半年作为预算跨度，已经编制的2023年预算，9月执行完毕，需要根据前9个月的情况调整未来半年（2023年10月至2024年3月）的预算，并增加2024年4月的预算；10月执行完毕，需要根据前10个月的情况调整未来半年（2023年11月至2024年4月）的预算，并增加2024年5月的预算……每月调整一次，叫作逐月滚动。滚动预算期限调整情况如图3-1所示。

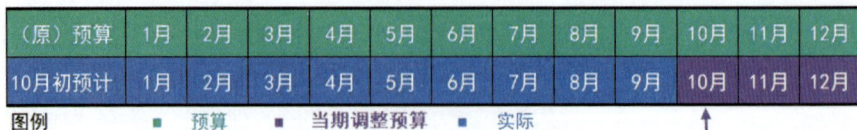

（原）预算	1月	2月	3月	4月	5月	6月	7月	8月	9月	10月	11月	12月
10月初预计	1月	2月	3月	4月	5月	6月	7月	8月	9月	10月	11月	12月

图例　　■ 预算　　■ 当期调整预算　　■ 实际

图 3-1　滚动预算期限调整示意图

以上是每个月都调整的情况，如果一个季度调整一次，叫作逐季滚动。如果根据管理需要，随时需要调整，称为不定期滚动。每次增加一个调整周期，如一个月、一个季度或者本期预算涵盖期限扣除调整时已逝去的时间。

此外，还有一些分类，比如，按预算期涵盖的时间长短，一年以内称为短期预算，一年以上称为长期预算，有时将2～3年的也称为中期预算。

2. 弹性预算。

弹性预算是在确定业务量与预算项目之间的数量依存关系的基础上，确定在不同业务量的情形下，相应的预算项目所消耗的资源的一种预算方法。这里的业务量指的是企业的销量、产量、作业量等与预算项目弹性相关的变量。

根据预算编制的预算期间和业务量基础的不同，将预算进行分类，如基于某一固定的业务量、固定期间，则称为固定预算；如基于某一系列可预见的业务量，则称为弹性预算。

由于固定预算与实际经济生活中企业复杂多变的业务情况不相适应，也不利于考评各下属机构和部门，预算编制时更多是采用弹性编制。弹性预算的业务量基础出于现实的考虑，一般应该确定为正常产销能力的80%～120%，不宜过高或者过低，主要根据集团下属不同地区、不同时期的市场环境来确定。除了以产销量作为预算基础外，还可以选用人工工时（如以手工操作为主的车间）作为基础。

实践中，弹性预算常常用于对成本费用的控制。编制弹性预算一般根据公式法和列表法计算。公式法假定某成本费用项 Y 与业务量 X 成线性（ $Y=kX+b$ ）关系；列表法是无线性关系，设置基于相同间隔（变动幅度）的不同业务量下的成本费用值，列表法比较精确，但工作量较大。

3.2
多业协同确保净利实现

从企业控制的难易程度来看，营收由于涉外，要从外部获取资源和利益，难度相对较大，而内部的成本费用控制相对容易。而内部和外部的收支之间也不是完全割裂的，是存在联系和内在逻辑的。规划预算，自然会从收支两方面入手，不可偏废，其目标就是保证净利预期目标的实现。

3.2.1 净利目标实现路径分析

集团8楼会议室，预算工作小组的一班人正在远程会议讨论预算相关工作，并进行数据审查，参会者有总经理李总及销售肖总、柴某（我本人）及各总监，大屏正投屏演示预算的Excel表格。集团公司在7月底要求考虑对未来6个月子集团（正望铭城集团）进行收支预算，并定下了800万元净利的目标，如何能够实现？

收入－成本费用－企业所得税＝净利润

这是一个最基本的财务收支公式，子集团由于享受所得税优惠，可暂不考虑其影响，那么未来半年收入指标和成本费用应该分别定多少才能确保800万元的利润呢？公司在7月底提出对未来半年的预算要求，这实际上是不定期滚动预算。本着先易后难的原则，我们逐一分析。

1. 成本费用。企业的成本费用包含的内容非常多，有些是只要企业开门就会有，比如房租或者折旧；有的则是经济业务越大费用越高，比如采购成本、电费等。这实际上是企业的两类成本费用：

- ◆ 固定费用。与可变费用是一对名词，是短期内不随企业（或单一工程、单一设备）产量（工作量或销售量）的变化而变化的费用，包括工人工资、咨询费、固定资产折旧、管理人员工资、房屋租金、固定场所费用（办公费、水电费、物业费等）、无形资产摊销等，取自英文 Fixed Cost 首字母 F。
- ◆ 变动费用。也叫可变费用，是随着产品产量或商品流转量的变化而按比例增减的那部分费用，包括原材料、工人工资及附加、水电费、制造费用等科目。变动费用是随着生产量或销售量的变化而变化的费用，如库存商品成本、生产用水电费、生产、销售人员工资、销售税金等。在一定的适用区间（相关范围），变动费用与业务量成线性相关。变动费用取自英文 Variable Cost 首字母 V。

固定成本费用、变动成本费用二者相加构成了企业的总成本费用，而我们要做的未来半年的预算与固定成本费用、变动成本费用相关，预算项目（如总成本费用、总营收、净利润）在不同业务量下存在不同的预算结果，这实际上就是弹性预算。

2. 营业收入。将净利润加上总的成本费用，就可以得出营业收入的预算额。有同学问道，为什么不根据往期的净利率直接倒算呢？这个问题的答案我在"3.3.4"节告诉你，你可先考虑一下，也可以先放一放。

将上述公式进行移项，则收入＝成本费用＋企业所得税＋净利润，若不考虑企业所得税，则收入＝成本费用＋净利润＝固定费用＋变动费用＋净利润，用字母代替表示为，$S=F+V+P$，因固定费用＋变动费用均存在多项，公式

转变为 $S=F_1+F_2+F_3+\cdots+V_1+V_2+V_3+\cdots+P=F_1+F_2+F_3+\cdots+S\times i_1+S\times i_2+S\times i_3+\cdots+P=F_1+F_2+F_3+\cdots+S\times(i_1+i_2+i_3)+\cdots+P$，再次演算，公式最终为

$$S=\frac{F_1+F_2+F_3+\cdots+P}{1-(i_1+i_2+i_3)}$$

为简化起见，这里各变动费用均取与营业相关的比率历史数据。弹性预算中与业务量相关的各项变动费用，应结合各位同学所在的公司具体情况采用不同的适用比率。集团公司2022年7月的固定费用，变动费用比率如图3-2所示。

	A	B	C	D
4				
5	项目		代码	现有目标
6	固定费用	人员工资	F1	300
7		房租	F2	25
8		办公费	F3	9
9		不可预见	F4	12
10		合计	F	346
11	变动费用	物流费用	i1	33.00%
12		仓储费	i2	4.00%
13		快递费	i3	21.55%
14		平台费	i4	3.50%
15		营销宣传	i5	2.06%
16		FOB采购	i6	13.00%
17		关税	i7	2.00%
18		合计	i	79.11%

图 3-2　集团公司 2022 年 7 月的固定费用、变动费用比率列示（表格整理前）

3.2.2　保利前提下营收保底模型搭建

要在确保公司净利润的前提条件下，各业务部门协同，管控费用，测算保底营业收入值。换句话说，为了确保公司预定的净利润目标，各部门需要增减自身的费用指标，在此前提下，营收最低要达到多少，才能保证这一目标的实现？

有了数学推演的公式还不够，我们还要将它转化放置在Excel表格内，让Excel知道我们的意图，如图3-3所示。

	A	B	C	D	E	F	G	H	I	J	K	L	M
1													
2		部门费用控制分解表				1				2			
3		制表单位：北京正望铭城集团			未来6个月	805	月均收入	134.1667	净利润(P)	800	净利率	0.993789	单位：万
4													
5		项目		代码	现有目标	控制目标	2022年8月	2022年9月	2022年10月	2022年11月	2022年12月	2023年1月	合计
6		固定费用	人员工资	F1	300		0	0	0	0	0	0	0
7			房租	F2	25		0	0	0	0	0	0	0
8			办公费	F3	9		0	0	0	0	0	0	0
9			不可预见	F4	12		0	0	0	0	0	5	3 5
10			合计	F	346	0	0	0	0	0	0	5	5
11		变动费用	物流费用	i1	33.00%		0	0	0	0	0	0	0
12			仓储费	i2	4.00%		0	0	0	0	0	0	0
13			快递费	i3	21.55%		0	0	0	0	0	0	0
14			平台费	i4	3.50%		0	0	0	0	0	0	0
15			营销宣传	i5	2.06%		0	0	0	0	0	0	0
16			FOB采购	i6	13.00%		0	0	0	0	0	0	0
17			关税	i7	2.00%	4	0	0	0	0	0	0	0
18			合计	i	79.11%	0.00%	0	0	0	0	0	0	0

图 3-3　表格设计与公式分布

1. 创建公式、搭建模型。

根据上一节的公式推导及现有的费用资料，按以下步骤操作：

①单元格J3中输入集团设定的净利润目标值800万元；

②在Excel工作中将已知的固定费用金额（这是每个月都相同的，考虑2023年1月春节，年前可能会多花一些钱，故L6:L9费用略有上升）、变动费用率（与收入密切相关，为收入的一定比例值）数字填入；

③填完费用的现有值，在其右增加一列"控制目标"，作为各部分对费用控制的目标（黄色背景部分）；

④设计好未来6个月，在G5中输入"2022年8月"后向右按住鼠标拖动6格，这6列各月数按照总数除以6平均；

⑤在绿色箭头指向的单元格内输入公式（见表3-1）。公式很多，但主要公式仅仅几个，不要怕，大部分是设置好某一公式，然后向右、向下拖拉自动完成的。

表 3-1　费用分解表公式清单

序号	地址	公式	值	序号	地址	公式	值
1	F3	=（J3+M10）/（1-F18）	805	28	J9	=$F9	0
2	H3	=F3/COUNTA（G5:L5）	134.17	29	K9	=$F9	0
3	L3	=J3/F3	99.38%	30	L9	=$F9+5	5
4	G6	=$F6	0	31	M9	=SUM（G9:L9）	5
5	H6	=$F6	0	32	G10	=SUM（G6:G9）	0
6	I6	=$F6	0	33	H10	=SUM（H6:H9）	0
7	J6	=$F6	0	34	I10	=SUM（I6:I9）	0
8	K6	=$F6	0	35	J10	=SUM（J6:J9）	0
9	L6	=$F6	0	36	K10	=SUM（K6:K9）	0
10	M6	=SUM（G6:L6）	0	37	L10	=SUM（L6:L9）	5
11	G7	=$F7	0	38	M10	=SUM（M6:M9）	5
12	H7	=$F7	0	39	G11	=$F3*$F11/6	0
13	I7	=$F7	0	40	H11	=$F3*$F11/6	0
14	J7	=$F7	0	41	I11	=$F3*$F11/6	0
15	K7	=$F7	0	42	J11	=$F3*$F11/6	0
16	L7	=$F7	0	43	K11	=$F3*$F11/6	0
17	M7	=SUM（G7:L7）	0	44	L11	=$F3*$F11/6	0
18	G8	=$F8	0	45	M11	=SUM（G11:L11）	0
19	H8	=$F8	0	46	G12	=$F3*$F12/6	0
20	I8	=$F8	0	47	H12	=$F3*$F12/6	0
21	J8	=$F8	0	48	I12	=$F3*$F12/6	0
22	K8	=$F8	0	49	J12	=$F3*$F12/6	0
23	L8	=$F8	0	50	K12	=$F3*$F12/6	0
24	M8	=SUM（G8:L8）	0	51	L12	=$F3*$F12/6	0
25	G9	=$F9	0	52	M12	=SUM（G12:L12）	0
26	H9	=$F9	0	53	G13	=$F3*$F13/6	0
27	I9	=$F9	0	54	H13	=$F3*$F13/6	0

序 号	地 址	公 式	值	序 号	地 址	公 式	值
55	I13	=$F$3*$F13/6	0	77	J16	=$F$3*$F16/6	0
56	J13	=$F$3*$F13/6	0	78	K16	=$F$3*$F16/6	0
57	K13	=$F$3*$F13/6	0	79	L16	=$F$3*$F16/6	0
58	L13	=$F$3*$F13/6	0	80	M16	=SUM（G16:L16）	0
59	M13	=SUM（G13:L13）	0	81	G17	=$F$3*$F17/6	0
60	G14	=$F$3*$F14/6	0	82	H17	=$F$3*$F17/6	0
61	H14	=$F$3*$F14/6	0	83	I17	=$F$3*$F17/6	0
62	I14	=$F$3*$F14/6	0	84	J17	=$F$3*$F17/6	0
63	J14	=$F$3*$F14/6	0	85	K17	=$F$3*$F17/6	0
64	K14	=$F$3*$F14/6	0	86	L17	=$F$3*$F17/6	0
65	L14	=$F$3*$F14/6	0	87	M17	=SUM（G17:L17）	0
66	M14	=SUM（G14:L14）	0	88	E10	=SUM（E6:E9）	346
67	G15	=$F$3*$F15/6	0	89	F10	=SUM（F6:F9）	0
68	H15	=$F$3*$F15/6	0	90	E18	=SUM（E11:E17）	79.11%
69	I15	=$F$3*$F15/6	0	91	F18	=SUM（F11:F17）	0
70	J15	=$F$3*$F15/6	0	92	G18	=SUM（G11:G17）	0
71	K15	=$F$3*$F15/6	0	93	H18	=SUM（H11:H17）	0
72	L15	=$F$3*$F15/6	0	94	I18	=SUM（I11:I17）	0
73	M15	=SUM（G15:L15）	0	95	J18	=SUM（J11:J17）	0
74	G16	=$F$3*$F16/6	0	96	K18	=SUM（K11:K17）	0
75	H16	=$F$3*$F16/6	0	97	L18	=SUM（L11:L17）	0
76	I16	=$F$3*$F16/6	0	98	M18	=SUM（M11:M17）	0

图3-3中蓝色背景单元格公式解读：1是单元格F3，计算营收的公式；2是单元格J3，净利润目标P，直接输入；3是单元格M10，各项固定费用合计，$F_1+F_2+F_3+\cdots$；4是单元格F18，各项变动费用费率合计，$i_1+i_2+i_3+\cdots$，对照"3.2.1"节营收最终公式，可在F3中输入公式"=（J3+M10）/（1-F18）"。

此外，单元格G11的公式是"=ROUND（$F$3×$F11，6）"，它根据收入和计算了2022年8月变动费用预算值。

至此，由公式向Excel公式转换的费用分解和收入预测的预算模型搭建完成。

2. 费用额与费率控制。这是多业分配的核心，从形式上来说，财务人员向"控制目标"黄色单元格输入几个数字是非常简单的，但实战中绝对不能只是财务闭门输入，在本部门自说自话。不同变动费用项目控制是由不同的业务管理部门负责的，比如"FOB采购成本"由采购部负责，"仓储费"由工程部负责，"平

确保利润前提下保底营收测算模型的构建

台费”由办公室负责……这些费用的控制目标需要由相应的部门参与全面预算中进行内部测算，根据自身的管理现状和集团的内控要求提出费用控制目标。这不，在集团预算工作小组组织的由各部门参与的协调会上，财务部就将上述模型投屏到众人面前，总经理要求各人自报费率控制目标并说明理由。各部门在预算工作的参与过程，也正是业财融合的过程。

注意，在不同企业，费用项目名称因行业不同而不同，负责部门也各不相同，但这并不影响模型的适用性，仅需要更改费用项目名称、更改费用项与业务量之间的关联公式即可。

在上面建立的模型（模型在给别人阅看时，需要进行美化调整）中输入不同的控制目标，就会得出不同的营收保底值，如图3-4所示，当红框内变动费用控制值发生变动时，可以看出自2022年8月起的6个月期望的营收保底值（单元格F3）分别是12 259.51万元和13 368.30万元。

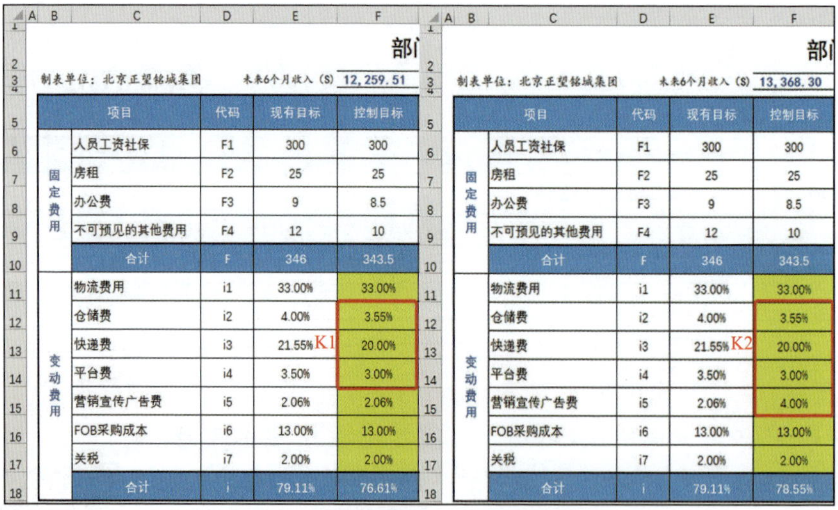
部

制表单位：北京正望铭城集团　未来6个月收入（$）12,259.51

项目		代码	现有目标	控制目标
固定费用	人员工资社保	F1	300	300
	房租	F2	25	25
	办公费	F3	9	8.5
	不可预见的其他费用	F4	12	10
合计		F	346	343.5
变动费用	物流费用	i1	33.00%	33.00%
	仓储费	i2	4.00%	3.55%
	快递费	i3	21.55% K1	20.00%
	平台费	i4	3.50%	3.00%
	营销宣传广告费	i5	2.06%	2.06%
	FOB采购成本	i6	13.00%	13.00%
	关税	i7	2.00%	2.00%
合计		i	79.11%	76.61%

部

制表单位：北京正望铭城集团　未来6个月收入（$）13,368.30

项目		代码	现有目标	控制目标
固定费用	人员工资社保	F1	300	300
	房租	F2	25	25
	办公费	F3	9	8.5
	不可预见的其他费用	F4	12	10
合计		F	346	343.5
变动费用	物流费用	i1	33.00%	33.00%
	仓储费	i2	4.00%	3.55%
	快递费	i3	21.55% K2	20.00%
	平台费	i4	3.50%	3.00%
	营销宣传广告费	i5	2.06%	4.00%
	FOB采购成本	i6	13.00%	13.00%
	关税	i7	2.00%	2.00%
合计		i	79.11%	78.55%

图3-4　不同变动费率时的营收保底值（单位：万元）

3.结果检验。检查图3-3黄色部分发现，无论输入何值，M10+M18+J3永远是等于F3，说明成本费用加净利润恒等于收入，换句话说，收入能够确保在消化成本费用的同时，保证了净利润的恒定（满足预设目标值要求）。在单元格O18和P18中分别输入“结果校验”“=M10+M18+J3=F3”后，观察P18的计算结果是否永远为TRUE。

在本节视频留了一个小作业，请同学检查一处公式错误，这个公式错误并不影响营收计算结果，看完视频，修改错误公式，想一想为什么？

3.2.3　数据组合让你的展现伸缩自如

有没有这样的情况，面对某个行数或列数较多的表格，你在展示讲解时，阅读者为了更容易看到重点，可能会对你说"我暂时不想看到××列"（比如图3-3的D列、G:L列），过了一会儿，他又可能说，我再看一下刚才那几列。

你是不是想起了一个操作：选中这几列，点击右击，在弹出的菜单中选择【隐藏】，需要再次展现时，再选中多列，将刚才隐起来的几列包在其中，点击右击，在弹出的菜单中选择【取消隐藏】。这应该是多数同学在实务中的操作了吧，但你有没有想过，右击弹出的菜单在关键时候有可能是一种干扰信息呢？有比【隐藏】更快捷灵活的操作吗？下面，我来介绍一个方法。

1.建立组合。选中D列，按快捷键是Shift-ALT-→（向右箭头），将D列作为一组；选中G:L列，按快捷键是Shift-ALT-→（向右箭头），将G:L列作为一组。

组合后如图3-5所示中的红框K1。在列标签上方就出现了两个方框框住的减号⊟，点击第一个⊟D列隐藏收起，同时减号变为加号⊞，点击第二个⊟G:L列隐藏收起，同时减号变为加号⊞。图3-5红框K1中，在最左端出现方框框住的两个数字①和②，点击①，所有的减号都变成加号（图3-5红框K2），被组合的列同时隐藏；点击②，所有的加号都变成减号，被组合的列均恢复，同时显现。

数据组合让你的
展现伸缩自如

图 3-5　快速进行列组合

试一下，这样的操作，是不是更快、更灵活？

对特定的行（列）进行组合的过程，实际上也是我们大脑对这些行（列）内在的逻辑关系进行思考的过程。对于组合功能，要注意：

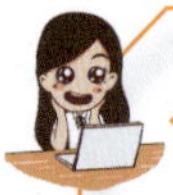

- 数字越大，看到单元格（行列）越大，视线干扰因素也就越多；反之，越易阅读，简洁度越高。
- 行和列均可组合。
- 分级显示是基于行（列）分组的，分组建议以行（列）之间的逻辑层次为主要依据。
- 组合是可以嵌套的，即大组合套着小组合。

2. 自动建立分级显示。根据公式智能判断，如果当前工作表已有分级显示（如图3–6所示），则会弹出警告，询问是否修改现有的分级显示为智能建立的分级显示。大家也要注意到，不是每张工作表都适合建立自动分级，或者说不是自动分级都能建立成功的。

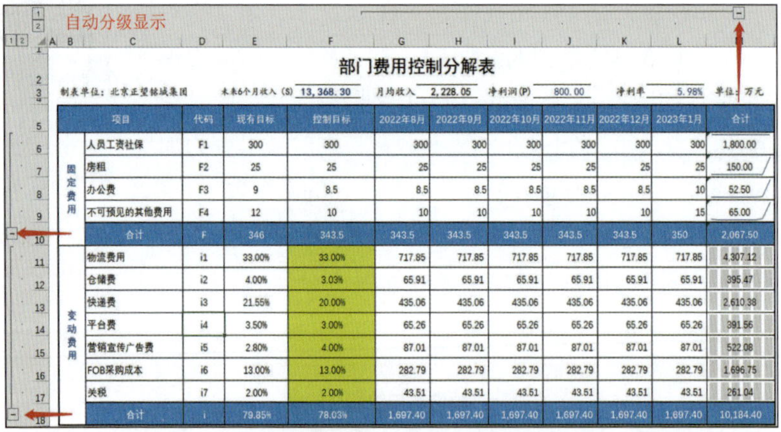

	项目	代码	现有目标	控制目标	2022年8月	2022年9月	2022年10月	2022年11月	2022年12月	2023年1月	合计
固定费用	人员工资社保	F1	300	300	300	300	300	300	300	300	1,800.00
	房租	F2	25	25	25	25	25	25	25	25	150.00
	办公费	F3	9	8.5	8.5	8.5	8.5	8.5	8.5	10	52.50
	不可预见的其他费用	F4	12	10	10	10	10	10	10	15	65.00
	合计	F	346	343.5	343.5	343.5	343.5	343.5	343.5	350	2,067.50
变动费用	物流费用	i1	33.00%	33.00%	717.85	717.85	717.85	717.85	717.85	717.85	4,307.12
	仓储费	i2	4.00%	3.03%	65.91	65.91	65.91	65.91	65.91	65.91	395.47
	快递费	i3	21.55%	20.00%	435.06	435.06	435.06	435.06	435.06	435.06	2,610.38
	平台费	i4	3.50%	3.00%	65.26	65.26	65.26	65.26	65.26	65.26	391.56
	营销宣传广告费	i5	2.80%	4.00%	87.01	87.01	87.01	87.01	87.01	87.01	522.08
	FOB采购成本	i6	13.00%	13.00%	282.79	282.79	282.79	282.79	282.79	282.79	1,696.75
	关税	i7	2.00%	2.00%	43.51	43.51	43.51	43.51	43.51	43.51	261.04
	合计	i	79.85%	78.03%	1,697.40	1,697.40	1,697.40	1,697.40	1,697.40	1,697.40	10,184.40

图 3–6　自动分级显示

3. 取消组合。分两种情况，根据选中区域包括的行（列）在这些行上下方向（这些列左右方向）是否存在已建立的组合（分级显示），如有，则取消其组合（分级显示），方法是点击【数据】【取消组合】【取消组合】，快捷键是Shift–ALT–←（向左箭头）。如果要同时取消工作表所有行方向和列方向的组合，只选中工作表中某一个单元格，再取消组合。

3.2.4　一览无余的费率清单设计

“柴总，这个营销宣传广告费够不够呢？2个点的费率，我能实现1.22（亿元）的营收，如果1.5的费率，或者2.5、3、3.5……呢？”

营销部门肖总的这个问题，实际上是想看到一个清单，看看宣传广告费率从1.5%开始，以0.5%为增幅的不同情形下的收入变动情况，也就是如图3-7所示的这张表（红框）。那么，这张表是怎么制作出来的呢？很简单，步骤如下：

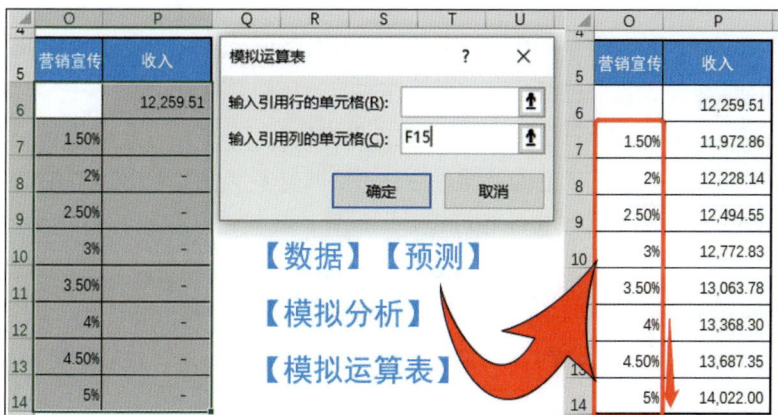

图3-7　营销费率与营收对照一览表（亿元）

1. 准备运算表。在单元格O7、O8分别输入1.5%、2%，选中O7: O8，将鼠标移动到该区域右下角，光标变为黑色细十字时，按住鼠标左键向下拖拉若干单元格，如拖至第14行时松开鼠标左键，O9: O14将会自动递增0.5%填充（Excel是以选中单元格差值来填充的，并非默认的递增1），最后在P6输入公式"=F3"（注意"收入"要设计放在1.5%的上一行）。

2. 模拟运算。选中区域O6:P14（一定要注意从收入P6这一行开始往下选），依次点击【数据】【预测】【模拟分析】【模拟运算表】，弹出"模拟运算表"对话框，在"输入引用列的单元格"中输入F15，也就是与要计算的收入值相关的源表中"营销宣传广告费"的控制值所在的单元格。点击【确定】，就可以得到营销费率与营收对照一览表。

与一个自变量（本节是营销宣传广告费率）相关的模拟运算，称为一维模拟运算。

3.3

营销连接世界

保净利润，实际上是要保营收，收入未达成，净利润是空话。各部门对自家费用控制的目的也是保证营收的坚实，不被掏空，毕竟取自外部的营收是需要各地分、子公司共同努力来实现的，费用向营销倾斜一些，营收的实现度就会大一点。但需要思考，营收的增长会是无止境的吗？

3.3.1 有没有一种可能——一维模拟是最适合的

PQ对多数用惯了Excel的同学来说是陌生的存在，但PQ实在是强大又简单。在前面的若干节，我们已经一睹芳颜。在本节，我们走得更近些——学习更多的PQ数据整理知识，不讲代码，极少公式，纯操作。

营销肖总提出他们创造的业绩是与公司给批复多少（比率的）营销费密切相关的，费率放得高，营收也能相应拉升。诚然，我们可以在图 3-8F15中分次输入不同的营销费率，从而在F3观察到相应的值，但这样做也有一个缺点就是不能将不同费率对应的营收值同时展现。换句话说，就是不能一目了然。假设自变量 x_1、x_2、x_3…对应的因变量 y_1、y_2、y_3…是多少呢？李总想看到这样的一览表。

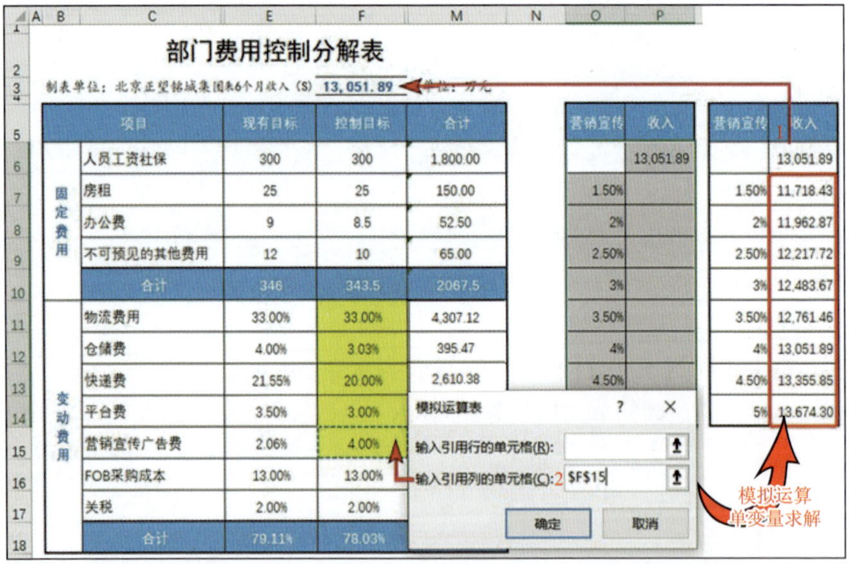

图 3-8　单变量求解

对于此种情形，一维模拟是最适合的，这是为什么？一个自变量，对应一个因变量，对应模拟分析中的一维模拟运算。分情形列示运算清单，是谁的强项啊？这是模拟运算的Power。只有记住模拟运算的这个特征，你才能在需要时想起它。

一维模拟运算虽然很简单，但即使你曾学会，时间久了，你可能还是会忘记。为了帮助大家巩固，我列了以下注意事项：

①究竟引用行还是引用列？说的是图3-8"模拟运算表"对话框，引用行（列），其实很简单。如你的自变量是横排，就在"输入引用行的单元格"中给值；如自变量是竖排，就在"输入引用列的单元格"中给值。

②因变量（参考值）可以不止一个。在图3-8单元格Q6输入公式"=H3"，可以再添加一个参考值"月均收入"。

③自变量唯一。运算模拟分析时，可分为两个表格区域，一是源表区（B2:M18），二是模拟运算区（O5:P14），源表区可以有多个因变量被运算表中某处引用，如F3、H3，但自变量只能有一个，如F15。

④公式和引用位置。因变量公式在模拟表格区输入，自变量在对话框内引用源表中的单元格，且只能在"模拟运算表"对话框中被引用。要记住："模拟运算表"对话框内就是让你输入来自源表中的自变量的。

⑤框选区域不可包含标题。左上角单元格一般可以留空。横向计算时，左下角因变量作为模拟运算参考；纵向计算时，右上角因变量（图3-8中深灰背景中数字13 051.89）作为模拟运算参考。

⑥因果关系。要确保源表区中自变量和因变量之间存在直接或者间接的因果关系，也就是说，因变量是将自变量经过一步或多步运算得出的。

⑦整体清除。不可单独清除模拟运算表中的某个单元格，必须选中整体（注意不要误选参考值），一起清空。

3.3.2 多区域子公司的合并查询

"目前，我们根据2.06%的费率，先期做了预测，营收只有1.18亿元，即使是2.06%的费率，也要求我们营收保底1.22亿元（图3-4红框K1）。"肖总发话了。

"肖总你让我们一起看看，你预算是怎么做的？"总经理李总在会上跟肖总说。

1.并排查看源表。在资源管理器中，鼠标套选中"D:\SZCW\Chap3\营销预测-北京.xlsx"和南京、沈阳、山东四个文件，回车，批量打开它们，点击【视图】【窗口】【全部重排】，在弹出的"重排窗口"对话框中选择"平铺"，得到四家子公司的营收预测表（如图3-9所示）。注意，双击【视图】，即可隐藏Excel工具栏，从而拥有更大的屏幕空间来观察表格；再次双击【视图】，可恢复工具栏显示。各表"B4:C10"均已转为超级表，并按子公司重命名了表名。按住Shift，点击任意一个文件右上角的叉号，批量关掉所有打开的Excel文件。

图 3-9　四家子公司营收预测表

2. 建立跨文件的多簿连接。图 3-9 展示的是统一格式的表格,在"部门费用控制 .xlsx"打开的状态下,点击【数据】【获取数据】【来自文件】【从工作簿】选择"D:\SZCW\Chap3\营销预测-北京 .xlsx",弹出的导航器上列出了两个表,一是智能表"北京",一是工作表"Sheet1",选择智能表(图 3-10 之 A),点【转换数据】,进入 PQ,按以下步骤操作(图 3-10 之 B):

1)点中"月份"列,点击【添加列】【自定义列】,在"自定义列"对话框的"自定义列公式"中输入"=Date.ToText([月份], "yy 年 MM 月")"(图 3-10之 C),目的是将"月份"列转化为仅显示年月;

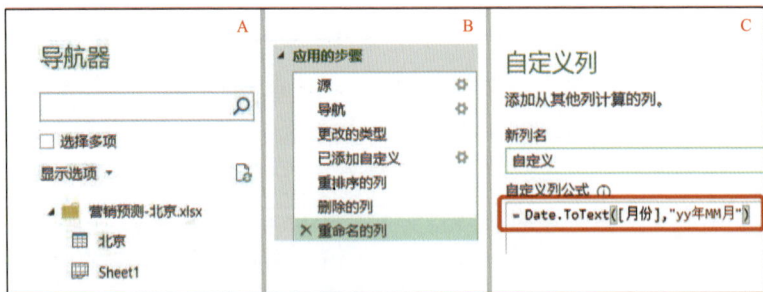

图 3-10　建立跨簿查询

2)将转化的"自定义"列拖拉到最左;

3)右击"月份"列,【删除】;

4)右击"自定义"列,【重命名…】,改名为"日期";

5)点击【主页】【关闭并上载】,返回 Excel,新建了一张名为"北京"的工作表。按同样的方法,得到"南京""沈阳""山东"三张工作表。

3. 建立合并链接。点击【数据】【获取数据】【合并查询】【追加】，在随后弹出的对话框（如图3-11所示）中点击"三个或更多表"，选中刚刚建立的四个查询名，点击【添加>>】【确定】，进入PQ，在"查询"列表中右击"追加1"【重命名】为"上下合并查询"。点击【主页】【关闭并上载】，返回Excel，新建了一张名为"上下合并查询"的工作表，该表中已包含一张同名链接表，列出了源自"D:\SZCW\Chap3\营销预测-北京.xlsx"和南京、山东、沈阳四个文件的明细数据。

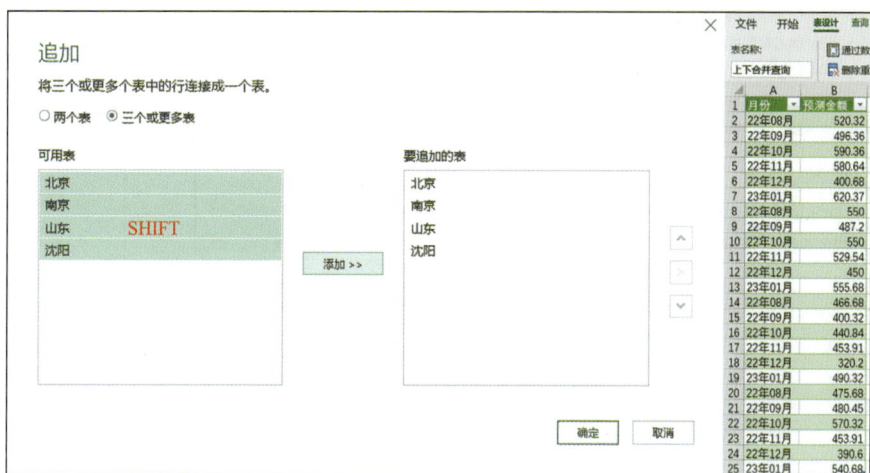

图 3-11 追加合并查询

4. 完成连接表公式。在工作表"分解表"O16和P16分别输入"4地合计""=SUM（上下合并查询!B:B）"，P16值为11 815.06，也就是肖总前面所说的营收1.18亿元。

3.3.3 关键控制点多列"夹层"凸显

李总就四家子公司的收入明细和肖总进行了讨论，给我提了一个建议："柴总，你这个动态表格很好，大家也清楚地看到各职能部门费率控制后的不同结果，我这边给你一个建议，营销费率变化时，在一维表中能不能相应地突出显示一下？"

营销费率是关乎营收实现的一个关键控制点，其他费用可以适当节省，但这一块不能省，相反还要加大。我们可以建立一维运算表与费用控制表源表之间的关联，当前者第一列费率与后者单元格F15相等时，将一维表中的此值加以突出显示。

1.新建规则。这需要用到条件格式，其在Excel的"开始"选项卡的工具栏中，也是一个常用的功能。我们先选中单元格区域O6:O14，点击【开始】【条件格式】【新建规则…】，弹出"新建格式规则"对话框，按照图3-12之①至⑤步骤实现：

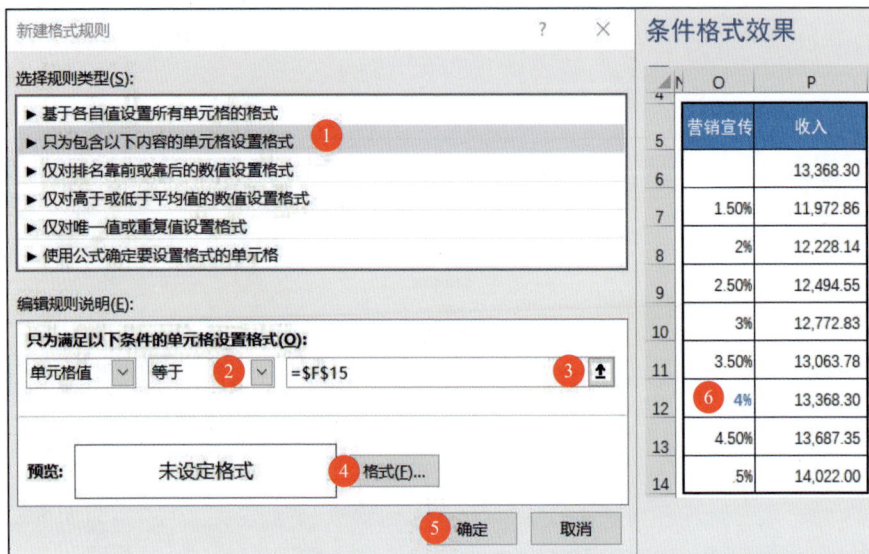

图3-12　以条件格式突出显示关键控制点

①点击"只为包含以下内容的单元格设置格式"项；

②点击下拉小三角按钮，选中"等于"；

③输入公式"=$F$15"；

④点击【格式】按钮，设置一种自己喜欢的显示形式（比如以蓝色加粗显示）；

⑤点击【确定】按钮，关闭"新建格式规则"对话框；

⑥条件格式效果，当F15输入4%时，一维运算表中O12与之相等，故O12以④设置的格式突出显示；当F15输入2%时，一维运算表中O8与之相等，故O8以④设置的格式突出显示。

2.修改规则之一。如果对以前建立的规则不满意，想要修改条件格式，比如图3-12之⑥仅显示了O12，如果想同时突出显示P12，怎么办呢？（必须）点入已建立规则的单元格区域内，点击【开始】【条件格式】【管理规则】，弹出"条件格式规则管理器"对话框，双击刚刚建立的规则，再按图3-13之①至⑦步骤实现。

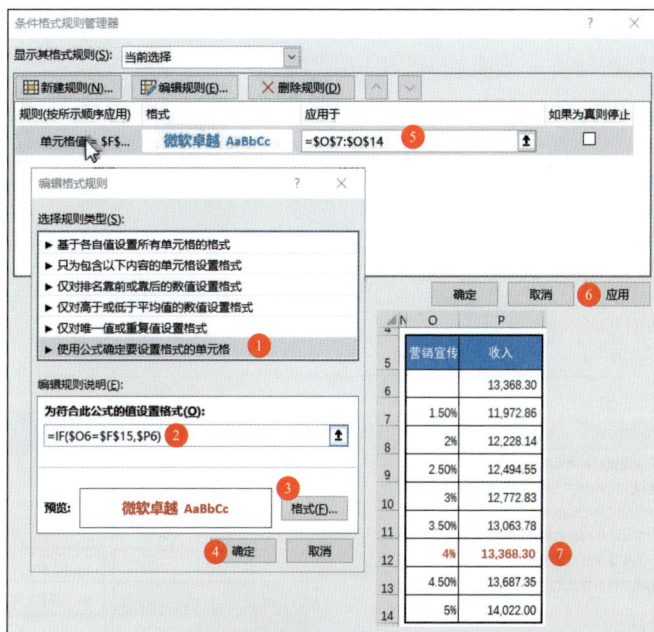

图 3-13　条件格式中添加 IF 判断之一

①点击"使用公式确定要设置格式的单元格"项。

②输入公式"=IF（$O6=$F$15，$P6）"，这个公式很重要，敲黑板，说重点：a.数字6一定是要设置条件格式的单元格区域的第一行的行号；b.数字6前面不能加"$"，表示它对其他行同样判断是否等于营销费率；c.P6的P是要额外突出显示的列标。

③点击【格式】按钮，设置一种自己喜欢的显示形式（比如以红色加粗显示）。

④点击【确定】按钮，关闭"编辑格式规则"对话框。

⑤将要设置条件格式的单元格区域"=$O$7:$O$14"第二个字母O修改为字母P。

⑥点击【应用】，此时并不关闭"条件格式规则管理器"对话框，但实时显示条件格式效果。

⑦条件格式效果，当F15输入4%时，一维运算表中O12与之相等，故O12和P12以③设置的格式突出显示；当F15输入2%时，一维运算表中O8与之相等，故O8和P8以③设置的格式突出显示。

3.修改规则之二。 上述条件判断要求F15中刚好等于一维运算表中的值才会突出显示，假如我们希望F15取1.5%~5%的任意值都可以在图3-14展示的一维表中找到上下相近值加以突出显示，就好像夹层一样，夹在哪两行（层）之间？比如，F15值为2.8%时，一维表的9行和10行均突出显示，怎么办？方法和图3-13相同，但要将②公式修改为"=IF（ABS（$O6−$F$15）<0.5%，$P6）"，这个公式的意思是在一维表中查找O列某个值（以首值O6为代表），该值与F15的差值取绝对值（ABS），如果小于等于0.5%（一维运算表O列的变动幅度），则将P列也突出显示（如图3-14所示）。这个公式对于图3-13营销费率刚好等于F15的情形同时适用。

作者亲授 3′38″
用条件格式凸显
等值与近似值

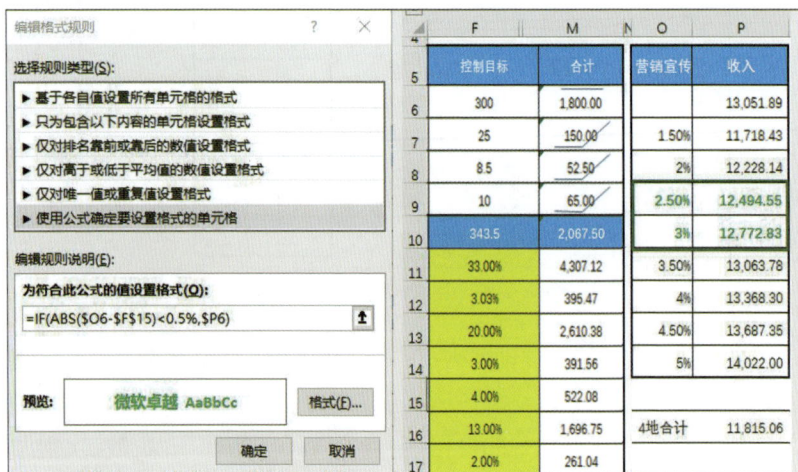

图3-14　条件格式中添加 IF 判断之二

　　4.清除规则。如果不想再突出显示某些单元格，想要删除已设置的条件格式，可以选中这些单元格，点击【开始】【条件格式】【清除规则】【清除所选单元格的规则】。如果想要删除当前工作表中所有的条件格式，点击【开始】【条件格式】【清除规则】【清除整个工作表的规则】即可。

3.3.4　1 亿元到 2 亿元是可以无限扩张的吗

　　在前面建立模型时，有同学可能就会提出这样的问题："为什么不根据往期的净利率直接倒算（营收）呢"？

　　这是因为"净利率＝净利润/收入"，那么"收入＝净利润/净利率"→"预算收入＝预算净利润/预算净利率＝预算净利润/往期净利率"，乍一看，确实可以，但不要忘记"净利润＝收入−成本费用"，以往期净利率代替预算净利率，隐含了一个前提条件即成本费用率是不变的，但市场预期不太乐观，而集团恰恰是要调整成本费用率，需要各部门加强内部管理，管控（降低）费率的，所以，前提变了，自然就不能简单地根据往期的净利率直接倒算营收了。

对照图 3-4，当红框内变动费用控制值发生变动时，可以看出从 2022 年 8 月起的 6 个月期望的营收保底值（单元格 F3）分别是 12 259.51 万元和 13 368.30 万元，如果将营销宣传广告费率扩大到 25%，营收将达到惊人的 637 222.22 万元，也就是 64 亿元……是否这就意味着投入的营销费用越多，可实现的收入就会越高，甚至无穷尽了呢？

常识告诉我们，显然是不可能的，受制于外部的市场条件和企业可以驾驭的资源，营收是不可能无限扩张的，营收达不到，营销费用也不可能按理想的费率投入。指望一厢情愿地投入达到无限增长无疑只能是纸面游戏，何况，纸面游戏可能都谈不上，正如我们在 "3.2.1" 节讨论的那样，因变量和自变量之间线性关系的应用是有一定范围的。我们假设其他费率因素不变，营销费率从 1% 涨到 55%，得到该费用与营收的关联关系（如图 3-15 所示，蓝色横轴是营销费率，橙色线是营收，红框 K 是图 3-7 一维模拟运算部分）。

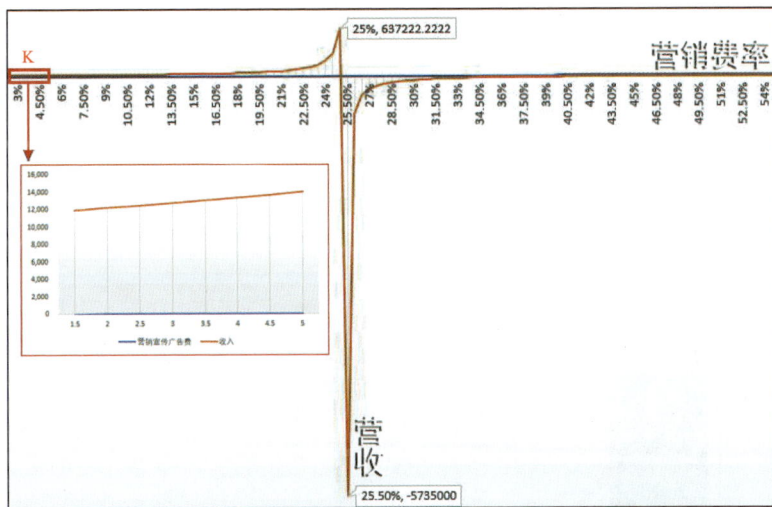

图 3-15　营销费率与营收关联关系图（单元：万元）

从图中可知，在营销宣传广告费率扩大到 25.5% 时，营收竟然变成 -573.5 亿元，这明显是不合理的，这同时也提醒我们：建立的模型除做好模型的公式、功能检查和校验外，还需要考虑模型内在商业逻辑的合理性，对照历史数据考虑经济指标实现的可能性。一个优秀的模型当然是越贴近经济业务，越能够分析和预测，甚至指导未来经济业务，这也正是财务从业人员所要习得和努力的。

3.4
知现在预未来——明天还能赚多少

销售部门分享的营业日报出来了，截至21日，还有小10天就到月底了，营业收入究竟能够完成什么样？现有的资料就是1~21日的21个金额，其他没有，你能预测吗？财务经理得这个任务交给财务"00后"新人小朱了。

"我哪里知道，这是销售的事""其他什么资料也没有？无从下手啊""好，我这就来做"——这是几种不同的回答，别小看了它，这其实反映了一个人对业财融合的某些认知，也反映了其对Excel预测技术应用的掌握情况，但这里我们不去纠结这些。面对问题，我们只有上、上、上……

3.4.1 数据预测、分析工具的加载和卸载

Excel提供了强有力的数据分析、预测工具，但它们都是需要经过一次性加载，才能够使用的。换句话说，默认情况下，你在Excel选项卡、工具栏上是找不到它们的。所以，我们要将它们请进来，放置于【数据】选项卡上。

那么，应当如何加载呢？

按照图3-16①至⑨顺序依次点击【文件】【选项】【加载项】【Excel加载项】【转到…】，勾选【分析工具库】【规划求解加载项】，再点击【确定】【确定】，在【数据】选项卡上就出现【数据分析】【规划求解】这些你刚刚勾选的工具了。

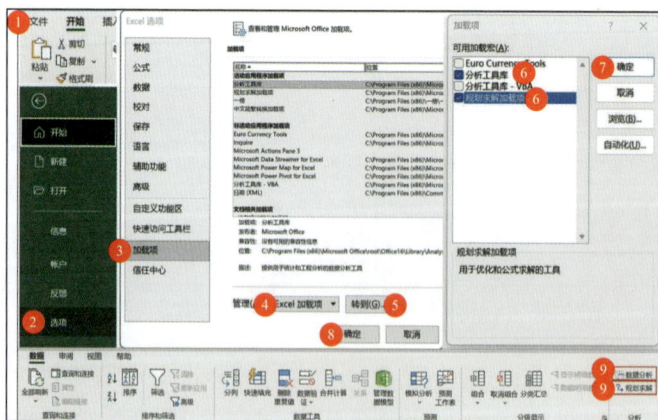

图 3-16　一次性加载规划求解等分析工具

这种加载动作，对于规划求解工具只需要一次即可，以后你就可以随时在【数据】选项卡上找到你加载过的分析、预测（如规划求解等）工具了。

如果不想用了，这些加载的工具是可以卸载的吧？

当然可以了，在图3-16之⑥处，去除勾选，再点击【确定】，就从【数据】选项卡上去掉它们了。卸载完了，以后想再使用了，还可以再次加载回来的。

这就是我们要进行下一步预测工作要做的准备。由于工具加载具有代表性，我将其单列为一小节，以便同学们能够快速翻阅到它。

3.4.2 移动平均工具的预测应用

1.问题提出。根据1至21日的销售数据，预测22日的营收。

2.问题分析。问题其实很简单，如果知道了有移动平均工具，就调用它来预测结果。

3.解决方案。将营业日报中的当月每日销售数据整理罗列在单元格区域C4:C25（如图3-17所示的红框）内，依照图3-17之①至⑨的顺序操作：

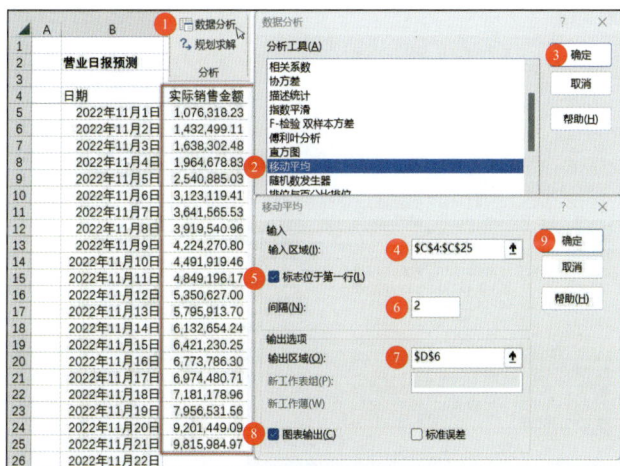

图3-17 使用移动平均工具

①点击【数据】【分析】【数据分析】；

②在"数据分析"对话框内找到"移动平均"；

③点击【确定】，关掉"数据分析"对话框，调出"移动平均"对话框；

④点入"输入区域"，点选单元格区域C4:C25，也就是要用来进行预测的数据；

⑤勾选"标志位于第一行"，选择的区域C4:C25的首行是标题，因此勾选这里；

⑥"间隔"输入2，意思是每两行进行一次平均；

⑦点入"输出区域",点选单元格D5,这是用来放置预测后数据的第一个单元格,这里需要注意:输出区域的行号必须比输入区域的行号多1,如数据是第5行开始的,那输出区域应是D6(第6行)开始;

⑧勾选"图表输出"(意思是在生成预测数字的同时,添加一个预测图表),不勾选"标准误差"(意思是在生成预测数字的同时,不生成标准误差数字);

⑨点击【确定】,关闭"移动平均"对话框。

4.结论解读。经移动平均预测,2022年11月22日营收值为9 508 717.03元(如图3-18所示的红框),公式是"=AVERAGE(C24:C25)",它实际上是用前两日的实际销售金额进行平均预测出来的。可以将移动平均预测结果数据来源,进行第二次移动平均,叫二次移动平均,然后在二次移动平均的基础上,再来一次移动平均,叫三次移动平均……

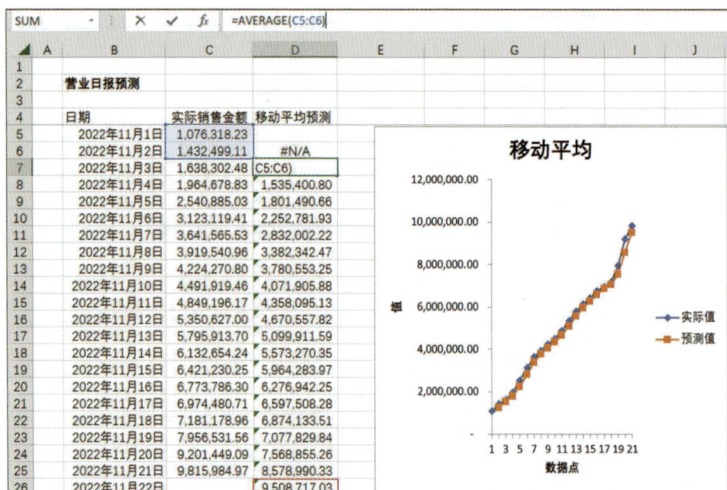

图3-18　使用移动平均工具的预测结果

有人问了,这个预测结果准确吗?技术本身没有问题,准确不准确,要看以下几个方面:

1)企业所处的内外部市场经济环境是不是整体稳定的?行业市场有没有重大调整?企业下属机构有没有重大的影响产销(比如大规模员工群体事件)的事由发生?如果都没有,按照企业经济正常运行惯性,这样的数据就是准确的。

2)用来预测的历史数据自身有没有问题?这个往往容易被忽略,只有出现了重大差错时,才会被重视。也就是说,拿到手的数据必须事先进行整理,去掉缺失值和异常值。

3）预测图形本身也提供了校验功能。可以通过比对21日前的实际值和预测值的偏离程度，来验证用此方法预测数据的准确程度。如果偏离不大，则可以认为是准确的。

3.4.3 指数平滑工具的预测应用

1. 问题提出。根据1至21日的销售数据，换一种方法预测22日的营收。

2. 问题分析。问题其实很简单，如果知道了有移动平均的改进工具——指数平滑，就可调用它来预测结果。指数平滑的基本操作是：以从前的数据（历史值或上次预测值）的加权求和预测值，对时期不同的数据给予不同的权重，距今天时间较近的往期数据（近期数据）给较大的权重，距今天时间较久的往期数据给较小的权重。

3. 解决方案。将营业日报中的当月每日销售数据整理罗列在单元格区域C4:C25（如图3-19所示的红框）内，依照图3-19之①至⑨的顺序操作：

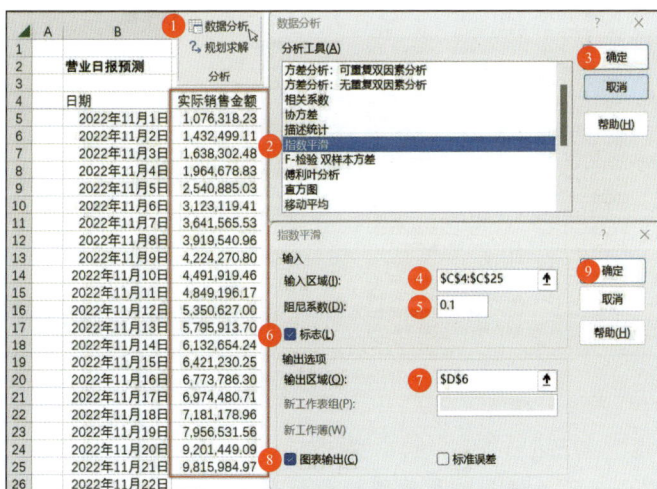

图 3-19 使用指数平滑工具

①点击【数据】【分析】【数据分析】；

②在"数据分析"对话框内找到"指数平滑"；

③点击【确定】，关掉"数据分析"对话框，调出"指数平滑"对话框；

④点入"输入区域"，点选单元格区域C4:C25，也就是要用来进行预测的数据；

⑤"阻尼系数"输入0.1，这是反映近期数据对预测效果影响的一个0~1之间的小数，数值越大，近期数据比重越大；

⑥勾选"标志",选择的区域C4:C25的首行是标题,因此这里必须勾选;

⑦点入"输出区域",点选单元格D5,这是用来放置预测后数据的第一个单元格,这里需要注意:输出区域的行号必须比输入区域的行号多1,如数据是第5行开始的,那输出区域应是D6(第6行)开始;

⑧勾选"图表输出"(意思是在生成预测数字的同时,添加一个预测图表),不勾选"标准误差"(意思是在生成预测数字的同时,不生成标准误差数字);

⑨点击【确定】,关闭"移动平均"对话框。

4.结论解读。经指数平滑预测,2022年11月22日营收值为9 068 973.19元(如图3-20所示的红框),公式是"=0.9×C24+0.1×D25",其中0.1是阻尼系数α,0.9是$1-\alpha$。

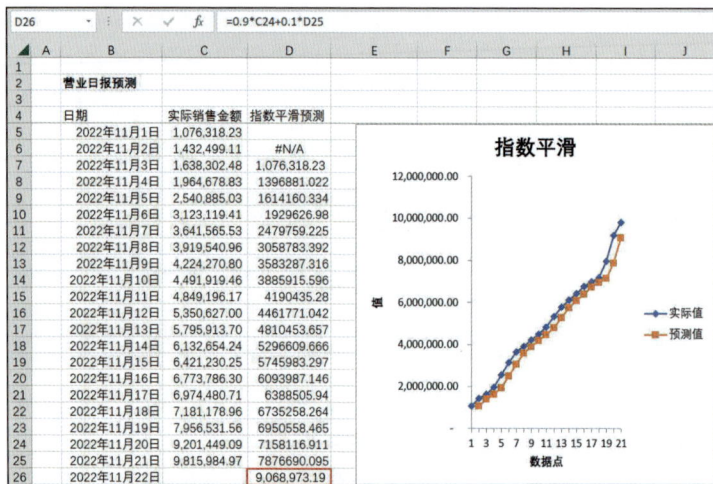

图3-20　使用指数平滑工具的预测结果

使用指数平滑法进行预测,特别要注意以下几点:

1)预测成功的关键是阻尼系数的大小,①当时间序列呈稳定的水平趋势时,α应取较小值,如0.1～0.3;②当时间序列波动较大,长期趋势变化的幅度较大时,α应取中间值,如0.3～0.5;③当时间序列具有明显的上升或下降趋势时,α应取较大值,如0.6～0.8;在使用本方法时,可取若干个α值进行试算比较,选择预测误差最小的α值。

2)从时间序列的行数n看,如果$n \geqslant 15$时,最初的值(初始值)对预测结果的影响很小,可以将第一行的金额值作为初始值;如果$n<15$,初始值对预测结果影响较大,可取最初几行(通常是3行)的金额平均数作为初始值。

3) 不同方法得出的结论进行效果比对，选择最优最贴近现实的模型。

4) 和移动平均一样，可以将预测结果数据来源，进行第二次平滑，叫二次平滑，然后在二次平滑的基础上，再来一次平滑，叫三次平滑……

以个人经验来看，当数据具有明显的季节性规律的时候，指数平滑法可以很好地解决销售预测的问题。

3.4.4　预测工作表分析工具的应用

1.问题提出。根据1至21日的销售数据，预测22日至月底的营收。

2.问题分析。在前两小节，我们预测了22日的营收值。这一节，通过学习分析工具"预测工作表"，可以批量获得未来多个连续时间的预测值。

3.解决方案。依照图3-21之①至⑥的顺序操作：

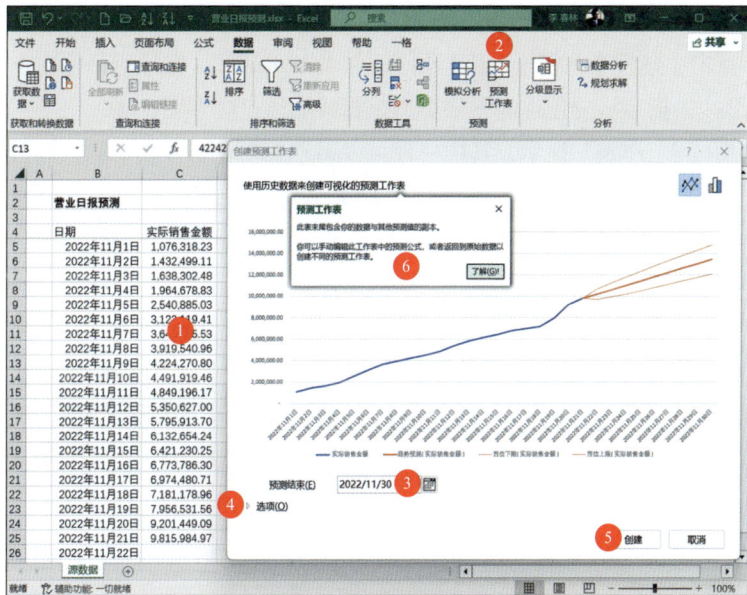

图 3-21　创建预测工作表

①将营业日报中的当月每日销售数据整理罗列在图3-21单元格区域C4:C25内，鼠标点入该区域中的任意一个单元格中；

②点击【数据】【预测】【预测工作表】；

③在"创建预测工作表"对话框的"预测结束"栏指定预测结束的日期，这里我们指定为2022/11/30，即预测到当月月底；

④点击"选项"前的向右小三角形，展开后可指定开始日期、置信区间等信

息（如图3-22所示的灰色矩形），我们这里保持默认，不做任何修改；

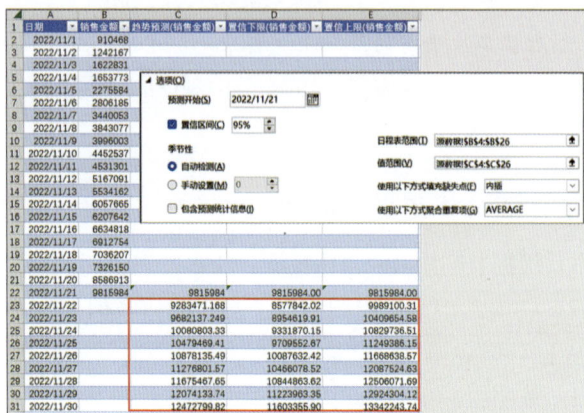

图 3-22 新插入的预测工作表

⑤ 点击【创建】，关闭"创建预测工作表"对话框。在该对话框右上角可以点击图形按钮指定将要创建的图表类型是折线图还是柱形图；

⑥ "预测工作表"提示，其中"你可以手动编辑此工作表中的预测公式"指的是图3-22创建的新工作表中红框内的公式（如C23公式为"=FORECAST. ETS（A23，$B$2:$B$22，$A$2:$A$22，1，1）"），该提示可以忽视。

4.结果解读。完成上述步骤后，预测工作表分析工具会新建一张工作表存放预测结果（如图3-22所示的蓝色背景表格），并在工作表中新增了一张折线图（如图3-23所示）。该图中蓝线是2022年11月1日至21日实际的销售金额，从21日至月底（预测期）有三条分支：中间的橙线表示预测期的营收预测情况；金色表示在默认的95%置信区域，预测期内乐观的营收预测情况；灰色表示在默认的95%置信区域，预测期内悲观的营收预测情况。

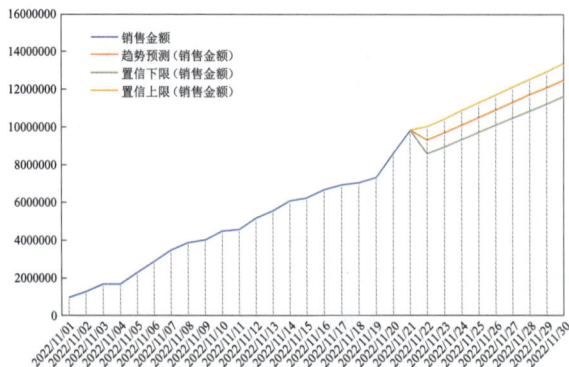

图 3-23 新插入的预测图

第 4 章
量本利经济分析

边际思维指导下的量本利分析是企业内部管理的一个重要理论和工具，虽多以财务应用见长，但实质必须贯穿于企业业财融合全程。量本利分析帮助企业寻找最佳平衡点和利益点，包括外购／自制决策、剩余产能利用决策、产品定价决策、营销推广决策等诸多场景。管理决策不仅关乎内部各部门，也关乎企业上下游的关系和利益考量。工具本身虽然没有复杂的推演和难度，但很好用。基于此的 CVP 模型，更能让财务管理实现最大化价值，并在业财融合实战中找到"最佳"点。

4.1
边际贡献与 CVP

4.1.1 边际的"边"在哪里

边际效应、边际贡献是我们耳熟能详的名词，但突然让你描述一下，你可能无从说起，没关系，我们不谈过深的理论，一切以实战为准。举个例子，你早上饿得不行，你吃了 3 个包子，觉得很好吃，再让你继续吃 5、6、7 个……你的愉悦感就会越来越低，甚至反胃了，这实际上说的就是边际效应递减的实例。而边际贡献却不是一两句话能够解释清楚的，我们用直白的公式来推导，还是先从会计上最基本的等式开始——收入－支出＝利润，即收入－成本＝利润→

收入－（变动成本＋固定成本）＝利润→收入－变动成本－固定成本＝利润→收入－变动成本＝利润＋固定成本。其中，最后一个公式等号右边被称为边际贡献，即边际贡献＝利润＋固定成本，对照表4-1，用字母表示为CM=P+F或F+P。

表4-1　边际相关概念的中英文对照表

名　称	缩写	英　文	名　称	缩　写	英　文
收入	S	Sale	单价	p	price
成本	C	Cost	销量	Q或q	quantity
固定成本	F	Fixed Cost	单位固定成本	f	Per Fixed Cost
变动成本	V	Variable Cost	单位变动成本	v	Per Variable Cost
利润	P	Profit	单位利润	p	Per Profit
边际贡献	CM	Contribution Margin	单位边际贡献	cm	Per Contribution Margin

上述推导过程涉及固定成本和变动成本，如何理解？如果你要开一家公司，不管你有没有赚钱，只要雇人，你得每个月给他开工资，这个就叫固定成本；机器一开动，开一天是一天的水电费，开两天是两天的水电费，这是随着使用量的多少而变动的，这里所说的水电费就是可变费用或者叫变动费用。固定成本加上变动成本就是总成本。你生产出的产品卖出去了，赚了钱（可以是权益或资金）回来（也就是收入），首先得弥补所有的成本，才有利润。如果只扣除变动成本，那就是边际贡献。边际贡献与成本的关系见表4-2。

表4-2　边际贡献与成本关系比对表

盈亏状态	利　润	等　式	备　注
溢（盈余）	＞0	固定成本F＋利润P＝边际贡献CM 收入S－变动成本V＝边际贡献CM 单价p－单位变动成本v＝单位边际贡献cm	收入弥补F后仍有富余 单位指标×销量＝指标值，如 单价p×销量Q＝收入S
缺（亏损）	＜0	固定成本F－利润P＝边际贡献CM	F被侵蚀
平（保本）	0	总成本F＝边际贡献CM	不盈不亏

为便于理解，我做了图4-1，用来说明几个概念之间的关系，大家琢磨一下。

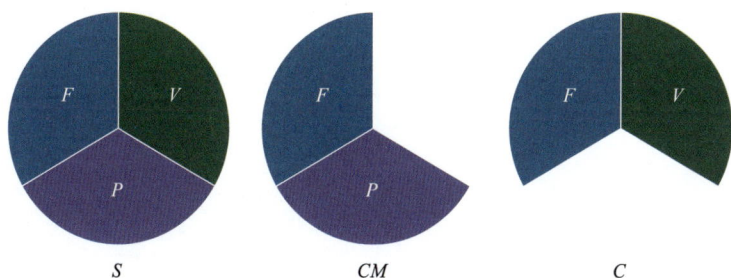

图 4-1　成本与边际贡献关系图

在明确各职能机构职责和任务的基础上，全面预算需要管理层牵头组织，实现上下联动，必须经过"由上而下""由下而上"的多轮反复推敲、研判，才可以形成最终定稿。

4.1.2　量本利意欲何为

量本利这三个字经常一起说，实际上是"量本利分析""CVP分析"的简称，全称是"产量成本利润分析"，也称为"本量利分析"，是通过分析生产成本、销售利润与产量（销量）三者之间的关系，掌握盈亏变化规律，指导企业选择能以最小的成本生产最多的产品，使企业获取最大的利润的生产、经营方案。

量本利分析是为了促进企业的高质量发展，克服片面追求增速，忽视经济增长质量的局限。量本利的"量"可以指销量、产量、采购量；"本"则默认了企业采取变动成本法进行分析，总成本包含了固定成本和变动成本；"利"指的是毛利；在字面没有出现的是"价"，可以指售价、采购价。

量本利分析是业财融合又一典型体现，它有效融合了生产、采购、营销、财务等部门的诉求，克服部门本位主义，从原材物料的耗用水平和采购价格、产成品的销售价格等诸多方面进行研究、对比和数据分析，了解各个环节发生变化对利润变动的影响，判断企业的保本活动量，为企业完成利润指标提供数据分析的支撑，确保企业生产经营达到最好的状态。量本利分析法比较直观地列示了产品的成本组成明细和毛利情况，帮助生产部门逐项分析成本降低的可能性，为采购部门寻求原材物料的替代打下基础。

将量本利分析的5要素 F、V、p、Q、P（字母含义见上节）建立数学分析模型并电子化，就是为找出成本最低、利润最大的"量"，最终目的是运用模型进行有效的管理决策，如利润规划、经营决策和项目决策等。

4.1.3 量本利图形的手动与智能绘制

为了让同学们对量本利有个深刻的认识，我们用两种方法来学习量本利图形的绘制，并在这个过程中，让大家逐步摆脱作为量本利门外汉的尴尬。

1. 手动绘制。

如图4-2所示，这是一张手工画的图形，填色逻辑与图4-1保持一致，重点是关注绘制过程的先后步骤。

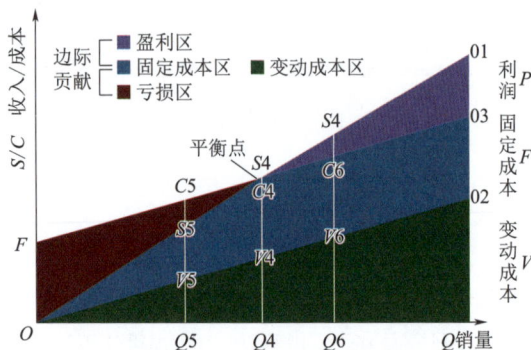

图 4-2　手工绘制的量本利图形

1）**画坐标轴**。画出第一象限坐标系，原点O，横坐标表示销量Q，纵坐标表示收入/成本（S/C）。

2）**画三根线**。第一，O1线是收入线；第二，O2线是变动成本线；第三，将O2线向上平移F个距离（固定成本），得到总成本线F3。

3）**解读**。在O2变动成本的斜率满足小于收入斜率的前提下，得到若干交叉的端点和区域，其中：

- ◆ 平衡点。是收入S与（总）成本C相等时的销量Q，S4（C4）点，称为量本利平衡点销量或保本销量，此时的收入是保本收入。
- ◆ 收入区。指的是O1线往下与横坐标组合的O1Q三色三角形区域。
- ◆ 变动成本区。指的是O2线往下与横坐标组合的O2Q绿色三角形区域。
- ◆ 固定成本区。指的是O23F围成的二色平行四边形区域。
- ◆ 总成本区。变动成本加固定成本，指的是O Q3F围成的三色梯形区域。
- ◆ 利润区。分两种情况，一是盈利区，收入大于总成本，S413围成的紫色三角形区域；二是亏损区，收入小于总成本，S4FO围成的深红色三角形区域。

◆ 边际贡献区。分两种情况，一是盈利贡献区，固定成本加盈利，$S412OF$ 围成的三色不规则图形区域；二是亏损贡献区，固定成本被亏损侵蚀，$S432O$ 围成的蓝色梯形区域。

2. Excel 智能绘制

手工画的图形便于我们理解收入、成本、利润和边际贡献之间的关系，但要将它转化为 Excel 能够识别、表达的图表，还需要对数据进行加工、作图，打开文件"D:\SZCW\Chap4\ 量本利简表 .xlsx"（见表 4-3），按如下步骤操作：

表 4-3　量本利制图源表

项　目	情况 1	情况 2	情况 3	情况 4
销量（个）	0	300	400	500
收入（元）	0	1 800	3 500	5 100
变动成本（元）	0	800	1 600	2 400
总成本（元）	1 500	2 300	3 100	3 900

◆ 插入折线图。选中单元格区域 B3:F6，点击简表外任意一个单元格，点击【插入】【插入折线图】图标，选择【折线图】，在工作表中插入一张折线图（如图 4-3 所示），注意，各线条的颜色可能与此图颜色不同，这无关紧要，可以对不同的线条，点右击修改颜色。同时，Excel 自动添加了两个菜单【图表设计】和【格式】。

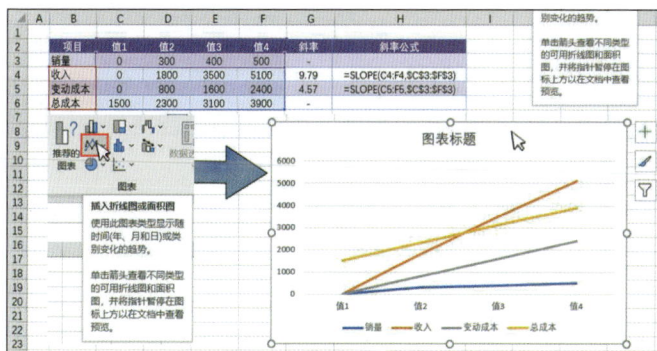

图 4-3　插入折线图

编辑图表。点击【图表设计】【选择数据】，在弹出的"选择数据源"对话框（如图4-4所示），按1~4顺序依次操作：点中"销量"项目，点击【删除】（从折线图中删除不正确的折线），点击【编辑】，在弹出的"轴标签"对话框"轴标签区域"内输入"=Sheet1!\$C\$3:\$F\$3"，指定折线图的X轴（注意X轴与Y轴引用的区域的起始列应当相同，本例分别为C列和F列）为"销量"行数据。注意"选择数据源"对话框左方框是设置因变量的，右方框是设置自变量的。

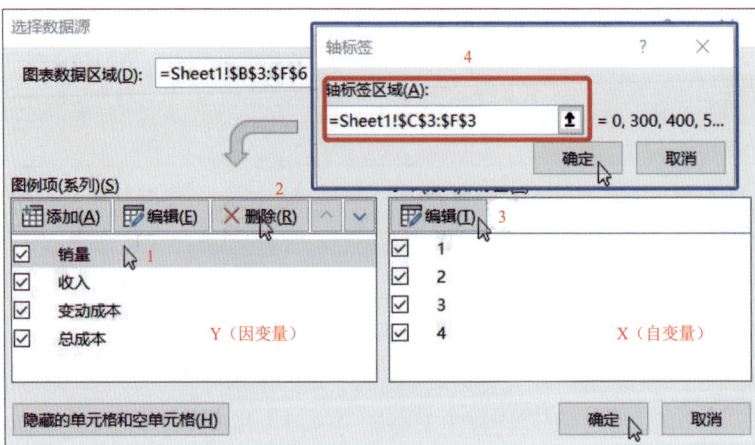

图4-4　设置折线图的X轴和Y轴

◆ 设置X轴与Y轴箭头和颜色。双击图4-3中"图表标题"右侧任意空白处，在Excel界面右侧出现"设置图表区"面板，按图4-5中1~4顺序依次操作：点击"图表选项"右侧下拉三角形，在弹出的菜单中选择"垂直（值）轴"（在Excel中垂直（值）轴即肉眼观察到的竖轴，有可能是自变量轴，也有可能是因变量轴，这里折线图是因变量轴），面板变为"设置坐标轴格式"，点开"线条"，找到"结尾箭头类型"右侧图标下拉小三角，选择一种箭头，找到"颜色"右侧图标下拉小三角，选择一种颜色作为Y轴的线条色；用同样的方法，在"图表选项"右侧下拉三角形，在弹出的菜单中选择"水平（类别）轴"，设置X轴的线条色和箭头。

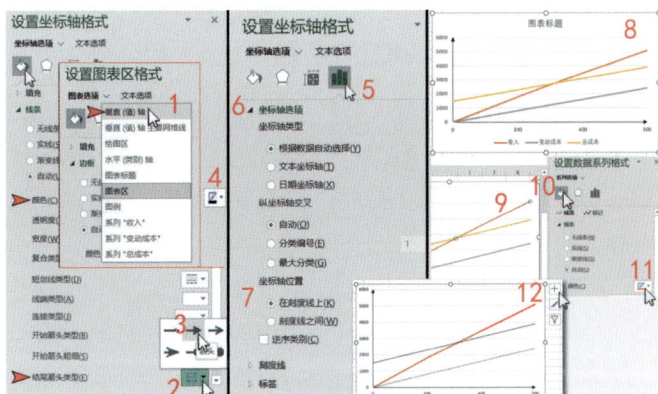

图 4-5　折线的美化步骤

- 设置 X 轴左侧 0 起点。观察图 4-3 各条折线 X 端左侧存点并非与 Y 下端相交于 0 点，故而，在"图表选项"右侧下拉三角形，在弹出的菜单中选择"水平（类别）轴"，按图 4-5 中 5~7 顺序依次操作：点击 [坐标轴选项]，点开"坐标轴选项"绿字左侧箭头，在"坐标轴位置"下点选"在刻度线上"，此时，折线形如图 4-5 之 8 所示。

- 美化折线图。点中"图表标题"，按 Del 键删除，点中"变动成本"字样，按 Del 键删除图例，点击褐色折线线条，在 Excel 界面右侧出现"设置数据系列格式"面板，"系列选项""线条""颜色"右侧图标下拉小三角，选择一种颜色作为该线条的新颜色，用同样的方法改变蛋黄色、灰色线条的颜色；点击"系列选项"[线条][短划线类型] 右侧图标下拉小三角，可改变线条为虚线，点击"系列选项""线条""宽度"右侧的数字，可修改线条的粗细。美化后效果如图 4-5 之 12 所示。

4.2 CVP 与外购 / 自制决策

　　产品在生产的过程很少是一步成品的，涉及大量的中间过程产品，也就是半成品和原材料，这些存货的来源有可能是供应商，也就是从外部购买的，这是外购的情况。如果某些中间品企业自身有生产能力，就会涉及同样一种中间品是外购还是自行生产的决策问题。从成本的角度进行分析，这是我们决策的思维起点。利润的增长得益于收入和成本两个方面，成本的降低，同样也是扩大利润。

4.2.1 VLOOKUP 和 XLOOKUP 函数

VLOOKUP是Excel中大名鼎鼎的函数，是很多Excel小白向上晋级的必学函数。

1.VLOOKUP。这个函数试图从一多行多列的区域的第一列查找某值，找到后返回该值同一行指定的列的值，形如“=VLOOKUP（查找值，查找区域，列序号，*是否模糊*）”，如果找不到，就返回“#N/A”。

函数共4个参数，用小写的逗号分隔开，如图4-6所示，I4公式“=VLOOKUP（I3，C2:F9，3，0）”，第一参数是被查找的值I3，第二参数是被查找的区域“C2:F9”，第三参数是返回值在被查找区域中所在的列的序号（在区域里从左向右数，第几列），第四参数询问是否模糊查找，用“FALSE”“TRUE”分别表示是和否，第四参数默认是“TRUE”，该参数的值可省略不写，也就是说上述公式可简写为“=VLOOKUP（I3，C2:F9，3，）”。

	A	B	C	D	E	F	G	H	I
1									
2			产品	毛利	收入	毛利率			
3			A2	28,430.74	189,538.29	15%		找什么	A4
4			A1	141,049.47	881,559.18	16%		收入	571927.6
5			A6	12,278.94	76,743.37	16%			
6			A4	102,946.96	571,927.57	18%		找什么	A7
7			A5	177,547.13	986,372.97	18%		收入	300621.1
8			A1	72,708.37	484,722.48	15%			
9			A7	48,099.37	300,621.09	16%			
11			第1列	第2列	第3列	第4列			

图 4-6　VLOOKUP 与 XLOOKUP 查找示例

模糊查找的意思是只要被查找区域的某一行的值与第一参数有部分相同，就认为找到了，但要注意被查找区域的第一列必须是升序排列。

VLOOKUP函数虽然强大，但也有明显的缺点：被查找区域必须连续、结果区必须在查找区右侧（虽借助数组也可以逆转，但对小白不是太容易）……正因如此，Excel365后的新版本已推出VLOOKUP函数的升级版本XLOOKUP函数。

2.XLOOKUP。这个函数试图从某一列查找某值，找到后返回该值同一行另外一列的值，形如“=VLOOKUP（被查找值，被查找列，返回列，*找不到显示什么，配对模式值，查找模式值*）”，如果找不到，可以指定要显示的字符，如果不指定，就返回“#N/A”。

函数共6个参数，用小写的逗号分隔开，如图4-6所示，I4公式“=XLOOKUP（I6，C2:C9，E2:E9，‘找不到’）”，第一参数是被查找的值I6。第二参数是被查找的区域"C2:F9"。第三参数是返回值所在的列区域，被查找列和返回列必须是相同高度的，上述讲解是以纵向查找列来讲解的，实际上XLOOKUP函数也是可以横向按行来查找。第四参数询问如果找不到显示什么，第四、五参数分别是配对模式、查找模式。函数的后三个参数可省略，也就是说上述公式可简写为"=XLOOKUP（I6，C2:C9，E2:E9）"。

匹配模式可能的值如下。0，完全匹配，这是默认选项。–1，完全匹配，如果没找到，则返回下一个较小的项。1，完全匹配，如果没找到，则返回下一个较大的项。2，通配符匹配，其中*，？和~表示模糊方式（分别表示通配多个、一个、转义）。

查找模式可能的值如下。1–从第一项开始执行搜索，这是默认选项。–1，从后向前反向搜索。2，执行依赖于被查找列按升序排序的二进制搜索，如果未排序，将返回无效结果；–2，执行依赖于被查找列按降序排序的二进制搜索，如果未排序，将返回无效结果。

注意：（1）VLOOKUP是纵向按列查找，如需按行查找，可使用HLOOKUP函数，用法与VLOOKUP类似，且XLOOKUP推出后，HLOOKUP函数几乎就可以退休了；（2）除在单元格行／列区域查找外，Excel同样可在数组内查找，其对于其他函数同样如此，以后不再特别声明。

4.2.2　用量确定时的中间件外购／自制方案选择

集团沈阳公司的单品"风机WG22型"用到一种吹风机，这种阀门集团可以利用辅助生产车间自制，市场上也有类似产品可以购买，采购部的采购申请已经提交。

1.*问题提出*。这种风机年度需求量为20 000台，如果外购，单价590元一台。如自制，有三种方案备选：方案1，无须增加任何新设备，现有生产能力刚好满足年度生产需求，单位直接材料、人工、变动成本和固定成本分别为每台392元、110元、95元和85元；方案2，需增加新设备花费31万元，生产能力可满足年度生产需要，单位材料、人工、变动成本和固定成本分别为每台392元、120元、95元和85元；方案3，无须增加任何新设备，现有生产能力满足年度生产需要，单位材料、人工、变动成本和固定成本分别为每台392元、150元、95元和85元。如不自制，可用来提供对外加工，每年可收取20万元。

2.*建模分析*。选择外购与自制方案中成本最低者实施，而自制方案中的固定成本无论在何种情形下都会发生，属于沉没的共同成本，与决策无关，不考虑，方案3中的对外租金属于机会成本，应考虑。将上述考虑因素分类列示在模型中，计算总成本，并用公式自动给出采购意见，如图4-7所示。

中间部件采购决策表A

品名：WG22型　　数量 20000　　决策结果 选择外购

成本项		外购	自制方案			备注
			方案1	方案2	方案3	
报价(折算单价)		590.00	597.00	622.50	647.00	自制方案折算单价
单位成本	直接材料		392.00	392.00	392.00	
	直接人工		110.00	120.00	150.00	
	变动成本		95.00	95.00	95.00	
	固定成本		85.00	85.00	85.00	沉没成本
	小计	0.00	597.00	607.00	637.00	
是否需要增购设备				310,000.00		
现有设备出租					200,000.00	剩余生产能力外租
合计		11,800,000	11,940,000	12,450,000	12,940,000	

图 4–7　采购决策 A 表

3. 解决方案。我们新建文件“D:\SZCW\Chap4\中间部件采购决策表.xlsx”，将已知信息放入相应单元格（如图4–7所示的绿字），并根据成本构成增加小计、合计求和公式（见表4–4），特别要注意I2的采购建议公式“="选择"&IF（方案A="","外购"，方案A）”，讲解如下：

表 4–4　外购 / 决策方案 A 表公式

序　号	单元格	公　式	值
1	I2	=”选择”&IF（方案A=””,”外购”，方案A）	选择外购
2	F6	=F14/$F$2	597
3	G6	=G14/$F$2	622.5
4	H6	=H14/$F$2	647
5	E11	=SUM（E7:E10）	0
6	F11	=F7+F8+F9	597
7	G11	=G7+G8+G9	607
8	H11	=H7+H8+H9	637
9	E14	=$F$2*E6	11800000
10	F14	=$F$2*F11+F12+F13	11940000
11	G14	=$F$2*G11+G12+G13	12450000
12	H14	=$F$2*H11+H12+H13	12940000

公式中用“&”将指定要显示的文字（用单引号括起来）与IF函数的判断结果连接起来；IF函数表示如果找到的值为空，就显示“外购”二字，反之，就显示方案A。

为什么要判断是否为空白呢？因为第5行D列是合并单元格，D5并非合并格的左上角第一个单元格，它必然是空白。

方案A又是什么呢？这是我们定义的名称（如图4-8所示），依次点击【公式】【定义名称】调出"新建名称"对话框，在"引用位置"输入公式"=XLOOKUP（MIN（需求量确定!H23:K23），需求量确定!E23:L23，需求量确定!E14:L14，"方案无"）"，其中"需求量确定"是图4-7所在的工作表名称，MIN函数可返回某一区域最小值，目的是查找总成本最小的单元格；XLOOKUP横向查找第14行，返回行为第5行（有空白值），这也反映了XLOOKUP克服了旧版本VLOOKUP/HLOOKUP查找区必须与返值区相连，且查找区必须为区域首列（首行）的缺陷。

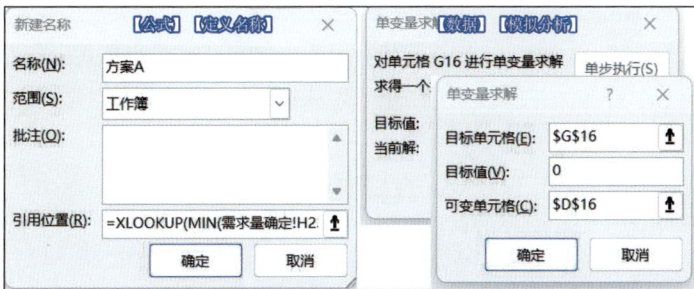

图4-8　自定义名称

　　4.决策结果。上述几个方案中，模型先找到了最小值11 800 000，并据此定位到D5，因该单元格是合并格，因此根据表格设计判断为"外购"。修改模型中绿字，可随时得到决策结果。

4.2.3　用量未定时的中间件外购/自制方案选择

　　1.问题提出。上节"风机WG22型"吹风机，生产部提出目前需求量不确定，同时更新直接人工、变动成本数据，如图4-9所示。

图4-9　采购决策B表

2. 建模分析。无论是外购还是自制，目标都是求取总成本，而自制方案有三个，将变动成本与外购单价比较：如均大于外购，说明自制方案均不可取，应外购；反之，应取变动成本最小的方案与外购方案比较，当二者相等（差值为 0）时，则为平衡需求量，假设为 Q_2，比较 Q_2 与实际需求量 Q_1，即可得到外购或自制方案。

外购与自制方案的数学公式分别为：外购公式 $590Q$；方案 1 公式 $622Q$；方案 2 公式 $547Q+310\,000$；方案 3 公式 $627Q+200\,000$，令 $590Q=547Q+310\,000$，求得 $Q=7\,209.30$。

3. 解决方案。按照以下步骤进行操作：

1）准备数据。按住 Ctrl 点中上节所用的工作表"需求量确定"，向右拖拉复制一个副本，并重命名为"需求量未确定"，在其中更新数据直接材料和变动人工。

2）转化数学公式。在 D17:G17 分别输入公式 "=$D$16*D6" "=$D$16*E11+E12+E13" "=$D$16*F11+F12+F13" "=$D$16*G11+G12+G13"，注意这与要求平衡产量（需求量）D16 有关。

3）单变量求解。要将 D17 外购成本的值与其后的三个自制最小的值进行比较，求得二者相等时的需求量，也就是二者差值为 0，在 G16 输入公式 "=D17−MIN（E17:G17）" 数学求解 Q 就转化为在 Excel 中想要的 G16=0。至此，我们就应当想到 Excel 的"单变量求解"功能正是用来求一元未知数的。点击【数据】【预测】【模拟分析】【单变量求解】，在弹出的"单变量求解"对话框中依次输入"G16""0""D16"，用数学语言表达分别是因变量 Y、值 0、自变量 X，点击【确定】【确定】，求得 D16 值为 $7\,209.302\,326$。

4）决策结果公式。将 H2 公式修改为 "=IF（MIN（E11:G11）>D6,"外购",IF（F2<D16,"外购"，方案 B））"，这是一个 IF 嵌套公式，先判断最小单位成本与外购单位对比结果，如前者大于后者，应选择外购，反之将实际用量与平衡用量对比。如实际用量较小应选择外购，否则，应按照名称"方案 B"的设定来判断（按图 4-8 方法新建名称"方案 B"，在"引用位置"输入公式 "=XLOOKUP（MIN（需求量未确定!E17:G17），需求量未确定!E17:G17，需求量未确定!E5:G5,"方案无"）"）。

4. 决策结果。上述几个方案中，图 4-9 模型进行了两层判断，一是外购还是自制，二是如有可能自制，则先使用规划求解找到平衡需求量，并据此与实际用量比对。修改模型中绿字，可随时得到决策结果。

注意：（1）当外购单价或单位成本发生变化，必须重新进行"单变量求解"以更新平衡需求量，之后可自动得出决策结果；（2）本节平衡需求量可使用"单变量求解"来求得，也可使用公式来计算，但当用数学公式求单个自变量比较复杂（无法倒算）或用Excel公式表达数学公式比较烦琐时，推荐使用"单变量求解"而非Excel公式来获取变量的值。

4.3
CVP 与剩余产能的利用

4.3.1　筛选隐藏的王者 SUBTOTAL 分类汇总

这一节要介绍一个简单实用的函数，是用来进行分类汇总的SUBTOTAL函数，它可以求和、计数、求均值等，形如"=SUBTOTAL（功能代码，汇总区域1，汇总区域2，汇总区域3…）"。函数有至少两个参数，第一个参数是功能代码，表明使用何种方式进行汇总且是否包含隐藏行；第二参数是要汇总的列区域；第三参数开始可以省略。

举个小例子，A1:A3区域分别是数字1、2、3，在A4输入公式"=SUBTOTAL（109，A1:A3）"，如果隐藏第2行，则公式结果是4而不是1+2+3=6；取消隐藏第2行，结果才为6。但当公式改为"=SUBTOTAL（9，A1:A3）"，无论是否隐藏第2行，结果均为6。

注意：（1）如果第二参数及之后的参数区域应用了筛选，无论功能代码是什么，函数都只对筛选后的数据进行汇总；（2）如果第二参数及之后的参数中还有其他小计（或嵌套小计），SUBTOTAL将忽略这些嵌套式小计以避免双重计数；（3）函数只对纵向汇总时的隐藏行生效，如果要汇总的是横向区域，即使使用了三位数的1字头的功能代码101-111，隐藏列也不会对计算结果有影响。

要记这个函数可以这样："SUB"有"子""下级""第二层"等含义，也就是进行第二层次的汇总（TOTAL），筛选正是如此，因此SUBTOTAL不就是对筛选后的区域进行汇总吗？无论是什么功能代码，都只对筛选后的数据进行处理；筛选之后呢，如果采用三位数的功能代码，还可以叠加隐藏这样的条件，条件进一步严格，可处理数据的范围进一步收窄、缩小，"无视"被隐藏的行，不纳入汇总范围。

这就是SUBTOTAL函数，筛选（与功能码无关）+隐藏（取决于功能码）。

以后，只要涉及漏斗、筛选、过滤，同学们就可以用SUBTOTAL的公式，试试它能否解决问题。

我希望大家建立起一种条件反射：只要遇到筛选，就要想到SUBTOTAL。

SUBTOTAL函数功能代码见表4-5。

表 4-5　SUBTOTAL 函数功能代码表

功能代码—包括隐藏	功能代码—不包括隐藏	函　数	功　能
1	101	AVERAGE	平均值
2	102	COUNT	统计数字个数
3	103	COUNTA	统计字符个数
4	104	MAX	最大值
5	105	MIN	最小值
6	106	PRODUCT	乘积
7	107	STDEV	样本标准偏差
8	108	STDEVP	总体标准偏差
9	109	SUM	求和
10	110	VAR	样本方差
11	111	VARP	总体方差

4.3.2　公式判断有无隐藏行及无追加成本剩余产能利用

1. 问题提出。山东公司现有剩余产能可用于生产FJ2211和FJ2212，如图4-10所示的绿字为已知数据，假设后期不再需要追加投入，要求决策生产何种产品。

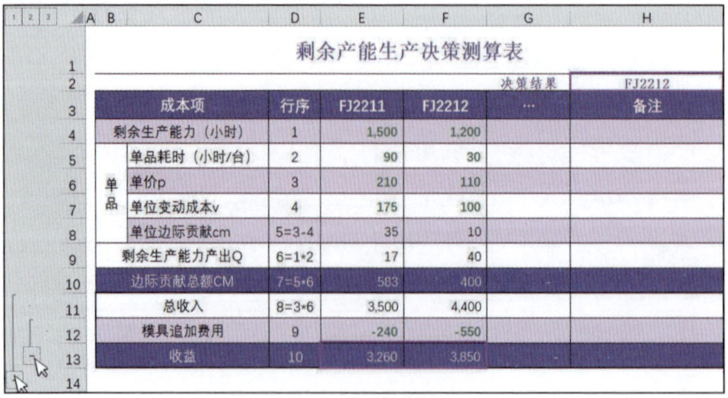

剩余产能生产决策测算表

决策结果：FJ2212

成本项		行序	FJ2211	FJ2212	…	备注
剩余生产能力（小时）		1	1,500	1,200		
单品	单品耗时（小时/台）	2	90	30		
	单价p	3	210	110		
	单位变动成本v	4	175	100		
	单位边际贡献cm	5=3-4	35	10		
剩余生产能力产出Q		6=1÷2	17	40		
边际贡献总额CM		7=5*6	583	400	-	
总收入		8=3*6	3,500	4,400		
模具追加费用		9	-240	-550		
收益		10	3,260	3,850	-	

图 4-10　剩余产能的利用

2.思路解析。无须追加成本时的产能利用，应判断哪种产品的边际贡献较大。根据已知数据之间的逻辑关系，参考"4.1.1"节在表中按行序的标注设置公式即可。

3.问题解决。E、F列设置公式后，在H2输入公式"=IF（SUBTOTAL（3，E11:E13）=SUBTOTAL（103，E11:E13），XLOOKUP（MAX（E13:G13），E13:G13，E3:G3），XLOOKUP（MAX（E10:G10），E10:G10，E3:G3））"，公式找出不同产品的边际贡献最大者，再找出该产品在第3行的名称。公式兼顾了本节和下节的通用性，本节使用的是IF函数为FALSE的情形，即公式中的画线部分。IF函数的作用是利用SUBTOTAL函数的第一参数是否统计隐藏行的特性巧妙判断第12行是否隐藏，如果隐藏则在第13行寻找最大受益者，否则在第10行寻找最大边际贡献者。

如果需要添加产品，将行序5~8行公式向右拖拉填充即可。在本例中，应当选择生产FJ2211产品。

4.3.3　需追加成本时的剩余产能利用

1.问题提出。续上节，如图4-10所示的绿字为已知数据，假设后期FJ2212、FJ2212产品分别需要追加投入240万元、550万元，要求决策生产何种产品。

2.思路解析。需追加成本时的产能利用，此时，已不宜再使用边际贡献作为决策依据，应判断哪种产品的最终收益较大。

3.问题解决。分3个小步骤进行操作：

1）准备数据。在第11~13行输入总收入、追加成本和收益的数字和公式，为便于SUBTOTAL函数处理，追加成本以负值列示。

2）决策结果公式。单元格H2内公式兼顾了上节和本节的通用性，本节使用的是上节IF函数为TRUE的情形。

3）设置组合。点中第12行，按下Shift-ALT-→，将此行设置为一个组合；点中第11~13行按下Shift-ALT-→，将此行设置为一个组合。点击行号左侧的□号收起（隐藏）组合的行，表示无追加时的决策；再点击行号前的田号，表示需追加时的决策。注意观察"收益"行和单元格H2（图4-10红框内）的计算结果。

如果需要添加产品，将行序5~8行公式向右拖拉填充即可。在本例中，应当选择生产FJ2212产品。

4.4 CVP 与产品定价

4.4.1 以投入为导向的产品定价建模三法

产品定价是一门技术活儿。为什么这么说？因为定价涉及企业能够赚取的利润的大小，定价越高利润就越大，但企业也不能随心所欲地想定多少就定多少，一来定得太高卖不出去，影响销量，反而拖累营收；二来定得太高，会丢失原有的市场份额，形成对同行的竞争劣势。正常情形下，企业对于定价都是非常慎重的，会参考同行的市价，结合自身的产品特性和生产成本等投入要素综合考虑，但在无法取得参考市价和足够的行业资料时，会更加倚重自家的生产资料。在制定产品市场价格时，首先考虑该产品所发生的各种投入，然后考虑赚取一定的利润，以二者之和作为定价基础。

1.问题提出。山东公司现有零件Pr2023-1年变动成本950万元，成本利润率为80%；零件Pr2023-2初始投资额为6 000万元，期望的投资报酬率8%；零件Pr2023-3年变动成本1 400万元，预计的边际贡献率为30%。三者的固定成本均为3 500万元，销量分别为1 000万只、800万只、500万只，如图4-11所示。希望在上述资料的基础上求各自定价。

Pr系列产品定价测算表

	项目	Pr2023-1	Pr2023-2	Pr2023-3	备注
	产量Q	1,000.00	800.00	500.00	
完全成本	固定成本F	3,500.00	3,500.00	3,500.00	
	变动成本V	950.00	730.00	1,400.00	
	小计	4,450.00	4,230.00	4,900.00	
成本加成	该产品上投资金额I		6,000.00		
	期望的投资报酬比率r		8%		
	预计的成本利润率i	80%			
	预计的边际贡献率			30%	
	加成值	3.560.00	480.00	2,900.00	
	单价	8.0	5.9	4.0	

D11以完全成本乘以成本利润率；E11以投资额乘以投资报酬率；F11以产量*单价扣除完全成本。

图4-11 以投入为导向的定价三法

2.思路解析。这三种零件涉及三种投入类型：投入的计价基础是成本基础的有两种，可用包含了固定成本的完全成本，也可用变动成本作为定价基础，还有一种是以投资金额作为问题起点。明确了这些，再考虑利润空间拟设置多少（希望赚取多少利润）为宜，可用投资报酬率来计算，也可用成本利润率作为定价基础。

完全成本计价方法缺陷在于，因涉及会计上的固定成本，以及多产品共同成本分摊方式的不同，即使是同一产品，也会因分摊方法不同，导致总成本不同。尽管如此，这种方法仍然被广泛采用，这是因为它简单易用、业内可比，同时它也能维持正常运营状态下产品的最低价格或者安全价格。

3.解决方案。针对三种不同的投入类型，产品单价有不同的数学推导公式。

第一、二种在完全成本的基础上加成比率不同，可分别采用如下两个公式来得到单品的价格：

产品单价 p =（预计总成本 C + 投资额 I × 预期投资报酬率 r）/销量（产量）Q

或产品单价 p = 预计总成本 C ×（1+ 预期成本利润率）/销量（产量）Q

第三种以变动成本作为定价基础，可以根据历史数据或者期望预估出一个边际贡献率，作为单价依据。从图 4-1 可以看出，绿色的可变成本收入占比率与红蓝两色占收入比率之和为 100%，考虑了变动成本的定价公式是：

产品单价 p = 预计的单位可变成本 v / 变动成本率

= 预计的单位可变成本 v /（1-边际贡献率）

将上述三种配件分别以完全成本基础和变动成本基础计算单价（如图 4-11 所示），D13:F12 公式分别为"=（D6+D11）/D3""=（E6+E11）/E3""=（F5/F3）/（1-F10）"，结果：Pr2023-1 单价 8.0 万元、Pr2023-2 单价 5.9 万元、Pr2023-3 单价 4.0 万元。

这完全是以公式推导的简单模型，其实质是成本管理思维。

"4.4"采用的源文件为"D:\SZCW\Chap4\产品定价测算表.xlsx"。

4.4.2　以收入成本增量求导向的产品定价模型

我们已经知道了边际贡献，但还有边际收入、边际成本，你听说过吗？

1.边际收入和边际成本。简单地说，边际收入是每多销售一单位产品所增加的收入，边际成本是每多生产一单位产品所增加的成本。在完全充分竞争的市场条件下，边际收入就等于单价，但实际上市场并不处于这样的竞争环境，由于产品销售价格的上升或下降必将导致产品销售数量的相应减少或增加，因而多销售一个单位产品所增加的收入——边际收入并不等于销售价格，而是小于销售价格。这就是说，在此种市场条件下，边际收入将随着销售量的变动而变动，当销售量不断增加时，边际收入却不断递减。用算式表示：边际收入 MS = ΔS / ΔQ（销量），边际成本 MC = ΔC / ΔQ（产量）。

作者亲授 2'46"

边际收入与边际成本相等时的单价测算公式推导

在供应规律作用下，企业要增加销售量就只能降低价格，这时，销售收入在降低初期增长较快，继而逐渐转慢，边际收入呈下降趋势；相应的，随着产销量

的增加，一些变动成本乃至固定成本都会逐渐增加，边际成本呈上升趋势，最终，边际成本将超过边际收入，使降低价格提高销售量得不偿失。

按照利润最大化原则，只要某种产品的边际收入大于边际成本，企业就应增加该种产品的产销量，而一旦边际收入和边际成本处于均衡状态时，企业盈利将达到最高水平。如以利润最大化为目标，企业要选择使利润达到最大的价格与销售量的组合，定价原则即是边际收入等于边际成本，边际利润等于零。

上面这些理论是不是要死记？不需要，时不时来翻看一下就可以了，要记住的是下面一句话：**当MS=MC时，企业获取的利润是最多的，企业价值最大化。**

2. 简单的数学公式求导。公式推导的前提有三个：一是默认销量等于产量，二是价格与销量呈线性关系，三是总成本与产量呈线性关系（以下须注意区分字母的大小写）。

S=$p\times Q=（k_1\times Q+b）\times Q=k_1Q^2+b\times Q$，以$Q$作自变量求导（也就是求边际收入），MS=$2\times k_1\times Q+b$

$C=k_2\times Q+F$，以Q作自变量求导（也就是求边际成本），MC=k_2

MS=MC，即：$2\times k_1\times Q+b=k_2$，故：$Q=（k_2-b）/（2\times k_1）=（v-b）/（2\times k_1）$

$p=k_1\times Q+b=k_1\times（k_2-b）/（2\times k_1）+b=（k_2-b）/2+b=（k_2+b）/2$，即：$p=（k_2+b）/2=（v+b）/2$

QD系列产品定价测算表

项目		QD2023-1	备注
总成本	固定成本F	3,500.00	
	变动成本V	950.00	k2=v=V/Q
	小计	4,450.00	←公式=SUM(D3:D4)
营收线性	斜率k1	0.053	
	截距b	155.00	
产销量Q		6.1036	须先求解
单价		155.32	←公式=(D4/D8+D7)/2
目标		(0.00)	←公式=2*D6*D8^2+D7*D8-D4
求根公式解Q		6.1036	←公式=(-D7+SQRT(D7^2+4*2*D6*D4))/(2*2*D6)
根据求根公式得到p		155.32	←公式=D6*D11+D7

数学公式Q=(v-b)/(2*k_1)　p=(v+b)/2　2*k_1*Q^2+bQ-V=0

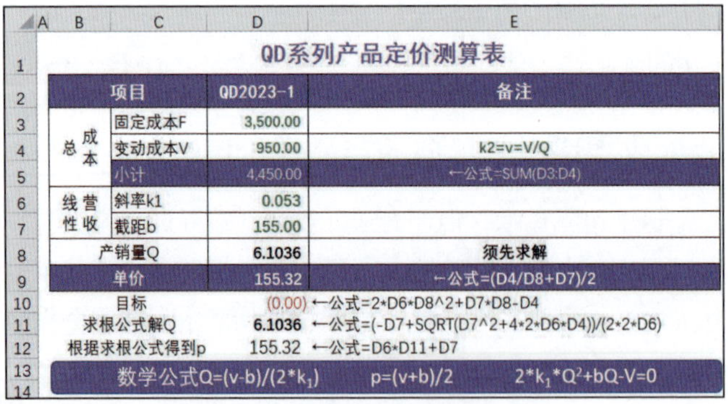

图 4-12　增量求导的定价方法

这也是本书中较少用到的高等数学部分，其中：k_1、k_2是线性关系的斜率，b是量价关系的截距。

3. MS=MC 实例。假设公司现在产产品QD2023-1风机的相关数据如图4-12所示绿字部分，根据上述推导公式可将其转化为Excel公式，但遇到一个障碍是“$C=k_2\times Q+F$”中单位可变成本v与Q有关。现已知的仅可变成本V，故而在输入Q公式时暂时受阻。此时，可以换个思维，将“$2\times k1\times Q+b=k_2$”等式两边同乘

以 Q，得到"$2×k_1×Q_2+bQ=k_2×Q=v×Q=V$"，亦即"$2×k_1×Q_2+bQ-V=0$"（一元二次方程组），此时有两种方法求得 Q，然后根据 Q 求得 p：

（1）根据求根公式 $x = \dfrac{-b±\sqrt{b^2-4ac}}{2a}$，代入经济元素得到

$Q = \dfrac{-b±\sqrt{b^2-4×2×k_1×(-V)}}{2×2×k_1} = \dfrac{-b±\sqrt{b^2+8×k_1×V}}{4×k_1}$，将 Q 代入"p=k_1×

Q+b"，得到 $P = k_1×\dfrac{-b±\sqrt{b^2+8×k_1×V}}{4×k_1}+b$。将 Q 转为 Excel 公式：单元格 D11

输入"=（-D7+SQRT（D7^2+8×D6×D4））/（4×D6）"，得到销量 Q 为 6.1；将 p 转为 Excel 公式：单元格 D12 输入"=D6×D11+D7"，得到单价 p 为 155.20。

（2）在单元格 D10 内转化此数学公式为 Excel 公式"=2*D6*D8^2+D7*D8-D4"，仿照"4.2.3"中使用单变量求解，对话框内三要素依次为 D10、0、D8，点击【确定】直接得到 Q 为 6.1、单价 p 为 155.20 元。

4.4.3　基于产品生命周期的定价策略与 CVP 变动分析

主流观念认为，新品推向市场前期，先应弥补自身成本的需要，制定一个保守的低价，然后随着市场推广力度的加大，产品逐步被认可，市场打开，销量上涨，而相应的单价也可相似地上调。而市场后期，随着竞品的推出、功能的过时以及市场的疲劳，市场份额逐步平缓而至萎缩、退出，这个过程价格回落并可能因抛尾货而急剧下跌。

相应地，在产品研发推向市场的过程中，开始时总成本相对较大，但随着技术不断成熟和规模效应的影响，成本得到控制，但市场后期，随着维修费用的增大总成本又有所上涨。当市场被逐步降低，总成本高出收入时，该产品被抛弃或被企业以新品主动取代。

1.*问题提出*。山东公司 SJ2023-1 风机在不同产品生命周期，不同销售单价情况下的营收、成本和销量的分布情况见表 4-6，现需要制作图形用于展现不同产品生命周期的盈利和亏损，同时需要展示销量情况。

2.*思路解析*。①营收、成本可根据公式"收入 = 单价 × 销量"和"总成本 = 单位变动成本 × 销量 + 固定成本"计算而得；②由于营收、成本与销量在数据上看，不是同一量级的（其一，销量最大是千元，而营收、成本最大是 10+ 万元；其二，营收、成本是销量与其他因素相乘后的结果，销量只是乘式中的一个因子），因此需要用不同的 Y 轴来表示；③盈亏是营收与总成本相关后的结果，考虑使用折线交叉部分来展现。

表 4-6　不同售价时的收入、成本分布情况

序　号	单　价	销　量	固定成本	单位变动成本	收　入	总成本
1	60	900	1 000	80	54 000	73 000
2	82.5	1 300	1 000	80	107 250	105 000
3	82.5	1 350	1 000	80	111 375	109 000
4	85	1 450	1 000	80	123 250	117 000
5	90	1 600	1 000	80	144 000	129 000
6	92.5	1 850	1 000	80	171 125	149 000
7	95	1 900	1 000	80	180 500	153 000
8	100	1 950	1 000	80	195 000	157 000
9	85	2 000	1 000	80	170 000	161 000
10	40	1 200	1 000	80	48 000	97 000

3.解决方案。基于以上思路，按图4-13步骤进行操作：

（1）插入折线图。按住Ctrl，选中单元格区域"D5:D15""G5:H15"，点击【插入】【插入折线图】【折线图】，绘制"销量""收入""总成本"折线；

（2）（3）修正数据源。在绘制的图形中间的空白处（图表区）点右击，点击【选择数据】；

（4）至（7）编辑横轴。在弹出的"选择数据源"对话框中点击"水平（分类）轴标签"下【编辑】，选中单元格区域C6:C15（单价的数字区域），【确定】；

（8）至（13）将折线图更改为组合图。在绘制的图形"图表标题"右侧的空白处（图表区）点右击，点击【更改图表类型】，在随后弹出的对话框的左下部分点击"组合图"，注意"图表类型"除"销量"是"簇状柱形图"外，其余为"折线图"，勾选"销量"右侧的"次坐标轴"（这是设置双Y轴组合图的关键）后【确定】。

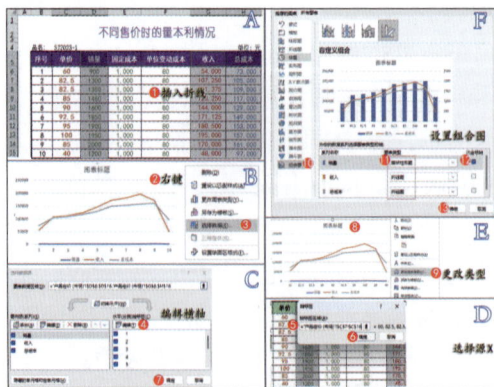

图4-13　制作组合图主要流程

至此，组合图已经初步绘制成功，如需要调整销量柱状图的宽度，如图4-14之①至③所示，鼠标移动到柱状图上双击，在"设置数据系列格式"面板上点击柱状图形按钮，将"间隙宽度"调大，这里的数字越大，柱宽越窄。参照"4.1.3"和"4.5.3"节，对组合图进行美化后的效果，如图4-15所示。

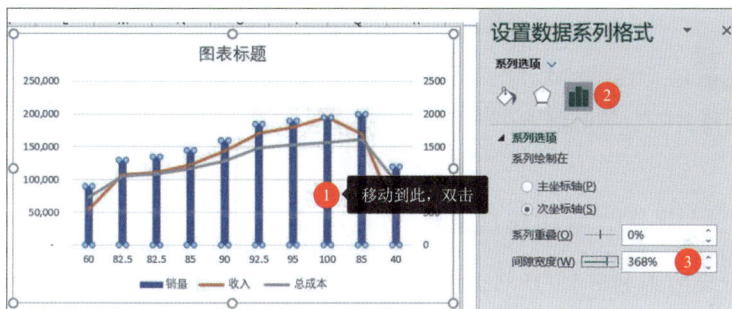

图 4-14　设置柱形宽度

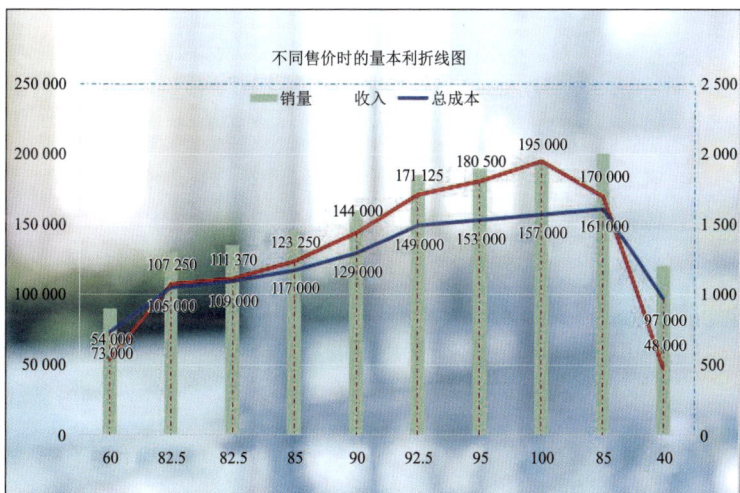

图 4-15　不同售价时的 CVP 图

有读者可能会问，为什么不直接插入组合图呢？这是因为组合图更改横轴是不会成功的。

4. 图形解读。

从图4-15可以看到：

（1）在产品的不同生命周期（时间推移），定价由低而高再降低，与收入红线走向总体一致；

（2）销量浅绿色柱状图高度从左向右呈现"低-高-低"的走势，体现了定价在产品生命周期中的影响力；

（3）总成本蓝线也呈现"低－高－低"的趋势，但在不在时期与收入红线的相对位置是不同的，前期和末期在收入线之上，表明成本大于营收（亏损），中间的发展鼎盛时期在收入线之下（盈利）。

4.5 多情形定价盈亏平衡点测算

4.5.1 平衡点销量和总成本的公式推导

为了做好盈利平衡的Excel建模，需要先储备一些基本的数学公式。

1. 平衡（产）销量的公式。通过前面的知识学习可知，量本利分析利润为0时，指的是总营收等于总成本时的状态，在此状态下，同样满足以下公式：

（1）营收 $S=$ 单价 $p×$（产）销量 Q（2）总成本 $C=$ 固定成本 $F+$ 变动成本 V（3）变动成本 $=$ 单位变动成本 $v ×$（产）销量 Q，联合三公式推导可得：盈亏平衡点（产）销量 $Q =$ 固定成本 $F/$（单价 $p -$ 单位变动成本 v）

在 Q 点收支相等（平衡），这一点也称之为保本点；在 Q 点左侧，销量是低于平衡点的，收入低于总成本，将发生亏损；在 Q 点右侧，销量高于平衡点的，收入超过总成本，企业发生盈利。通过测算平衡点，企业就能找到努力的方向和目标，制定与之相适配的生产、营销方案，这就是保本分析的意义所在。

2. 平衡（产）销量的公式。CVP分析是假定总成本与单位变动成本 v 存在线性相关关系，套用一元一次方程 $Y = k × x + b$，即 $C = v × Q + F$，而营收 $S = p × Q + b$，联系两公式可推知：（1）（产）销量 $Q = (F–b) / (p–v)$。（2）总成本 $C = v × ((F–b) / (p–v))+ F$。注意，此处 b 为0，仅为推导公式用。

用方程中名词表述，公式中 p、v 即斜率，F 和 b 即截距。

为什么突然要强调数学上的表达呢？这是因为，我们需要将数学公式向Excel转化，Excel给我们提供了两个与此相关的函数：INTERCEPT和SLOPE函数。

4.5.2 INTERCEPT 和 SLOPE 函数

这两个函数其实很简单，它们都只有两个参数，分别是因变量和自变量，参数可以是数字，或者是包含数字的名称、数组或引用。如果数组或引用参数包含文本、逻辑值或空白单元格，则这些值将被忽略，但包含零值的单元格将计算在内。如果两个参数所包含的数据点个数不同或不包含任何数据点，则函数将返回错误值 #N/A。

如图 4-16 所示，输入公式"=INTERCEPT（B2:G2，B1:G1）""=SLOPE（B2:G2，B1:G1）"，可得到截距和斜率分别是 1 300 和 4.57，比如当自变量（销量）为175时，总成本 =4.57×175+1 300=2 099.75。

	A	B	C	D	E	F	G
1	销量	100	175	250	325	400	475
2	总成本	1757	2099.75	2442.5	2785.25	3128	3470.75
3							
4	截距	1300	公式	=INTERCEPT(B2:G2,B1:G1)			
5	斜率	4.57	公式	=SLOPE(B2:G2,B1:G1)			

图 4-16　INTERCEPT 和 SLOPE 函数

这两个函数将在后续章节，结合实例应用时再讲解。

4.5.3　多情形盈亏平衡测算与动态图形设计

1.问题提出。公司近期推出的新产品KM22吹风机，经销售部门和生产部门联合测算，预计该产品的定价区间在136~316元/台，且不同定价时，有望实现的销量有不同的对应概率值，售价和出货量发生的可能预估见表4-7。

肖总请财务测算一下不同售价时的保本销量以及综合保本销量、保本时的总成本，并提供演示图形。

表 4-7　区间售价与销量实现概率表

序　号	拟对外单价	概　率	销　量	概　率
1	136	5%	90	1%
2	156	5%	115	2%
3	176	8%	135	20%
4	196	10%	145	12%
5	260	15%	160	26%
6	236	12%	170	12%
7	256	13%	190	12%
8	276	20%	195	12%
9	296	7%	200	2%
10	316	5%	170	1%

2.思路解析与解决。营销部门提供的概率表简单直接，但提出的要求也不是那么容易达成的，好在有前面所学CVP分析的知识铺垫，问题就变成如何将数学公式

转化为Excel公式（将自变量转化为单元格）了，因此财务可以按以下步骤操作：

表格设计。将表4-7录入Excel工作表中，结合财务掌握的数据，设计为如图4-17所示的表格，表中绿色字为已知数据，其余单元格公式见表4-7，公式根据"4.5.1"节数学公式转化。至此，已经完成肖总要求的不同售价时保本销量、以及综合保本销量的计算。改变图4-17中任意绿色字，其他数字均可以自动改变。

SUMPRODUCT 函数。在表4-8内我们发现了一个新函数SUMPRODUCT，望文生义，SUMPRODUCT就是SUM+PRODUCT，先求乘积、再汇总。既然是求和起码需要两个要素，才能相乘，也就是SUMPRODUCT函数至少需要两个参数。如数组 A 各元素 $a1$、$a2$、$a3$……数组 B 各元素 $b1$、$b2$、$b3$……，对应相乘就是 $a1 \times b1$、$a2 \times b2$、$a3 \times b3$……，将它们求和 $a1 \times b1 + a2 \times b2 + a3 \times b3 + $……简化成数学公式即 $\sum a \times b$。

观察图4-17，单元格D3公式是"=SUMPRODUCT（C6:C15，D6:D15）"，也就是该表的C、D两列相乘，即 $136 \times 5\% + 156 \times 5\% + 176 \times 8\% + $……$+316 \times 5\%$，结果为240.6。

SUMPRODUCT 函数相乘的参数必须具有相同的维度。为便于理解数组，我们假设数组的元素逐一放置于一个个的单元格内，参与计算的两个单元格区域可以是一列多行（或一行多列）区域与一列多行（或一行多列）区域对应相乘，也可以是多列多行（或多行多列）区域与多列多行（或多行多列）区域对应相乘，但是对应相乘的行数与行数、列数与列数必须相同，比如2行3列必须与2行3列相乘，而不能是2行3列与5行3列相乘。

注意，①SUMPRODUCT 函数将非数值型的数组元素作为 0 处理。数组参数必须具有相同的维数，否则，函数将返回"#VALUE!"错误值；②D3和F3公式修改为"{=SUM（C6:C15*D6:D15）}""{=SUM（E6:E15*F6:F15）}"效果与使用SUMPRODUCT 函数相同，数组公式同时按Ctrl_Shift_Enter三键输入。

序号	拟对外单价p	可能性	可能销量Q	可能性	收入S	总成本C	利润P	平衡点销量
	加权单价	240.6	加权销量	161.5	单位变动成本v	150	固定成本F	500
1	136	5%	90	1%	12,240	14,000	-1,760	(35.71)
2	156	5%	115	2%	17,940	17,750	190	83.33
3	176	8%	135	20%	23,760	20,750	3,010	19.23
4	196	10%	145	12%	28,420	22,250	6,170	10.87
5	260	15%	160	26%	41,600	24,500	17,100	4.55
6	236	12%	170	12%	40,120	26,000	14,120	5.81
7	276	13%	190	12%	48,640	29,000	19,640	4.72
8	276	20%	195	12%	53,820	29,750	24,070	3.97
9	296	7%	200	2%	59,200	30,500	28,700	3.42
10	316	5%	210	1%	53,720	26,000	27,720	3.01
		加权计算值			38,857	24,725	14,132	5.82

多情形盈亏平衡点测算表

图 4-17　测算表初步

表 4-8　测算表公式清单

序　号	单元格	公　式	值	备　注
1	D3	=SUMPRODUCT（C6:C15,D6:D15）	240.6	为综合保本准备单价
2	F3	=SUMPRODUCT（E6:E15,F6:F15）	161.5	为综合保本准备销量
3	G6	=C6*E6	12 240	不同情形的收入值
4	H6	=H3*E6+J3	14 000	不同情形的总成本值
5	I6	=G6-H6	-1 760	不同情形的利润值
6	J6	=J3/（C6-H3）	-35.71	不同情形的平衡销量
7	G16	=D3*F3	38 856.9	综合保本收入
8	H16	=H3*F3+J3	24 725	综合保本总成本
9	I16	=G16-H16	14 131.9	综合保本利润
10	J16	=J3/（D3-H3）	5.52	综合保本销量

准备图表数据。为了制作演示图形，我们必须准备 Excel 表格的数据，即使用综合保本点时的单位变动成本、单价。综合保本销量 Q（如图 4-17 单元格 J16 所示）已经求得，我们可以按照 Q 的 25%、、50%、100%……增幅设置自变量区间，选中单元格区域 D18:J21，使用【数据】【模拟分析】【模拟运算表】一维模拟运算求得收入、总成本和利润。如图 4-18 所示，表中 D19:D21 公式依次为"=G16""=F3×H3+J3""=I16"。

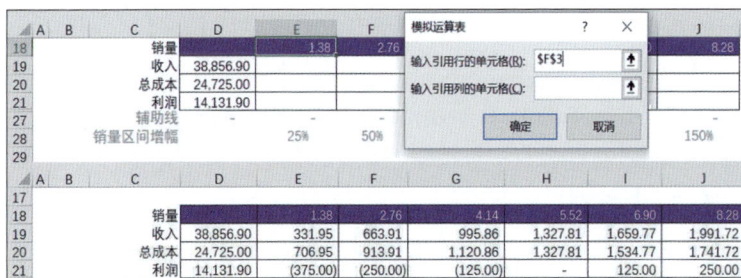

图 4-18　综合保本时盈亏平衡表格

制作演示图。插入模拟运算数据后，在如图 4-19 所示按 1~5 依次点击【快速分析】【图表】【折线图】，点击灰色线，点 [Del] 键删除利润线，选中"图表标题"，将其修改为"加权销量盈亏平衡图"。点右击在标题右侧空白处，点击【选择数据】，弹出"选择数据源"对话框，如图 4-20 所示按 1~5 依次点击【38,856.9】→【编辑】，将名称框输入"收入"，点击【确定】，按同样的方法将【24,725.00】修改为"总成本"。

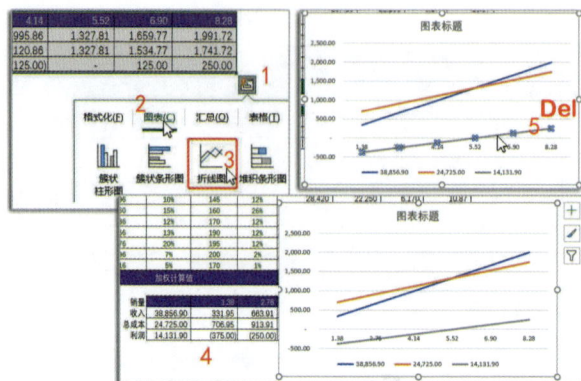

图 4–19　插入折线图

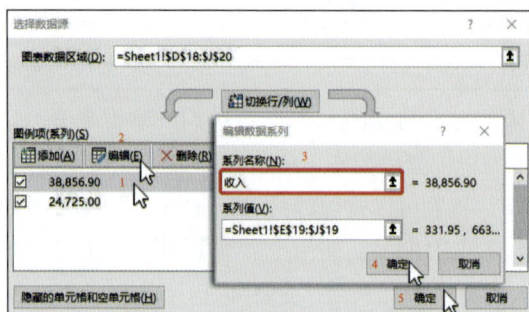

图 4–20　修改两条折线图例名称

添加垂直线。如图4–21所示依次点击【图表设计】→【添加图表元素】→【线条】→【垂直线】。

添加数据标签。如图4–21所示的绿框内，插入的图表被选中（有8个空心小圆）时，在图表右侧会有＋号按钮，点击，勾选"数据标签"，将因变量收入和总成本的数字标注在折线上。

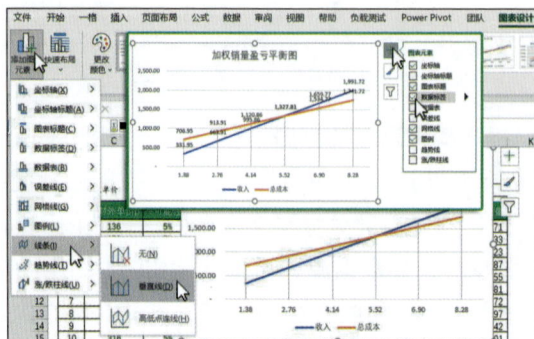

图 4–21　添加垂直线

求综合保本总成本。我们注意到图4-21中间的垂直线刚好从两条折线相交处向下引出，这是因为我们在准备图表数据阶段就进行了巧妙设计，我们设置的增幅区间包含了100%，也就是刚好等于综合盈亏平衡销量。不如此，引出的垂直线不会刚好在两线交点处，我们就需要求得两线的方程式（在Excel中转化为求两线的截距和斜率），用如图4-22所示的公式得到截距和斜率，则收入线的方程为$S=240.6Q$，总成本线的方程为$C=150Q+500$。$S=C$时，$Q=5.52$，代入$C=150Q+500=1\,327.81$。第25行和26行的6个单元格公式见表4-9。

注意，J25这里的平衡销量是用公式来求取的，这与"4.2.3"中使用单变量求解不同。

表4-9　截距和斜率及总成本公式

序　号	单元格	公　式	值
1	D25	=INTERCEPT（E19:J19, E18:J18）	0
2	E25	=INTERCEPT（E20:J20, E18:J18）	500
3	D26	=SLOPE（E19:J19, E18:J18）	240.6
4	E26	=SLOPE（E20:J20, E18:J18）	150
5	J25	=（D25−E25）/（E26−D26）	5.52
6	J26	=E26*J25+E25	1 327.81

图4-22　利用截距和斜率求综合保本总成本

添加水平辅助线。在单元格D22行添加公式"=$J$26"并向右拖动至J22，按［Ctrl+C］复制这一区域，点击折线图，按［Ctrl+V］添加一条水平线，点中此线，参考图4-5修改其颜色、粗细、线形等，参考图4-21删除其数据标签，两次点击图例"系列3"，按［Del］键删除。

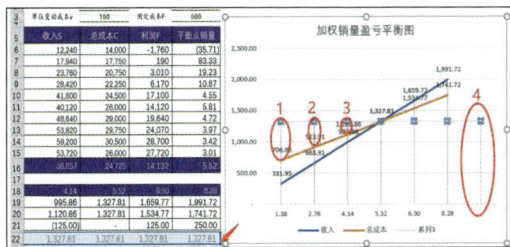

图4-23　不满意的垂直线

101

添加误差线取代垂直线。如图4-23所示红色椭圆中的垂直线我们是不满意的，椭圆4是多余的，可以移动鼠标到红色箭头指向的蓝色小正方形上，按下鼠标左键向左移动一格，调整水平线的数据源，删除此处线条，但其他椭圆处的垂直线无法单独删除。此时要考虑使用另一种方法来取代垂直线的引导作用。先点中任意一条垂直线，按［Del］键删除全部垂直线。

如图4-24所示按1~7操作：点中橙色折线，点击图表右侧会有＋号按钮，点击"误差线"右侧三角形按钮，出现［更多选项］，［误差线选项］图标，在［负偏差］选项，百分比方框输入100％；再点中蓝色折线同样操作。如果不添加水平线，可以不添加误差线。

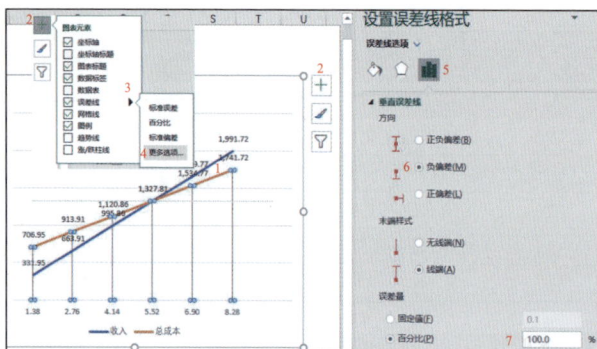

图4-24　添加误差线

美化图表。仿照"4.1.3"节对横轴、纵轴进行美化，在图表任意空白处右击【设置图表区格式】（如图4-25所示），点击【填充】→【图片或纹理填充】→【插入…】，选择电脑上的一幅漂亮的图片（建议使用你公司的宣传图，演示效果更棒），就可以给你的折线图加上美丽背景了，最终效果如图4-26所示。

盈亏平衡图添加
横竖指示线及美化

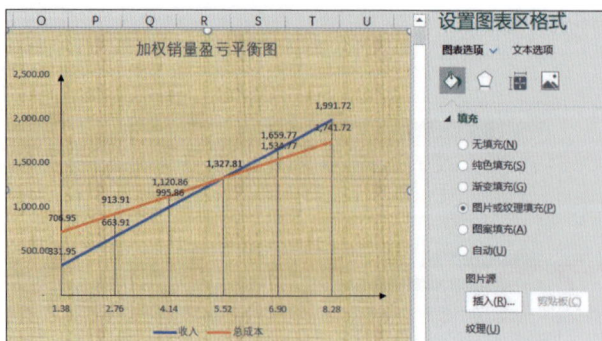

图4-25　准备插入图片背景

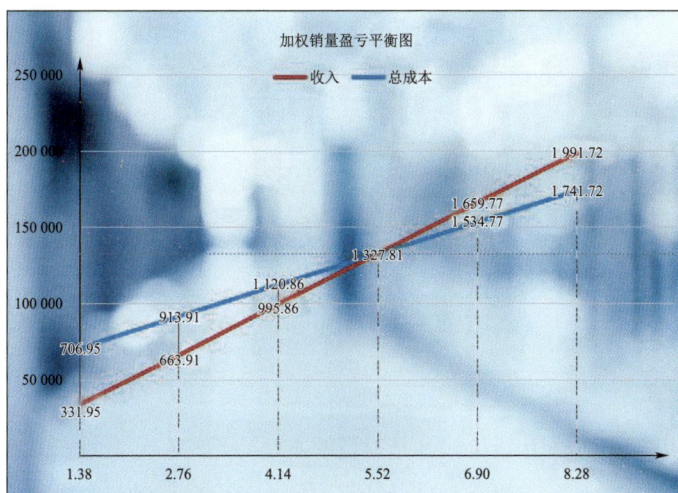

图 4-26　盈亏平衡模型图最终效果

　　3. 效果检验。营销部门后续更新数据直接替换图 4-17 中的绿色字即可，模型中的公式和演示图均不需要做任何改动，其可自动适应数据的变化。利用 Excel 设计的表格和图形必须具有动态适应性：因变量（输入端、结果呈现端）与自变量（输入端）之间通过公式、工具等中间渠道搭建的模型必须考虑输入端可能的变化，不至于在输入端变化时，就得修改中间渠道才能得到结果——这是建模的基本要求，否则只能是建立的表格，不能称为 Excel 建模。

　　肖总对这个模型很满意，这也算是财务部门为业财融合做的一个小小贡献吧。

第 5 章
以钱生钱的风险和收益

以钱生钱，是投资的本质。无论在什么规模的企业中，投资都是极其重要的一项经济活动，毕竟钱不是随便花花的。投资是业财融合的重头戏，它牵涉企业内外资源的整合和融合，涉及诸多方面，投资可以说是企业整体实力的一次重要展示。与投资如影随形的是风险控制，本章建模讲解的重心在于决策模型，重点在于投资的收益和风险。当然，生活中你需要的一些投资场景我们也考虑了，毕竟，美好生活也是我们每个财务人员的追求。

5.1
投资是业财融合的重头戏

5.1.1 投得出、赚更多是企业对投资目标的价值认知

投资，是将资金或资产单独或者组合投入某一个或者若干项目，以获取利润（增值）的行为。企业之所以愿意进行投资，是认为拟投项目前景好、潜力大、预期收益高、风险相对较小，值得以小搏大。投资在企业管理（财务管理）中，是一种极其重要的经济行为。

投资的根本目的，就是为了增值。增值即价值的增加，是投资时对未来的预判，是对未来收入增加（超过项目成本）的期待。预测增值是投资行为的原动力，而对价值的理解有多种不同的认知：

- 价格。这是买卖双方都认可的交易标的的交易资金额度，是买方愿意付出的代价，是卖方愿意接收的收入，它与交易对象（资产／股权等）本身所具备的价值并不相同，有可能价格大于价值（高估），也有可能价格低于价值（低估），当然也可能相等（公允）。
- 账面价值。指的是交易对象原始购买价格扣除累计折旧后的金额。由于折旧是使用寿命周期内的减值，是人为规定的估算金额，账面价值往往不能合理反映交易对象的实际市场价值。
- 内在价值。这是交易对象对于特定投资人的价值，是以该投资人预期的投资报酬率计算的未来现金流入的折现值，是未来现金流的总和。不同投资人对于交易对象和市场未来前景有不同的预期，所采用（要求）的投资回报率各不相同，自然内在价值各不相同。有人说，内在价值仅仅是一种主观认知，是因为它采用了个体投资人所期望、认同的利息率。
- 市场价值。指的是交易对象在竞争市场上的交易价格，当市场价值低于预估的内在价值时（投资者认为的低估），就会产生投资行为，投资者就会入手买入；当市场价值高于预估的内在价值时（持有者认为的高估），交易对象持有者就会有意愿卖出。

投资是提升企业（尤其是资本投资公司）管理效益与质量的有效路径。以钱生钱，是最佳的选择；投钱蚀钱，是最差的结局。因为有着不同经验和信息不对称的存在，不同投资人对交易标的的预判有时会存在很大差异。买卖双方对于交易标的的价值认知和价格的预期存在很大不同，正因为对增值的美好期待，或对于盈亏接纳程度的不同，才有可能达成双方的自愿交易。总之，买卖交易双方各自对交易对象内在价值与市场价格的正差值认知，是投资达成的根本。

举例帮助大家理解一下：某集团A拟出售一家控股子公司的股权，A认为股权内在价值为10亿元，可获取的市场价值为11亿元，认为市场超过内部价值（正差值），有利润，可以卖出；某投资人B认为股权内在价值为12亿元，获得价值12亿元的股权仅需要出资11亿元即可（正差值），有利润，可以投资。同样的一个标的，就因为各自对内在价值的主观认定不同，大家都认为自己赚了。

5.1.2 投资不只是投资企业和投资部的事

当前，企业治理由"管资产"向"管资本"转型的步伐正在提速，这对企业利用资本进行投资的财务管理水平提出了更高要求，也就意味着必须促进业财深度融合。投资有大有小，频率有高有低，但离不开投资部门、财务部门和决策者的支持。投资发生频次较高、投资管理要求高的企业，往往会设立投资部门，甚至会专门设立投资类型的金融公司。

要做好投资管理，财务部门要做好评估、预算和后续维护的管理。业务部门有自己的工作，可以为财务部门提供强有力的帮助和支持。企业唯有业财结合，才能有效做好投资管理，降低投资风险，提升企业价值和竞争力。

1.投资企业。投资是投资类企业的唯一存在理由，为了自身更好地发展，必须及时结合自身管理优势来制定发展战略，选择目标市场，强化风险管理。而投资安全和成效的唯一保障和不二法宝，必然是通过业财融合来提升财务管理和业务管理的综合效果。这与其他类型的企业并无二致，但投资类型的金融企业对于财务管理技术、金融技术要求更高，对于模型的需求更多、要求更严谨，更具体地说，对预测、模拟、分析的要求更高。模型的设计要考虑到通用性和扩展性，这样的表格要既能适应同类别决策方式的大多数情况，又能在部分决策因素变化（如年数）时，不需对模板做过多的修改，仅需简单地拖拉公式就能够满足新的需求。

投资类企业这种说法是按照行业来划分的，通常也可称为投资企业，但投资企业与投资"企业"（以企业作为投资目标、投资对象，如企业并购、股权收购等）在某些时候会产生语义上的误解，需要结合所处的情境来准确理解。

投资企业有可能是单一企业，也有可能是作为某个母公司的子公司，除了外部需要沟通对接进行协同的同级和上级公司有所区别外，以企业的战略制定和执行为起点，从业务执行力入手，驾驭企业财务管理中存在的问题，并采取有效的应对策略至关重要。投资企业解决由于规模的持续扩大以及投资行业的更加细分化，财务管理工作量剧增导致的财务管理问题（如战略的制定存在疏漏、已制定战略在执行的一致性上的困难等），才有可能避免企业的投资发生直接经济损失，甚至是投资失败。

2.投资部门。投资部门与投资企业的区别在于其独立性较差，但其存在理由是相同的，都是为了企业增值。

正是因为投资部门仅仅是作为组织中的一个部门存在，其投资目标要服从企业整体战略，不能纯粹就投资谈投资，有时须为企业其他子战略让步，比如生产类企业与其他企业联营，投资部门测算从纯粹盈亏角度是不适宜的，但企业会考虑为打开当地的公司主打产品市场，必须与当地的龙头企业联营生产。而独立的投资企业在这方面的"让步"就会少很多。

此外，投资部门需要协同的组织机构重点是同一企业的兄弟业务部门，沟通方式、协同方式与投资企业的整体协同、统筹融合的特点有所不同，因此，企业的高层管理者必须充分认识到这一点，投资部门也要学会借力，以达到融合企业资源，形成业财合力的效果。

对于投资部门而言，其所需要的财务管理能力、管理会计技术，并无本质区别，都要满足预测、执行和分析的基本需要。

3.财务部门。实践中，很多人是将财务部门与财务部等同的。财务部门是一个泛指，可能包括财务部、会计部、财务管理部、资金部、综合部（财务组），这与企业规模大小、企业发展所处的阶段相关。企业内部管理需求不同，就有可能有不同的组织架构设计，但承载企业财务管理职能的是财务部门。

就投资管理事宜来说，假如企业未设置独立的投资部，投资管理职能通常是由财务部门来承担的，这与上文所述的投资部门的职能、特性并无不同。

5.1.3 风险控制是投资管理的第一要务

投资无论是在企业层面还是在部门层面，往往都会放在企业层面来考虑，因为投资与产品生产或商品贸易不同，它不需要通过物质形态与货币的转换，往往直接涉及资金的大额进出或者企业控制权的转移，并与盈亏直接关联，时间跨度通常也会很长，上述特点决定了投资采用的各种假设前提和未来回报的不确定性，所以企业在投资时，都是非常慎重的。

如"5.1.1"节所述，内部价值的认定是一种主观性较强的价值评判行为，受制于投资人所掌握的专业技术、市场信息和对自身当前及未来发展预期等诸多因素制约，价值评判的准确性，与投资对象真实价值的背离程度也难以真实衡量。

通常作为企业的掌舵人，可能会有扩张的冲动，容易陷入所谓"做大、做强、做多"的陷阱，投资风险则会被有意、无意忽略了。所谓"风险"正是指的投资在特定时期、特定条件下，发生各种可能的结果的不确定性（变动程度），包括战略风险、市场风险、经营风险、财务风险、管理风险，还包括往往容易被忽略的政策（变动）风险。

风险与收益存在正向相关的辩证关系，这种关系的形成是投资者市场竞争的结果，其表现为：风险越大，收益越大；收益越大，风险越大。原因有三，第一，未来收入不确定性越大，越能限制更多投资者涌入某一投资领域，甚至是甘愿冒巨大风险的投资者成为唯一进场者，成为未来收益的唯一获得者。第二，收益越大，越令众多投资人跟风，大家纷纷涌入，在单列的竞争中，未来收益的实现就更充满了不确定性了。风险越小，收益越小；收益越小，风险越小。一方面，未来收入不确定性越小，也就是很容易实现，众多投资人纷纷来抢，瓜分的人多了，每个投资者能够获得的收益自然小了。第三，收益越小，还有可能令众多投资人无法入眼（看不上），反而导致未来收益容易实现，确定性增加了。

为有效防范投资风险，维护股东合法权益，企业面对风险，应当采取多种化解手段，比如风险规避、风险转移、风险保存和损失控制等，将可能的损失控制在一定的范围内，采取措施减小风险事件的发生，或者降低风险事件发生的损失，既是投资风险控制的任务，又是企业管理者的职责，同时也是业财融合的努力目标。

强化投资组合，在不相关领域分散投资、多元化投资经营是有效控制总体投资风险的有效控制策略。

特别要提醒的是：提供给领导的决策选项不能太多，太多的投资项目不仅会增加决策的成本（简单一些的问题，需要4个选项左右，而相对复杂的问题，可提供4～7个选项），而且领导看到你拿了这么多也会心烦。

这里顺便说一个现实生活中很多新人、乃至于很多"老人"容易犯错的操作是：领导明明只要一两个数据，很具体的，你找出来给他就行了，但新人直接甩过去一个文件，里面有几十张工作表，上千万个数据……请问，你这是要让领导自己找吗？你这是在给你的领导挖坑呢！

5.2 现金流的基础知识

本节使用文件为"D:\SZCW\Chap5\现金流基础知识.xlsx"。

5.2.1　现金、现金流、净现金流与累计现金流

在财务管理或管理会计领域，所称的现金，并不仅仅是指会计核算意义上的现钞（库存现金），它还包括银行存款及等价物等。

对于投资这一经济业务而言，现金是一个重要的概念，投资者付出现金，期望的是在未来期间能够收入现金，在这些期间有可能还会有维护、维修开支以及残值处置的现金收入，这些现金的进进出出，就类同于流水一样，往往被称为现金流水或现金流。支付现金即现金流出，收入现金即现金流入或现金回流，现金流入扣除现金流出后称之为净现金流（入）或净现金回流。

由于投资业务往往会跨越多个时期，每期都会有净现金回流，从初始投资开始，逐年累加的现金流，称为累计现金流。比如：初始投资100万元，第

1~3年净现金回流分别是30万元、50万元和85万元，则第1年累计现金流是−100+30=−70万元，第2年累计现金流是−70+50=−20万元，第3年累计现金流是−20+85=65万元。

5.2.2 现值、终值计算与货币时间价值

1. 货币时间价值。也许有人听说过"今天的1元比未来的1元更值钱"，你知道是什么意思或是为什么吗？这是因为今天的1元可以用来投资，从而获得比1元更多的钱，最直接的例子就是除了本钱1元外，还能获得更多的利息。随着时间的推移，将会获得越来越多，这种"与时俱进"的经济特性，称之为货币的时间价值（Time Value of Money）。

因时间而增值，说明货币具有时间价值。以钱生钱，并且所生之钱会生出更多的钱，这就是货币时间价值的本质。从经济学的角度而言，增值的原因：一是投资增值。是用现在的钱进行投资，即使你不投资，你将钱存放他人，别人也会投资以获取更多，也就是说现在的钱因投资创造价值，产生增值；二是消费补偿。当前的1元与未来的1元的购买力之所以不同，是因为要节省现在的1元不消费而改在未来消费，则在未来消费时必须有超过1元货币可供消费，超出部分就是对推迟消费（现在的享受）而给出的补偿（或称贴水）。

2. 终值。指的是现在一定的金额按照某种折算率，计算出的未来某个时间点的折算金额。终值用英文FV表示，即单词Future Value首字母。假定折算利率为r，现在的金额是PV，期间按照年数n来计算，则FV用数学公式可表示为"$FV=PV \times (1+r)^n$"。Excel有一个函数可计算终值FV，函数形如"（利率，期数，各项投入金额，PV，各期是否是期初支付）"，FV函数共5个参数，其中：第三参数要求给出各项等额投入金额；第四参数PV是可选参数，初始投资的入账额或期间内系列投入的累计现值（各项折现之和），用负值表示支付，可以不输入；第五参数是可选参数，取值1或0，默认值是0，非期初支付。

来个小例子，想要知道现在的1元，按照3.85%年利率折算，相当于3年后的多少钱？

公式很简单，在如图5-1所示的单元格B4输入公式"=FV（B2，B3，0，−B1）"，可知现在的1元，按照3.85%年利率折算，相当于3年后的1.12元，这也验证了"今天的1元比未来的1元更值钱"，未来需要1.12元才相当于今天的1元。

3. 现值。指的未来某个时间点一定的金额按照某种折算率，计算出的现在的金额。现值用英文PV表示，即单词"Present Value"首字母。假定折算利率为r，未来的金额是FV，期间按照年数n来计算，则PV用数学公式可表示为"$PV=FV/$

$(1+r)^n$"，Excel有一个函数可计算现值PV，函数形如"（*利率，期数，各项所得金额，FV，各期是否是期初支付*）"。PV函数共5个参数，其中：第三参数要求给出各项等额收回的金额；第四参数是可选参数，未来值或末次付款后获得的一次性偿还金额，用负值表示支付，可以不输入；第五参数是可选参数，是否是期初支付，取值1或0（默认值是0，非期初支付）。

来个小例子，想要知道3年后的1元，按照3.85%年利率折算相当于现在的多少钱？

公式很简单，在图5-1所示的单元格E4输入公式"*=PV（E2，E3，0，-E1）*"，可知3年后的1元，按照3.85%年利率折算，只相当于现在的0.89元。

	A	B	C	D	E	F	G	H
1	现值	1		终值	1			
2	利率	3.85%		利率	3.85%	B4 = FV(B2,B3,0,-B1)		
3	期数	3		期数	3	E4 = PV(E2,E3,0,-E1)		
4	终值	¥1.12		现值	¥0.89			

图5-1　终值和现值折算表

5.2.3　利息、利率、利息率及单利与复利

1.利息。只要稍微有点财务知识的人都知道利息这个词语，利息是货币在一定时期内的资金占用费，指货币持有者（债权人）因借出货币或货币资本而从借款人（债务人）手中获得的额外报酬，包括存款利息、贷款利息和各种债券发生的利息。利息是与本金相对的概念，借出的是本金，超过本金部分的额外所得是利息。存款利息收入是企业的利润组成部分，贷款利息是银行等债权人的利润组成部分。

2.利率。利率是指一定时间内的利息金额与借贷资金金额（本金）的比率，利率也称之为利息率。企业贷款利率是决定企业资金成本高低的主要因素，同时也是企业筹资、投资的决定性决策因素之一。

3.单利。单利是计算利息的一种方式，与复利是一对概念，是指无论资金占用期长短，只对本金计取利息，而以前各期利息在下一个利息周期内不计算利息的计息方法。比如，你在银行的3年期10 000元存款，利率是0.35%，第一年利息是10 000×0.35%是35元，第二年、第三年仍然是35元。

4.复利。复利是计算利息的另一种方式，与单利是一对概念，是指计算利息时，某一计息周期的利息是由本金加上以前计算周期所积累利息的总额来计算的计息方式，也称"利生利""利滚利"。比如，你从某债权人处借入3年期10 000元存款，利率是5%，第一年利息是本金10 000×5%×1年=500元，第二年

利息是本金 10 000×5%×2 年 +500×5%×1 年 =1 025 元，第三年利息是本金 10 000×5%×3 年 +500×5%×2 年 +1 025×5%×1 年 =1 576.25 元。复利与单利差别大吗？很大，不仅是利上加利，而且利率比银行存款利率还高，特别是高利贷利率可达到 24%、36%，甚至更高，高利贷是千万碰不得的。

5.2.4　年金及美好生活的测算

"5.2.2"节讲解的 PV、FV 都是基于期初一次性投入或者期末一次性获得而言的，但实际生活中，我们需要面对的是每期都有现金收付的情况。人们把一定期间内一系列等额收支的款项叫作年金，比如房贷按揭、现在存款的分期取出等。

与年金相关的测算，包括年金的现值、终值、年付额度、期数、利率等，还有递延年金、分段年金、不均衡年金，作为一本实务书，考虑实际需求，我们这里仅讲解现值、终值、年付额度、期数、利率这 5 个概念。

1.年金终值。假如为了弥补养老金的不足，从 40 岁开始，你在某基金公司购入（或者是单位代你缴纳），每年年末支付 1 000 元，利率为 4.5%，那么，在你 60 岁退休时，你将得到多少钱呢？

如图 5-2 所示，单元格 B4 输入公式 "=FV（B2,B3,−B1）"，注意与 "5.2.2" 节终值计算比较，可预测出 60 岁时，你将有 31 371.42 元的额外收入。

如果你觉得这个金额未达到你的预期，一个小小的动作就会提升你未来的收入金额，就是将缴纳时间点改为每期的期初，单元格 E4 输入公式 "=FV（E2，E3，−E1，，1）"，你就能得到 32 783.14 元的额外收入。

假如，你还不满意这样的收入，并且你的年龄还年轻，比如 20 岁，你现在开始计划，你就能够投资 40 年；如果你愿意冒一些风险，你可以将你的钱投入利率更高的股票基金中去，比如利率可达 10%。

	A	B	C	D	E	F	G	H
1	每期缴纳	1 000		每期缴纳	1 000		B4 = FV(B2,B3,-B1)	
2	利率	4.50%		利率	4.50%		E4 = FV(E2,E3,-E1,,1)	
3	期数	20		期数	20			
4	终值	¥31,371.42		终值	¥32,783.14			
5	缴纳时间点	期末		缴纳时间点	期初			

图 5-2　年金终值的计算

2.年金现值。如果你爸妈现年 50 岁，你想让他们在从现在开始的 10 年内每年末都能够拿到 1 000 元，与银行协议利率假设为 4%，你现在要存入多少钱，才能实现这样的孝心呢？

如图 5-3 所示，单元格 B4 输入公式 "=PV（B2，B3，B1）"，注意与 "5.2.2"

节现值计算和年金终值计算比较，可预测出你必须在年末预先存入 8 110.90 元。如果你爸妈需要在每年年初就拿到 1 000 元，单元格 E4 输入公式"=PV（E2，E3，E1，，1）"，可预测出你必须在年末预先存入 8 435.33 元。注意结果为负，表明：对于你来说，你存入银行存款，你的现金是流出状态，用负值表示。所以在使用 PV、FV 公式时，要注意参数正负值所表达的流进、流出的含义。

图 5-3　年金现值的计算

3.年金付款。如果你现在 22 岁，你规划用 5 年时间，使自己有能力购买一辆 20 万元的车，与银行协议利率假设为 4%，你每年要存入多少钱，才能实现这样的愿望呢？

在进行下面的计算之前，我们要引入一个新的函数 PMT 函数，这在知道 PV 和 FV 的前提下，可预计每年需要支付的金额，函数形如"=PMT（*利率，期数，现值，FV，各期是否是期初支付*）"。PMT 函数共五个参数，其中：第四参数是可选参数，未来值或末次付款后获得的一次性偿还金额，可以不输入；第五参数是可选参数，取值 1 或 0，默认值是 0，非期初支付。

如图 5-4 所示，单元格 B1 输入公式"=PMT（B2，B3，B4，B5）"，预测出你必须在每年年末预先存入 36 925.42 元。如果你在每年年初存入，单元格 E1 输入公式"=PMT（E2，E3，E4，E5，1）"，可预测出你每年年初仅需要存 35 505.21 元。如果你不投资（存款），5 年后你的金额只能达到 17~18 万元（如图 5-4 所示第 7 行），达不到预期的 20 万元。

图 5-4　年金年付额度的计算

4.年金付款期。如果你现在 22 岁，手头现有 1 万元，你预计每年末能够存 2 万元，你想自己有朝一日能够购买一辆 20 万元的车，与银行协议利率假设为 4%，你要多久才能实现这样的愿望呢？

在进行下面的计算之前，要引入一个新的函数 NPER 函数，这在知道 PV 和

FV的前提下，可预计年金支付期数，函数形如"=NPER（利率，年付金额，现值 *PV，FV，各期是否是期初支付*）"。NPER 函数共五个参数，其中：第四参数是可选参数，未来值或末次付款后获得的一次性偿还金额，可以不输入，但 PV 和 FV 至少得知道一个；第五参数是可选参数，取值1或0，默认值是0，非期初支付。

如图5-5所示，单元格B3输入公式"=NPER（B2，-B1，-B4，B5）"，预测出你需要8.07年。如果你在每年年初存入，单元格E3输入公式"=NPER（E2，-E1，-E4，E5，1）"，可预测出需要7.81年。如果你不投资（存款），若干年后你的金额只能达到16~17万元（如图5-5所示第7行），达不到预期的20万元。

	A	B	C	D	E	F	G	H
1	每年需存	¥20,000.00		每年需存	¥20,000.00			
2	利率	4.00%		利率	4.00%	B3=NPER(B2,-B1,-B4,B5)		
3	期数	8.07		期数	7.81			
4	现有金额	10 000		现有金额	100.00	E3=NPER(E2,-E1,-E4,E5,1)		
5	目标金额	200 000		目标金额	200 000			
6	存款时间点	期末		取现时间点	期末			
7	如不存款	¥171,480.80		如不存款	¥166,230.82			

图 5-5　年金年付期的计算

5.年金利率。如果你现在22岁，手头现有1万元，你预计每年末能够存2万元，你计划用7年时间能够购买一辆20万元的车，你要寻找什么样的投资产品才能实现这样的愿望呢？

在进行下面的计算之前，要引入一个新的函数RATE函数，这在知道PV和FV的前提下，可预计年金利率，函数形如"=RATE（*支付期数，年付金额，现值PV，FV，各期是否是期初支付，猜测的利率*）"。RATE函数共六个参数，其中：第四参数是可选参数，未来值或末次付款后获得的一次性偿还金额，可以不输入；第五参数是可选参数，取值1或0，默认值是0，非期初支付；第六参数是可选参数，猜测的利率，随便输入或者不输入，不影响计算结果。

如图5-6所示，单元格B2输入公式"=RATE（B3，-B1，-B4，B5，15%）"，预测出你选择的投资产品利率最低要达到8.66%。如果你在每年年初存入，单元格E3输入公式"=RATE（E3，-E1，-E4，E5，1，15%）"，可预测出你选择的投资产品利率最低要达到6.85%。如果你不投资，若干年后你的金额只能达到15万元（如图5-6所示第7行），达不到预期的20万元。

	A	B	C	D	E	F	G	H
1	每年需存	¥20,000.00		每年需存	¥20,000.00			
2	利率	8.66%		利率	6.85%	B2=RATE(B3,-B1,-B4,B5,,15%)		
3	期数	7		期数	7			
4	现有金额	10 000		现有金额	10 000	E2=RATE(E3,-E1,-E4,E5,1,15%)		
5	目标金额	200 000		目标金额	200 000			
6	存款时间点	期末		取现时间点	期末			
7	如不存款	¥150,000.00		如不存款	¥150,000.00			

图 5-6　年金利率的计算

5.2.5 内部收益率

内部收益率（Internal Rate of Return；简称IRR）即投资项目的净现值为零时的折现率，即某项投资处于经济保本点时的折现率是净现值法则的重要替代，可视为项目存续期间投资者可获得的平均回报。内部报酬率作为评估投资项目的指标，优点是比较直观，缺点是无法用于评价非常规性投资项目和规模不等的项目。

孤立地看IRR是没有意义的，因为它是企业立足于现在的能力和未来的努力预计可赚取的现金流测算的，它必须与市场上某种标准相比较，孰高孰低，一决高下才有意义。通常，IRR选取的标准是银行同期五年期贷款的利率（也有选取存款利率的，利率由中国人民银行公布）。之所以选择贷款利率，是期望能够获得的报酬率超过从银行借得的资金利率，否则本企业就无可赚的了；之所以选取存款利率，是假如企业不做这样的投资，投资的资金存在银行能够得到的最低利息，并以此作为标准，如果投资所得不能超过这个标准，这些钱还不如存放在银行稳赚利息。除与银行利率比较外，IRR还可应用于与规模相当的同类项目进行比较。

5.3
多情景投资决策 Excel 模型创建及解读

投资决策，考虑的是资金问题，而不是利润，它思考的是初始投入的资金将需要多久才能收回，或者干脆就不能收回。回收期的长短是多个项目同比的一个重要判断依据，也可以与经验数据进行比较，比如行业内类似的投资需要多久可收回，以往本公司类似的投资的回收期是多久，比较之后，对拟投资项目进行取值，这就是投资决策。而我们建模，则是利用Excel表格将决策所需要的数据整合在一起，并直观地给出决策判断依据。

本节使用文件为"D:\SZCW\Chap5\ 多情景投资决策模型 .xlsx"。

5.3.1 静态回收期测算模型

资金投入除在期初外，项目建设期也有可能追加投资，一般意义上指的是期初投入。从初始投资时刻（通常称为第0年）到资金能够全部收回得以抵偿，这个叫作回收期。在计量投资现金流量时不考虑货币时间价值（5.2.2节），叫作静态，这是财务外行和财务新手经常犯迷糊的一个概念。

在项目投入与建设的整个过程中，各年的投入与收回的差额叫作年度净现金流，Cash In – Cash Out = Net Cash Flow，简写为"CI – C O = NCF"。逐年将资金情况进行累加，这个叫作累计现金流，即往年的资金投入与收回加上本年的投入与收回，公式表示为"$\sum NCF = CI_0 + NCF_1 + NCF_2 + \cdots$"

1.**问题提出**。现有三个不同的项目，它们的净收益和净现金流量如图5-7所示绿字，要求计算它们的回收年数。

2.**问题分析**。三个不同的项目，它们每年的净收益和净现金流量都不同，如果要计算它们的回收年数，实际上就是要知道每年的累计净现金流量的情况，当该年份$\sum NCF > 0$时，可用公式"已逝去年数 +（本年 NCF – $\sum NCF$）/本年 NCF"计算而得。需小心，这里的"已逝去年数"不包含出现正值的年份当年，或者说，它的值等于从第0年开始的第n年。

3.**建模方法**。首先我们要想办法求得$\sum NCF$，然后才能进行回收年份的计算。

（1）求得$\sum NCF$。观察项目 A 的 E 列，从最上面的第0年往下，逐步相加，要得到各年累计净现金流，就得从 E4 往下加，第0年加自己，第1年 E4 到 E5，第2年 E4 到 E6……观察这个规律是求和的起点 E4 不变，终点的行号是递增的，因此，将 E4 加上绝对引用进行锁定，终点的列标锁定、行号放开，如：

第0年 \$E\$4:\$E4，加上求和的壳子，公式变为"=SUM（\$E\$4:\$E4）"，这个公式放置于第0年2022年的 F 列，即单元格 F4 内。

第2年 \$E\$4:\$E6，加上求和的壳子，公式变为"=SUM（\$E\$4:\$E5）"，这个公式放置于第1年2023年的 F 列，即单元格 F5 内。

第2年 \$E\$4:\$E6，加上求和的壳子，公式变为"=SUM（\$E\$4:\$E6）"，这个公式放置于第2年2024年的 F 列，即单元格 F6 内。

……其余年份，依此类推。

由于第3行的标题非数字，为与后面的公式统一，也可以 E3 作为求和起点，F4 单元格公式变为"=SUM（\$E\$3:\$E4）"。

（2）回收年折算。对回收年的定位，应当是$\sum NCF$首个为正的那一年，我们自然会想到 IF 判断，已逝去年数，可用 COUNTA 统计，在单元格 G4 内"=IF（F4>0, COUNTA（\$G\$3:\$G3）–1+（E4–F4）/E4, "–"）"，由于是从标题行第3行开始统计的，所以 COUNTA 后要减去1年，未到回收年的行用"–"标志，这样计算的年数是包含了建设期（第0年）在内的，如不想包含，COUNTA 后要减去2年。

又因为只需要在第一个为正数的年份计算回收期，所以未到回收年的行的和值必然是0，这也应该是 IF 的一个判断条件；由于公式中分母是 E4，为防止除以零错误出现"#DIV/0!"，E4<>0也应该是 IF 的一个判断条件，加上 F4>0 的条件，同时要满足三个条件，函数表示式为“AND（E4<>0，F4>0，SUM（$G$3:$G3）=0）”，这样是可以的，但我推荐这样写“（E4<>0）*（F4>0）*（SUM（$G$3:$G3）=0）”，将3个条件用括弧括起来相乘（表示同时），更简洁，也显得格调更高些。我们将这3个条件的组合写完整了，实际上是“（E4<>0）*（F4>0）*（SUM（$G$3:$G3）=0）=1”，但“=1”是默认可以省略的。

项目A静态回收期测算表

序号	年份	净收益（NI）	净现金流量（NCF）	累计净现金流量（ΣNCF）	回收期
0	2022年		-1 300	-1 300	-
1	2023年	-200	240	-1 060	-
2	2024年	110	500	-560	-
3	2025年	270	600	40	3.93
4	2026年	320	700	740	-
合计		500	740	1 480	3.93

项目B静态回收期测算表

序号	年份	净收益（NI）	净现金流量（NCF）	累计净现金流量（ΣNCF）	回收期
0	2022年	2 500	-2 800	-2 800	-
1	2023年	3 200	1 400	-1 400	-
2	2024年		1 700	300	2.82
3	2025年			300	-
4	2026年			300	-
合计		5700	300	2080	2.82

项目C静态回收期测算表

序号	年份	净收益（NI）	净现金流量（NCF）	累计净现金流量（ΣNCF）	回收期
0	2022年		-1 500	-1 500	-
1	2023年		430	-1 070	-
2	2024年	800	430	-640	-
3	2025年	800	430	-210	-
4	2026年	800	430	220	4.49
合计		2 400	220	2 520	4.49

静态回收

图 5-7　静态项目回收期测算

学习到这里，有同学又问了，你说相乘是表示同时（AND），如果要表示并列（OR），怎么办呢？能够提出这个问题的同学都是爱思考的，如果要表示“或者”关系，将相乘改为相加，也就是说用加号将几个括弧内的条件连接起来即可。

至此，单元格G4内公式变化为“=IF（（E4<>0）*（F4>0）*（SUM（$G$3:$G3）=0），COUNTA（$G$3:$G3）−1+（E4−F4）/E4，"−"）”。

（3）公式扩展。选中单元格区域F4:G4，将其公式复制到F5:G8中去，用同样的方法，完成项目B、C的回收测算公式。注意项目B表格内公式计算的起点是第13行，项目C表格内公式计算的起点是第23行。

4. 结论解读。肉眼可见，从3个不同项目的计算结果可以看出，项目B的回收期最短，为2.82年，如不考虑其他因素，应优先选择项目B。计算出的静态投资回收期应与行业或部门的基准投资回收期进行比较，如果小于或等于行业或部门的基准投资回收期，则认为项目是可以考虑接受的，否则不可行。

需要注意的是，静态回收期测算的优点和缺点：一方面，静态回收期法计算简便，容易被决策人正确理解，可从大体上衡量项目的流动性和风险。另一方面，该方法忽视了货币的时间价值，而且没有考虑回收期以后的现金流，也就是没有衡量盈利性。很多具有战略意义的投资项目，前期回流的现金往往并不多，并非"急功近利"项目。

5.3.2 会计收益率法测算模型

投资测算时所采用的会计收益率（Accounting Reward Rate，ARR），指的是用项目持续期间的平均收益除以初始投资所得到的比值。项目持续期间的收益一般采用净利润，初始投资指的是投入资金当年（第0年）的付现成本，由于投入年的投资时间可能在当年的不同月份，为简化起见，视为投资年年初与年末各投一次，直接除以2得到平均初始投资。

1. 问题提出。继续上小节3个不同的项目，如何从会计收益率的角度优先出拟投项目呢？

2. 问题分析。会计收益率的计算公式很简单"＝平均会计收益/平均付现投资"，可直接用简单的函数，如AVERAGE等来制作公式进行计算。

3. 建模方法。将如图5-7所示中的3个项目已有资料罗列于如图5-8所示的B:I列（同学们可模仿学习在表格设计时，如何根据已有资料，提取并摆放于Excel表内不同单元格进行归整）。将要计算的部分放置于J、K、L三列。在J6:L6（图5-8红框）分别输入公式"=I6/2""=AVERAGE（D6:H6）""=K6/ABS（J6）"，公式都非常简单，相信所有的小白同学都会毫无压力。将J6:L6公式向下拖拉两行，完成项目B、C的公式设置，所依据的经济语言是会计收益率公式"＝平均会计收益/平均付现投资＝年均会计利润（折旧后）/平均资本占用＝年均折旧后会计利润/（（初始资本投资＋投资残值回收）/2）"。需要注意的是，应根据项目持续期的长短相应设置AVERAGE函数的参数计算年均会计利润，这里，我们假定项目A、B、C全部都是5年。

年份 序号		2022年 0	2023年 1	2024年 2	2025年 3	2026年 4	初始付现成本	平均付现投资	平均收益	平均会计收益率	是否推荐
收益 N I	项目A		-200	110	270	320	-1 300	-650	125	19.2%	
	项目B	2 500	3 200				-2 800	-1 400	2 850	203.6%	√
	项目C			800	800	800	-1 500	-750	800	106.7%	

项目会计收益率测算比较表

会计收益率法

图5-8 会计收益率法项目比较

117

我们还可以将ARR模型进一步加以完善，可使用IF+MAX函数直接在表格中突出显示推荐的项目，在单元格M6输入公式"=IF（L6=MAX（$L$6:$L$8），"√",""）"，并向下拖拉两行。

4.结论解读。肉眼可见，从3个不同项目的计算结果可以看出，项目B的会计收益率最高，为203.6%，如不考虑其他因素，应优先选择项目B。单元格M7也自动给出了相同的结论。

注意，会计收益率法测算的优点和缺点：

一方面，它很简单，ARR方法是评估投资的最简单方法之一，不涉及关键和复杂的计算。另一方面，ARR通俗易懂，广泛用于金融知识较少的受众。简单性使ARR成为非财务经理投资评估的首选，并且由于会计数据是公司业绩的真实反映，ARR非常适合根据给定的投资评估公司的业绩。

你大致已经发现，ARR法实在是太简单了，简单得让人有点说不上来的感觉，这也就提醒我们财务人员日常要养成一种职业谨慎：当一个问题过于简单或过于复杂时，我们就要审慎怀疑是不是哪里出了问题，是我们正在研究的事项本身有问题？还是推导、推理过程有问题？……

回归正题，来看ARR法的另一面，也就是它的五个主要缺点：①忽略了投资的货币时间价值；②直接忽视了总的投资规模；③利润基于会计报表，使用平均利润，会计利润通常建立在一些任意假设的基础上，也可能涉及非现金项目；④现金流量被忽略，仅采用盈利能力作为投资评估的衡量标准；⑤比较标准不统一。通常，ARR法的衡量标准是企业当前的账面资产回报率，因此，现有资产收益率非常高的成长型公司可能会拒绝有利可图的项目（看不上小收益率项目），而资产回报率较低的小公司可能会选择利润较低的项目（苍蝇腿也是肉，比自己高的就投，从而分散了整体投资能力，且浪费了投资团队的人力成本，性价比很差）。

因此，完全依赖ARR作为评估投资项目的独立工具是不适宜的。

5.3.3 净现值 NPV 法测算模型

净现值（Net Present Value，NPV）法考虑的是比较不同拟投项目的历年付现投资金额的净现值之和，择其最高者作为推投项目。

1.问题提出。继续上小节3个不同的项目，如何从净现值的角度优先出拟投项目？

2.问题分析。净现值计算的关键是折现率，计算出各年净现金流量的折现值后进行加总，找出最大值的项目。

3.建模方法。将如图5-7所示的3个项目已有资料罗列于如图5-9所示6至8行，在单元格D12内输入将采用的折现率（比如3.85%），在D9（图5-9红框）输入公式"=D6/（1+$D$12）^D$5"或"=PV（$D$12，D$5，，−D6）"，注意年序D列前并未用$锁定，这是为了向右拖拉公式能够自动适应，复制D9公式至单元格区域D9:H11，选中单元格区域I6:I11，按下Alt_=，自动完成6至11行各行的求和。

项目净现值法测算比较表

	年份	2022年	2023年	2024年	2025年	2026年	NCF合计
	序号	0	1	2	3	4	
折	项目A	−1 300	240	500	600	700	740
现	项目B	−2 800	1 400	1 700			300
前	项目C	−1 500	430	430	430	430	220
折	项目A	−1 300	231.103	463.614	535.712	601.828	532.26
现	项目B	−2 800	1 348.098	1 576.289			124.39
后	项目C	−1 500	414.059	398.708	383.927	369.694	66.39
	折现比率	3.85%				推荐项目	项目A

净现值法

图5-9　净现值法项目比较

我们还可以将模型进一步加以完善，可使用MAX+XLOOKUP函数直接在表格中突出显示推荐的项目名称，在单元格I12（图5-9红箭头）输入公式"=XLOOKUP（MAX（I9:I11），I9:I11，C9:C11）"，值为"项目A"。

表格中序号0至4是直接输入的，也可以利用公式来求：在单元格D5中输入公式"=COLUMN（）−COLUMN（$D$5）"，此公式向右拖拉到H列为止。公式也可以嵌入其他（如D9）公式中去，这样就可将第5行删除了。

4.结论解读。肉眼可见，从3个不同项目的计算结果可以看出，项目A的总净现金流量折现值最高，为532.26，如不考虑其他因素，应优先选择项目A。单元格I12也自动给出了相同的结论。

注意：净现值法测算的优点和缺点。

优点为：①适用性广，能基本满足项目年限相同的互斥投资方案的决策。如本节例子，项目B的年限如与其他项目不同，则不宜放在一起比较；②灵活考虑了投资风险，考虑了货币时间价值。

缺点为：①净现值是个金额的绝对值，在比较投资额不同的项目时有一定的局限性，考虑的方面过于单一；②折现率的采用不易确定，从而造成折现值的结果可能存在较大差别；③未考虑收益率，对于初始投资不同的项目，不能用此法进行取舍。

5.3.4 现值指数 PI 法测算模型

现值指数法指的是将不同拟投项目的历年付现投资金额的净现值之和与初始投资值的比值进行比较，择其最高者作为推投项目。

1. 问题提出。继续上小节3个不同的项目，如何从现值指数的角度优先出拟投项目？

2. 问题分析。与净现值计算的关键一样，现值指数法也是得确定一个折现率，计算出各年净现金流量的折现比值后进行加总，找出最大值的项目。

3. 建模方法。点中工作表标签"净现值法"，按住鼠标左键向右拖拉，直至光标附近位于该标签上方的向下黑色小三角形移动到该标签最右端时，松开左键，双击新添加的工作表标签，将名称修改为"现值指数法"。将I4单元格修改为"指数"，在如图5-10所示单元格I9输入公式"=SUM（E9:H9）/ABS（D9）"，并复制入单元格区域I6:I11，其他公式保持不变。

图 5-10　现值指数法项目比较

4. 结论解读。肉眼可见，从3个不同项目的计算结果可以看出，项目A的现金指数值最高，为1.41，如不考虑其他因素，应优先选择项目A。单元格I12也自动给出了相同的结论。

净现值法是从差值角度，现值指数是从比值角度进行的比较，二者的本质是一致的，二者的优缺点也基本一致，二者的计算结果一般也保持一致，但要注意，如果用于投资规模不同的互斥（相互排斥、非此即彼、有你无我）项目时，出现不一致的情况，应遵从净现值法推荐的结论。

5.3.5 动态回收期法测算模型

与静态回收期不同的是，动态回收期在计量投资现金流量时考虑了货币时间价值（5.2.2节）。动态回收期法指的是将不同拟投项目收回初始投资的年数进行比较，择其最短者作为推投项目。

1.问题提出。继续上小节3个不同的项目，如何从动态回收期的角度优先出拟投项目？

2.问题分析。既然动态与静态回收期不同之处仅在于考虑了折现，那么我们设计模型时，就可以在静态的基础上加以改造，加上折现率和基于此的各年折现现金流量，然后计算回收年数就可以了。当该年份$\sum NCF'>0$时，可用公式"已逝去年数+（本年NCF'－$\sum NCF'$）/本年NCF'"计算而得。需小心，这里的"已逝去年数"不包含出现正值的年份当年，或者说，它的值等于从第0年开始的第n年。

3.建模方法。首先是改造静态模板。用与"5.3.4"节同样的方法复制"静态回收期法"，并修改名称为"动态回收期法"，选中E列列标，按Ctrl_C，右击E列列标【插入的单元格】，右击D列列标【删除】。右击E、F列列标，按下Ctrl_H，将"NCF"【全部替换】为"NCF'"。在表格适当位置添加折现率数据后，最后对表格进行设置字色、小数位数等美化工作。

紧接着，我们将改造E列公式。如图5-11所示在单元格E4、E14、E24（红框）内输入公式"=PV（$G$1，ROW（）-ROW（$C$4），，-D4）""=PV（$G$11，ROW（）-ROW（$C$14），，-D14）""=PV（$G$21，ROW（）-ROW（$C$24），，-D24）"，并复制入单元格区域E5:E8、E15:E18、E25:E28，其他公式保持不变。

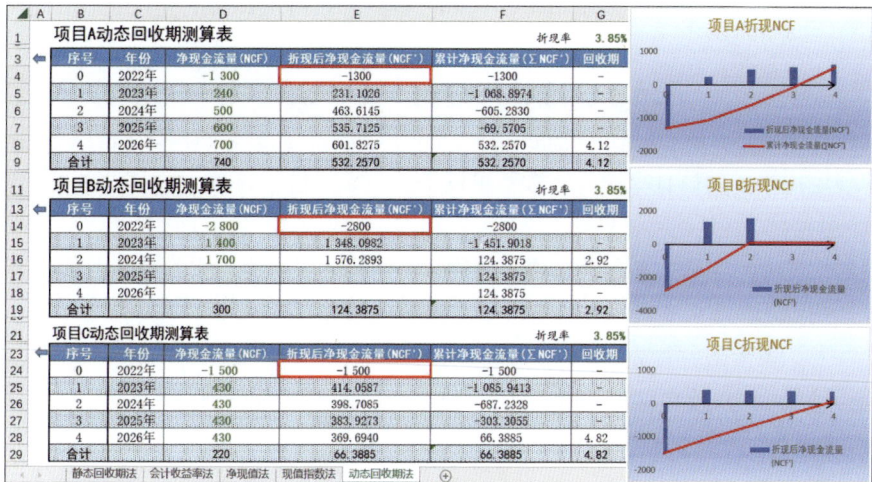

图5-11　动态回收期法项目比较

我们还可以根据三张表格制作出三个组合图表（制作与美化方法可参见第四章），图表中柱形为各年度的折现现金流量，红色折线为累计折现现金流量，仔细观察该折线与水平轴的交点，更可加深理解回收期为0时的深刻含义。

4.结论解读。肉眼可见，从3个不同项目的计算结果可以看出，项目B的现金指数值最高，为2.92，如不考虑其他因素，应优先选择项目B。

动态回收期累计的是折现后的净现金流量，这与静态回收期是不同的，要留意。

注意：动态回收期法测算的优点和缺点：

一方面，动态回收期法考虑了资金的货币时间价值，克服了静态投资回收期法的缺陷，相比静态投资回收期法更适宜采用。另一方面，它仍然具有主观性，同样忽略了回收期以后的净现金流量，当未来年份的净现金流量为负数时，动态投资回收期可能变得无效，甚至做出错误的决策。

动态投资回收期法也并不是一个完善的指标。

5.3.6 内部报酬率法测算模型

内部报酬率（Internal Rate of Return，简称IRR），又称内部收益率，指的是使得项目折现净现值为0，或者说，累计现金收支达到平衡时的折现比率。说实在的，这个名词还是蛮唬人的，特别是对财务外行，总觉得它是某项投资本身就应该有的，与生俱来的，下面我们就来看看是不是这样呢？

1.问题提出。继续上小节3个不同的项目，如何从IRR的角度优先出拟投项目？

2.问题分析。既然动态与静态回收期不同之处仅在于是考虑了折现，那么我们设计模型时，就可以在静态的基础上加以改造，加上折现率和基于此的各年折现现金流量，然后计算回收年数就可以了。当该年份ΣNCF'>0时，可用公式"已逝去年数 +（本年NCF' - ΣNCF'）/本年NCF'"计算而得。需小心，这里的"已逝去年数"不包含出现正值的年份当年，或者说，它的值等于从第0年开始的第n年。

3.建模方法。首先是改造静态模板。用与"5.3.4"节同样的方法复制"净现值法"，并修改名称为"IRR法"，将D12与I4单元格分别修改为"期望报酬率""IRR"。

紧接着，我们将改造I列公式。首先将I6:I11公式全部清除，如图5-12所示在单元格I9（红框）内输入公式"=IRR（D9:H9）"，并复制入单元格区域I9:I11，其他公式保持不变。

项目内部报酬率法测算比较表

	年份	2022年	2023年	2024年	2025年	2026年	IRR
	序号	0	1	2	3	4	
折现前	项目A	−1 300	240	500	600	700	–
	项目B	−2 800	1 400	1 700			–
	项目C	−1 500	430	430	430	430	–
折现后	项目A	−1 300	231	464	536	602	13.26%
	项目B	−2 800	1 348	1 576			2.87%
	项目C	−1 500	414	399	384	370	1.79%
	期望报酬率	3.85%				推荐项目	项目A

静态回收期法 | 会计收益率法 | 净现值法 | 现值指数法 | 动态回收期法 | IRR法

图 5-12 IRR 法项目比较

4. 结论解读。肉眼可见，从3个不同项目的计算结果可以看出，项目A的IRR值最高，为13.26%，远大于期望收益率3.85%，如不考虑其他因素，应优先选择项目A。

注意：IRR法测算的优点和缺点：

IRR的优点是能够把项目寿命期内的收益与其投资总额联系起来，指出这个项目的收益率，便于将它与设定的标准，如期望的收益率、行业基准收益率对比，确定这个项目是否值得建设；缺点是IRR不能表示NPV，只能表现比率，必须将IRR与NPV结合起来决策。

虽然IRR在金融业和企业中被广泛采用，但是在学术界，其适用性还是存在争议的，这是因为在计算IRR过程中，短期内的小项目IRR往往偏高，但其实赚钱并不多；真正赚钱的大项目因为投资周期长，前期投入大，计算出IRR却偏低。

5.4 让回收期不用再依赖凡人肉眼

我们在前面已经学习了使用公式来判断回收期的方法，但那种方法需要添加一个辅助列，而有些同学为了界面的整洁，非常不喜欢用辅助列，这一节，我们就学习一下，在一个单元格里面解决回收期的自动判断问题，而不是依赖肉眼查找，也不是依赖添加辅助列。同时，在解决问题的过程中，我们还能学习到几个非常实用的函数。

本节使用文件为“D:\SZCW\Chap5\回收年份的非肉眼识别暨INDEX、MATCH精讲.xlsx”。

5.4.1 INDEX、MATCH（XMATCH）一对好搭档

很多喜欢Excel的同学，对INDEX、MATCH这两个函数是有所耳闻的，特别是MATCH函数，是Excel中为数不多的返回位置序号的一个函数，它不是给你某一个单元格的值，它是告诉你这个格子在你指定的区域中的顺序。

1.MATCH 函数。使用该函数在指定的数组或单元格区域中搜索特定的值（包括数字、文本或逻辑值，或对值的引用），返回该值在此区域中的相对位置，函数形如"Match（要查找的值，指定的区域，*是否要求指定的区域排序*）"。核心在于第三参数，如果你声明要求指定的区域的必须排序，但实际上这个区域没有排序，函数给出的结果就可能有误。Excel对字母、数字、逻辑值、错误值的升序排列为"…-2，-1，0，1，2，…，A-Z，FALSE，TRUE，错误值"，倒序反之。第三参数可省略，默认为1（要求升序排列）。

如在第二参数指定的区域已按第三参数的要求进行排序，我们要在该区域中查找值V出现的位置（注意V可能有多个），MATCH函数的返回位序规律见表5-1。

表 5-1　MATCH 函数返值规律表

第三参数	排序要求	有无查找值 V	近似值
0	无	有，第1个满足条件的； 没有，就报错	
1	区域升序↗	有，最后1个满足条件的	无，第1个≤V的位置
-1	区域降序↘	有，第1个满足条件的	无，最后1个≥V的位置

为验证上述表格，在如图5-13所示中查找请返值是否是同一行从左向右相应的位置顺序（注意观察粗线框内红字），如果我们想要在已降序排列的"D7:H7"查找5.2，由于此区域没有5.2这个数，因此MATCH将按照"无，最后一个≥V的位置"规律给出位置5（大于5.2的有两个5.3），找到从左向右最后一个5.3的位置。如果要查找的区域是同一列，那这里所说的"第1个""最后1个"是从上向下而言的。

图 5-13　MATCH 函数返回值验证

MATCH函数支持模糊查找，也就是说第一参数被查找值可以使用通配符"？"代替一个、"*"代替多个要查找的字符，如"m？""m*"表示查找以字母m开头的字符。如果就是要查找"？""*"这两个字符本身，在它们前面加上转义符"~"，即"~？""~*"。

2.XMATCH 函数。该函数是MATCH函数的加强版，函数在指定的数组或单元格区域搜索特定的值（包括数字、文本或逻辑值，或对值的引用），返回该值的相对位置，函数形如"XMatch（要查找的值，指定的区域，*如何配对，如何查找*）"。

与MATCH不同的是，XMATCH函数第三参数有四种，依次是0（精确找）、−1（精确找或第一个较小的）、1（精确找或第一个较大的）和2（通配符查找）；第四参数有4种，依次是1（从前向后找）、−1（从后向前找）、2（二进制文件升序查找）和−2（二进制文件降序查找）。

XMATCH已不再对第二参数是否排序提出要求，第三参数的意义也与MATCH不同，同时增加了第四参数。第三参数可省略，默认为0（精确查找）；第四参数可省略，默认为1（从前向后找）。

3.INDEX 函数。该函数返回一或多个区域指定行列交叉处的值，它有两种形式：单个查找区域"INDEX（指定的区域，第几行，第几列）"和多个查找区域"INDEX（多个指定的区域，第几行，*第几列，第几个区域*）"。

第三参数的值是可以不写的，将返回第二参数在指定区域内整行的值，这里的意思不是说第三参数可省略，只是值可以不写，言下之意是第三参数前的逗号"，"是不可缺少的。省写值，INDEX 将返回一个区域的多个值。如图5−14所示中单元格B3、B4示意了在区域F2:K4查找2行3列时的情形，第三参数的值留空（不指定），则返回一整行，因从B4向无足够数量的空单元格可容纳返回的多值，因此用"#SPILL!"表示溢出。

INDEX函数原理及用法

第三参数整体省略（不指明第几列，第三参数前的逗号"，"也不写），将默认为指定区域的第1列，返回值是一个数。

多区域查找时，第一参数应以括弧包容，各区域均应在同一工作表内，并用逗号分隔；第四参数可省略，默认为查找首个区域。如图5−14所示单元格B6和B7示意了在两个区域[注意写法"（区域1，区域2）"]中查找2行3列时的情形，第三参数的值留空（不指定），则返回一整行，因从B7向依次列出第二个区域F6:H11第2行的三个值（"公司1、410.76、871.33"）。

	A	B	C	D	E	F	G	H	I	J	K
1											
2	单一区域					2022	公司1	公司2	公司3	公司4	公司5
3	有行有列	400.32				净利润	315.97	400.32	800.24	1,179.55	1,307.80
4	省略列	#SPILL!				现金流	670.25	703.76	738.95	775.90	814.69
5	多区域										
6	有行有列	871.33				2023	净利润	现金流			
7	省略列	公司1	410.76	871.33		公司1	410.76	871.33			
8						公司2	520.42	676.54			
9		B3公式=INDEX(F2:K4,2,3)				公司3	1,040.31	1,352.41			
10		B4公式=INDEX(F2:K4,2,)				公司4	1,533.42	1,993.44			
11		B6公式=INDEX((F2:K4,F6:H11),2,3,2)				公司5	1,700.14	2,210.18			
12		B7公式=INDEX((F2:K4,F6:H11),2,,2)									

图 5-14　INDEX 函数的两种查找方式

为什么称INDEX和MATCH是一对好搭档？因为INDEX的第二、第三参数需要指定行序和列序，而MATCH又正好是做这事的。下面我们结合投资的回收年数来学习它们。

5.4.2　投资回收年份的自动识别

先看一下投资回收期用肉眼是怎么识别的：

1.资金回流分析。在通过不同年份的创收，逐步实现了资金的入账，并累计超过了最初的投资金额，这叫作资金回流覆盖了投资。从金额上看，在投资后的某一年的累计现金流量大于等于0的那一个时间点，就是回收期。我们用肉眼可以按照年序寻找第一个“累计现金流”为正数的年份，也可以寻找最后一个为负数的年份，如图5-15所示单元格H9金额−20.46≤0，也就是说在第6年时累计现金流即将为正，只剩下一点负数即将在下一年被弥补成正数。为什么说，下一年就为正数呢？因为我们使用的是期初一次性投资，累计现金流是递增的，我们寻找的就是最后一个负数，就是投资回收期年份的整数部分。但找到年份还不够，还得知道这里的6年多是“多”多少呢？剩下的这一点负数（也就是−20.46），占下一年的比重是多少？我们直接用|−20.46|除以第6年的下一年（即第7年）当年的现金流1 723.05，这样得出来0.01+6年，就是6.01年，也就是投资回收期。从肉眼寻找有一个弊端：当回收期较长，在长表格中肉眼寻找，有时会看串行（串列），这个事是做过的人都懂的，因此我们还是希望能够用公式自动计算为宜。

回收年份的非肉眼识别暨INDEX、MATCH精讲

$$6+\frac{|-20.46|}{1723.05}=6.01$$

年序	第1年	第2年	第3年	第4年	第5年	第6年	第7年	第8年	第9年	第10年
初始投资	-3,000.00									
净利润	-3,725.63	400.32	800.24	1,179.55	1,307.80	1,258.18	1,423.05	1,476.34	1,532.29	1,591.04
折旧(非付现)	300.00	300.00	300.00	300.00	300.00	300.00	300.00	300.00	300.00	300.00
现金流（年度）	-6,425.63	700.32	1,100.24	1,479.55	1,607.80	1,517.26	1,723.05	1,776.34	1,832.29	1,891.04
现金流（累计）	-6,425.63	-5,725.31	-4,625.07	-3,145.52	-1,537.72	-20.46	1,702.59	3,478.93	5,311.22	7,202.26

图 5-15　回收年份肉眼识别

2.MATCH、INDEX在识别资金回流期中的应用。寻找资金正流年的过程，从表格上看，就是从左向右寻找第1个，这不正是MATCH函数干的活儿吗？所以，按以下步骤来：

①寻找最后一个负数年。先在C9:L9区域寻找负数，亦即C9:L9<0，对第9行进行判断，结果应为"TRUE，TRUE，TRUE，TRUE，TRUE，TRUE，FALSE，FALSE，FALSE，FALSE"，在数组公式中会自动转换为"1，1，1，1，1，1，0，0，0，0"，这里可以再次验证MATCH函数的返值规律以加深记忆，思路如下：

因为我们要查找的是最后一个满足条件的，因此需要源数组升序，而现有的数组"1，1，1，1，1，1，0，0，0，0"是降序，我们对数组求倒数，将降序变为升序，查找最后的0值。数组因此变为"0，0，0，0，0，0，#DIV/0!，#DIV/0!，#DIV/0!，#DIV/0!"。 公式"=MATCH（0，{ 0，0，0，0，0，0，#DIV/0!，#DIV/0!，#DIV/0!，#DIV/0! }，1）"将按"有，最后1个满足条件"的规律返值6，正是我们想要的。公式中第二参数是数组，要用"{}"套起来，"C9:L9<0"求倒数"0/（C9:L9<0）"，要强调的是要在"C9:L9<0"加上小括号将这个判断作为一个整体条件，公式转变成"=MATCH（0，0/（C9:L9<0），1）"。这个例子第一参数的0值可以省去不写，公式变为"=MATCH（，0/（C9:L9<0），1）"，结果为6。

②最后一个负数年累计回流值。用MATCH的好搭档INDEX在第9行取得，公式"=INDEX（C9:L9，1，C16）"，这是单一区域查找的情况，结果是−20.46。

③寻找负数年次年年度回流值。这得借助于OFFSET函数，从投资初始年向右"偏移"若干（回收年数）单元格，公式为"=OFFSET（C8，0，C16）"，结果是1 723.05。

实际上用INDEX函数也是可以的，想一想如何写公式呢？

④计算回收期。先求得回收期的小数点后的部分，上述2）的绝对值/3），公式为"=ABS（INDEX（C9:L9，1，C16））/ OFFSET（C8，0，C16）"，结果是0.01与回收期整数部分相加，上述1）+2）/3），公式为"= C16+ABS（INDEX（C9:L9，1，C16））/ OFFSET（C8，0，C16）"，结果是6.0118。

⑤四舍五入保留两位小数。将上述公式用ROUND套住，公式修改为"=ROUND（C16+ABS（INDEX（C9:L9，1，C16））/ OFFSET（C8，0，C16），2）"，再将式中C16用MATCH公式替换，拼接成一个完整公式：

"=ROUND（MATCH（，0/（C9:L9<0），）+ ABS（INDEX（C9:L9，1，MATCH（，0/（C9:L9<0），）））/ OFFSET（C8，0，MATCH（，0/（C9:L9<0），）），2）"，结果是6.01。

⑥三键齐发输入数组公式。在Excel365之前的版本中，同时按下Ctrl-Shift-Enter三键完成公式输入，Excel将自动在5）公式前后套上花括号"{}"。

5.4.3 由 INDEX 认识神秘的"@"

在第5.4.1节，我们知道了，如果INDEX函数第三参数省写了值，函数将返回一个区域的多个值。在旧版本中创建的函数在Excel365之后的版本中打开时，将会在公式前出现一个"@"符号，这个字符在键盘数字2的上面，有着特定含义。实际上，"@"符在Excel中有这几种主要应用：

1.数组公式。在旧版本Excel中创建的数组公式，使用新版本打开时，公式中的数组区域可能会被自动添加"@"这样的符号。"@"的作用是将本应返回多个值的数组区域强制仅返回单一值（Excel中有个名词叫隐式交集用来指代这个，不要多费心去管它，知道有这回事就行了，我给这个强制行为取名叫单返）。实际上，Excel此时是告知你，它将要将多值区域强制单返了，是不是正确，你要再检查一下公式。

"@"怎么转换呢？很简单，它直接简单粗暴地取数组第一个数字（/单元格区域左上角首个单元格）作为转换结果，如图5-16所示。

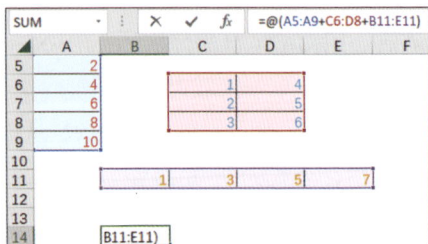

图 5-16 @ 强制单返唯一值

Excel中@的三种用法
及一维二维数组相加

那么，这个标识符能否删除呢？一般是可以的，为什么说是"一般可以"？往下看：

如果公式返回单一值，放心删除，对结果不会有任何影响；如果公式返回多个值，删除"@"在新版本中则会溢出（到相邻单元格，因为Excel中一个单元格中只能容纳一个值），在旧版本中会以"{}"标识数组公式，"@"（自动强制返回单一值）这个动作是"悄咪咪"地进行的。多值的情况一般常见于INDEX、OFFSET和你自定义的函数中的参数，但返回的多值如果被能接受数组或区域作为参数的函数（如SUM）计算后，就只返回单一值。

因此，公式是否要删除"@"，要看你是否需要Excel强制单返了。

我们是否可以主动在数组公式中输入"@"呢？我的建议是：可以的。

此外，在Excel365及以后的版本中，输入数组公式不再要求Ctrl-Shift-Enter三键齐发完成输入了，和其他普通公式一样直接回车即可。

2.超级表。在超级表中，可以使用@来指代的某一列，形式如"=数量金额表[@单价] × 数量金额表[@数量]"，意思是"数量金额表的单价列 × 数量金额表的@数量列"，具体到某一行，则表示"@"指代的列对应于该行的值。

3.可计算的文本。如图5-15所示，我们需要将年序显示为"第1年""第2年"……"第10年"，但这些单元格仍然需要能够作为普通数字参与计算，也就是说，看起来是文本，本质上还是数字。方法是：先选中年序所在的10个单元格，按下Ctrl-1，在设置单元格格式对话框中点击【数字】【自定义】，在"类型"方框中输入"第@年"，点击【确定】按钮。

这里的"@"是（与原单元格比较）原样显示的意思，"第""年"是你想要人为显示的文字。

数组单返、列指代、自定义文本，"@"这三种情形是不是很简单呢？

本节示例文件"D:\SZCW\Chap2\Excel中的@.xlsx"，本节视频还可额外学习到一维、二维数组自动对齐混合运算原理。

5.4.4 小而美的 LET 函数妙用

观察5.4.2节数组公式发现，公式中的这个"MATCH（，0/（C9:L9<0），）"部分多次重复出现，公式很长且不易阅读，如果能够用一个字符代替那就好了。在Excel365及以后的版本中，就有这样一个函数——"LET"，这在英文里面是"让、令、使得……"的意思，其作用就是赋值，将某（一或多）个值或公式的局部指定（一或多）个字符来代替。

LET函数的参数永远是奇数个，函数形如"LET（*第1字符，第1字符代表的值，第2字符，第2字符代表的值…第n字符，第n字符代表的值*，要计算的公式）"，最后一个参数永远是要计算的公式，公式中必须包括前面参数中出现的字符，在最后参数前可以成对添加其他字符及字符指代的值，用逗号分隔。

比如"=LET（X，1，X^2）"，意思是用字符X来指代数字1，那么X的平方是多少？

又如"=LET（甲，1，乙，2，甲+乙）"，意思是用字符甲来指代数字1，用字符乙来指代数字2，那么甲和乙相加等于多少？

这两个例子很简单，完全可以用"=1^2""=1+2"来计算，

小而美的LET
函数的妙用

换句话说，对简单公式就没有必要使用LET函数了，而对于长公式或公式中重复出现某个局部时，就需要LET上场了。回到前述"5.4.2"节数组公式，我们可用汉字"位置"来代替重复出现的MATCH函数，公式转化为：

"=LET（位置，MATCH（，0/（C9:L9<0），），ROUND（位置+ABS（INDEX（C9:L9，1，位置））/OFFSET（C8，0，位置），2））"。

如果再用字母QY代替公式中的"C9:L9"，形成两个替代字符的公式"=LET（QY，C9:L9，位置，MATCH（，0/（QY<0），），ROUND（位置+ABS（INDEX（QY，1，位置））/OFFSET（C8，0，位置），2））"。

这样看，是不是舒服多了？LET函数有效地缩短了公式长度，还减少了重复计算工作量，提高了运行效率。

而LET函数还可以再次嵌套LET函数，假如要将以上公式中的"C9:L9"用字母QY代替，嵌套公式为"=LET（位置，LET（QY，C9:L9，MATCH（，0/（QY<0），）），ROUND（位置+ABS（INDEX（C9:L9，1，位置））/OFFSET（C8，0，位置），2））"，而这个公式中"INDEX"之后的"C9:L9"是不能用字母QY代替的，想一想这是为什么呢？

要使长公式变短，另外还有一个方法，这在旧版本Excel中同样的适用。这个方法是什么呢？在视频中寻找答案吧……

注意：如果你打开Excel文件中函数前出现"_xlfn."字样，说明你的Office版本较低，这些函数是在高版本中创建的，你需要升级你的Office或者改写这些函数。

5.5
投资组合的收益和风险度量

本节使用文件为"D:\SZCW\Chap5\组合投资的风险和收益.xlsx"。

5.5.1　有限的资金最优投资组合规划求解

规划求解广泛应用于经济、管理、交通运输、物流等领域，解决的问题是：如何在资源有限的情况下，找到最优的决策，比如费用最小的方案，或者花费时间最短的方案，或者利润最大的方案等等。这一小节，我们就来谈谈规划求解在业财融合背景下组合投资的优选应用。

1.规划求解。字面意思当然是先做好规划，然后才能求解。它主要分为三大部分：已知、限定条件和（未知）目标。由于它是Excel中的一个默认有……不，没有的功能，意思是说需要我们额外调用的功能，所以我们需要先加载、调用它，再结合组合投资实例来讲解。

如何加载？仿照3.4.1节图3-16①至⑨顺序即可加载，并且这种加载动作，对于规划求解工具只需要一次即可，加载以后就可以随时在【数据】选项卡上使用规划求解工具了。

2.问题提出。投资部发动各部门力量，面向市场寻找投资机会，共初选出5个投资项目，总投资金额达9 100万元，总累计折现现金流量可达909万元，但公司可拿出的资金7 000万元。如果公司不能增加预算，必须要放弃部分项目。在此限定条件下，总经理要求投资部会同财务部拿出取舍意见和理由。

3.问题分析。从5个项目中挑选若干个项目，要求初始投资之和不大于7 000万元的有好几种可能，一个一个地手工寻找排列可能的组合，也不是不可以，比如ABCE初始投资之和6 900万元、ACDE初始投资之和6 300万元、ABD初始投资之和6 300万元……手工列举易错，且不准确，当存在两种组合所需要资金相同时，又该选择谁呢？所以我们要确定一个标准，也就是各个项目的累计净现值之和要尽可能最大化。多个组合，谁的净现值之和最大，就选谁。

表5-2 拟投资项目现值表

序　号	项　目	无资金限制条件下		备　注
		初始投资	累计净现值	
1	A公司	1 300	532.26	各项目必须整体投资，不可仅投局部
2	B公司	2 800	124.39	
3	C公司	1 500	66.39	
4	D公司	2 200	155.69	
5	E公司	1 300	30.65	
合　计		9 100	909.37	

如果是手工，好不容易凑完数字，还得去计算各个项目的累计净现值。项目只是5个，凑数就不容易了，何况未来可能有更多的项目加入呢？因此，手工拼凑组合之路不可行，必须利用模型实现自动化组合。确定了要借助电脑，使用什么工具呢？

"已知一些东西""限定条件""某个单元格要达成某项期望目标"，当头脑中出现这些关键词时，我推荐你使用规划求解。咱小声点说句让Excel生气的话"规划求解就是帮人凑数字的"。

在这一小节这个组合投资例子里面的重点三要素是：

- 已知。即已知一些东西。已知的初始投资金额和累计 NPV 金额见表 5-2；
- 条件。即限定条件。现有资金总额不能超过 7 000 万元，还有一个潜在的约束条件"对于每个项目来说，就只有投或不投两种状态，没有可以只投一点点这一说法"；
- 目标。即某个单元格要达成某项期望目标。选择的投资组合的累计 NPV 是所有组合中最高的。

4. 解决方案。 根据上面的分析，将重点三要素结合规划求解的要求——对应起来，让规划求解去完成烦琐、易错的活儿，最后再将选出来的组合项目所在的行自动凸显。只有理解了规划求解各部分的要求，你才能真正理解它、驾驭它，我们的目的就是：一次学会，日后不容易忘记，即使再次翻看也能够快速想起来。

（1）整理数据。根据已知的资料，将其整理成如图 5-17 所示的 Excel 表格。表格有一关键点，就是：增加 E 列，可输入 1 或 0，表示投资或者不投资，这是响应了这 5 个项目投资的整体性。在单元格 F6 输入公式"=C6*$E6"，并右击单元格区域 F6:G10，选择 fx 图形按钮复制其公式；选中单元格区域 C11:G11，按下 ALT_= 增加求和公式。老规矩，表格中绿色字是可以根据实际随意修改的。

（2）调用规划求解。说了这么多，还不知道规划求解长什么样，让我们先看看啊。点击【数据】【分析】【规划求解】，如图 5-18 所示，在"规划求解参数"对话框中，特别要注意三个部分：

项目	无资金限制条件下		拟投否？	限定资金条件下	
	初始投资	累计净现值		初始投资	累计净现值
A公司	1 300	532.26	1	1 300	532.26
B公司	2 800	124.39	1	2 800	124.39
C公司	1 500	66.39	1	1 500	66.39
D公司	2 200	155.69	1	2 200	155.69
E公司	1 300	30.65	1	1 300	30.65
合计	9 100	909.37		9 100	909.37
注：各项目必须整体投资，不可仅投局部。				资金限额	7 000

NPV组合投资资金安排

图 5-17　根据组合投资已知条件整理 Excel 表格

- 已知。即已知一些东西，相当于数学公式中的自变量，对应于绿框 K2，这里提供给 Excel 规划求解工具去反复尝试多次修改的单元格，它应当是与图 5–17 中的初始投资金额和累计 NPV 金额相关联的某个（/些）单元格，该单元格应当被目标直接或间接引用，注意图 5–17 中的深蓝色公式箭头引用指向。

- 条件。即限定条件，相当于数学公式中的函数规则，对应于青蓝框 K3 "遵守约束"，在这里设置要遵守的约束条件，也就是经济事项中的限制条件。条件 1，现有资金总额不能超过 7 000 万元：点击 "规划求解参数" 对话框【添加】，弹出 K4 "添加约束" 对话框，按照 ①至④的顺序，依次输入或点选点击 "$F$11" "<=" "=$G$13"【添加】，继续添加下一个约束条件。条件 2，对于每个项目来说，就只有投或不投两种状态，没有可以只投一点点这一说法，按照⑤至⑦的顺序，依次输入或点选点击 "$E$6:$E$10" "bin"【确定】，结束条件设定，返回 "规划求解参数" 对话框。如果想要其他所有未在 "遵守约束" 方框内的单元格 ≥ 0，请勾选 "使无约束变量为非负数"，这个根据实际情况而定，本例勾选不勾选均可。预留准备空白单元格，点击【装入 / 保存】可保存限定条件，保存后，可供以后直接装入（调用）。

- 目标。即某个单元格要达成某项期望目标，相当于数学公式中的因变量，对应于红框 K1 "设置目标"。指定单元格 G11（累计 NPV），注意目标单元格必须有公式，公式直接或间接搭建已知与未知目标之间的桥梁。

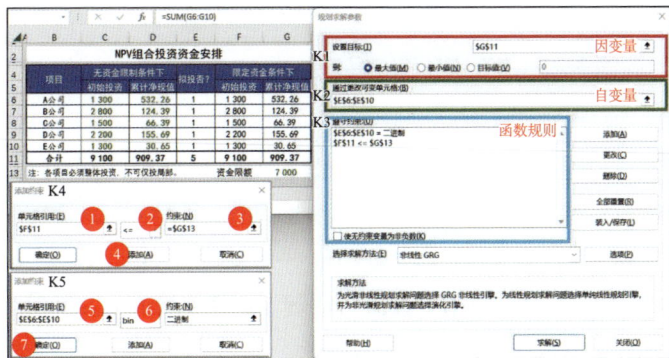

图 5–18　规划求解工具在组合投资中的设置

133

"规划求解参数"对话框其他部分保持默认，点击【求解】按钮，弹出如图5-19所示"规划求解结果"对话框，现将其中的几个主要部分说明如下：

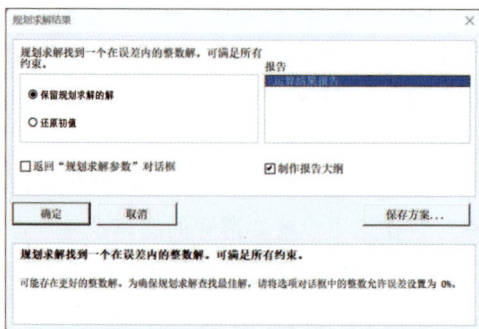

图 5-19 规划求解结果对话框

保留规划求解的解，这是我们一般的默认选项，不需要改变，意思是将计算结果直接在Excel表格中就修改了；还原初值。不修改Excel表格中的数据，还原到调出"规划求解参数"对话框之前的样子；返回"规划求解参数"对话框。不回到Excel表格，而是返回到点击【求解】前的对话状态；运算结果报告。(必须) 点击"运算结果报告"后，(才能) 将插入新的工作表生成规划求解报告；制作报告大纲。这是针对运算结果报告来说的，勾选不勾选有所不同，如图5-20所示，列出了规划求解的一些信息，我们做一简单了解即可。

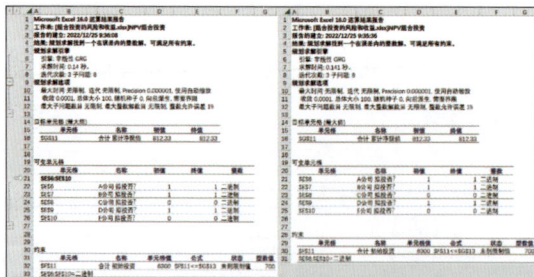

图 5-20 规划求解是否制作大纲结果比对

上述设置，点击【确定】按钮才能生效，点击【取消】或右上角的叉号，则仅关闭"规划求解参数"对话框，而不做什么动作。

细心的同学可能注意到了"选择求解方法"下拉有3个选项"非线性GRG""单纯线性规划""演化"及其右侧的【选项】按钮，这个例子仅作为入门规划求解示例，此处不再做进一步的讲解。

我们不勾选"返回规划求解参数对话框"，点击【确定】按钮，回到Excel表格。

（3）条件格式。为了自动凸显规划求解选出的项目，我们选中单元格区域条件格式B6:G10，利用“3.3.3”小节学习的知识，设置条件格式公式“=IF（$E6=1，$F6）”，应用范围是“$B$6:$G$10”。**注意“$”不能省也不能多输入。**设置成功并按照个人喜欢做适当美化后，效果如图5-21所示。

这里要提醒大家的是：我们的Excel表格仅自己使用或仅用于财务内部讲解时，为了显示内在的逻辑，会设置多种颜色的填充和表格线便于自己理解，但如果色彩太多，就会显得零乱，整体效果较差，因此，表格（或模型）如要对外分享或演示，需要重新进行配色，统一（同一色系）颜色，重划表格线等美化，以获得更好的视觉效果，可对比查看图5-17和图5-21。

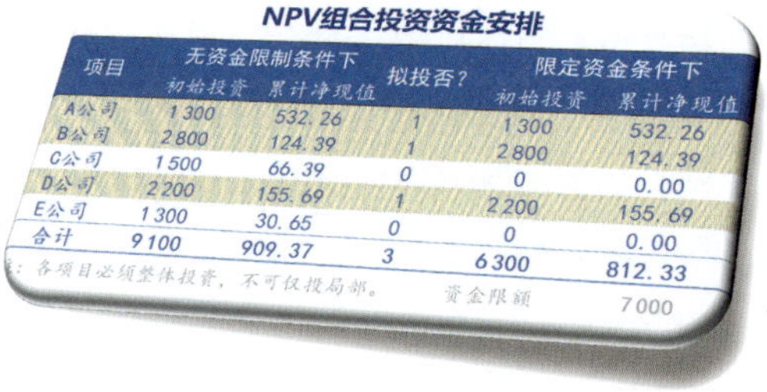
NPV组合投资资金安排

项目	无资金限制条件下 初始投资	累计净现值	拟投否？	限定资金条件下 初始投资	累计净现值
A公司	1 300	532.26	1	1 300	532.26
B公司	2 800	124.39	1	2 800	124.39
C公司	1 500	66.39	0	0	0.00
D公司	2 200	155.69	1	2 200	155.69
E公司	1 300	30.65	0	0	0.00
合计	9 100	909.37	3	6 300	812.33
注：各项目必须整体投资，不可仅投局部。				资金限额	7 000

图5-21 利用条件格式自动突出显示规划求解遴选的项目

5. 结论解读。从图5-21可以看出，规划求解帮我们选择了A、B和D公司3个项目：初始投资1 300+2 800+2 200=6 300万元，小于7 000万元的资金限额，累计净现值532.26+124.39+155.69=812.33万元是所有投资组合中最大NPV。

6. 模型扩展。我们知道，图5-17中绿字是可以任意修改的，结果会自动更新：

如果资金限额有所调整，就可以再次点击规划求解，重新遴选累计NPV最大的项目组合；如果需要增加项目，直接在第6~10行之间插入新行，条件格式会自动调整应用范围，不需要重新进行格式设置；如果需要减少项目，不建议删除行，建议将已存在的项目所在行的内容清除即可。

至此，在有限的资金条件下，最优投资组合规划求解结合条件突出显示的Excel模型已经构建成功。

5.5.2 CORREL、MMULT、STDEV.S 和 COVARIANCE.S 函数

这四个函数很多人是陌生的，这也正常，如果没用过的话，现在正好有机会学会它们。

1.CORREL函数。CORREL英文意思是“相关”“系数”。Excel中CORREL函数能够求得两个单元格区域（或数组）之间的相关系数，使用相关系数确定

两个属性之间的关联程度。函数形如"=CORREL（数组参数1，数组参数2）"，两个参数都是必选参数，参数中如果有文本、逻辑值、空值将被忽视。两个参数包含的样本个数必须相同，且大于1个样本。

函数值如果为+1，表明两参数之间是正相关，意味着，当一个参数中的值在增加，另一个参数中的值也同时增加；如果是-1表明两参数之间是负相关，意味着，当一个参数中的值在增加，另一个参数中的值却在减少；如果是0，表明两参数之间弱相关，或者不相关。

2.MMULT函数。MULT英文意思是"多重""复合"。Excel中MMULT相当于两个MULT，此函数能够求得两个单元格区域（或数组）两个数组的矩阵乘数。函数形如"=MMULT（数组参数1，数组参数2）"，两个参数都是必选参数，结果矩阵的行数与参数1的行数相同即R_1、列数与参数2的列数相同即C_2，如图5-22中的红蓝虚线所示。这个函数最重要的是参数1中的列数必须与参数2中的行数相同（C1=R2，如图5-22中的橙线所示），并且两个参数的内容必须是数字，不能是空值，不能是文本。

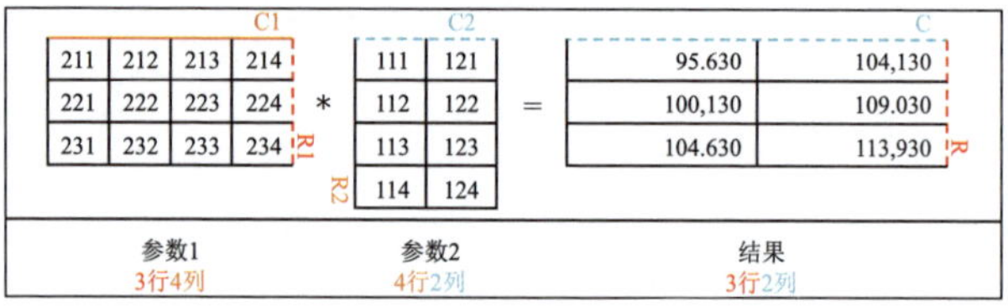

图5-22　矩阵相乘示意图

在输入MMULT函数时，应预先选择好结果区域（图5-22为3行2列），作为数组公式输入，须同时按下Ctrl_Shift_Enter，否则，只能得到一个数字。

3.STDEV.S函数。标准差的英文是Standard Deviation，如果以此作为函数名有点长，缩短一下为"Std Dev"，字母d写一个就好了，演变为"STDEV"，而".S"中的字母S是英文"样本"Sample的首字母。函数的作用是，根据已知的样本（样本中的逻辑值和文本，将被忽略）估算标准偏差，可用来测量值与平均值（中值）偏离的程度（范围大小），在经济学中，可用它来度量风险的大小。函数形如"=STDEV.S（数组参数1，…）"，仅第一参数是必选参数。

注意，STDEV.S函数假设其参数是总体样本。如果数据代表整个总体，应当换用STDEV.P函数计算标准偏差。

参数可以是数字或者是包含数字的名称、数组或引用，如果参数为错误值或为不能转换为数字的文本，将会导致错误，逻辑值和直接键入参数列表中代表数字的文本被计算在内。如果参数是数组或引用，仅计算数组或引用中的数字被计算在内，而空白单元格、逻辑值、文本或错误值将被忽略；如果想要包含引用中的逻辑值和代表数字的文本进行计算，应使用 STDEVA 函数。

4.COVARIANCE.S 函数。协方差的英文是 COVARIANCE，与函数同名，".S"表明是根据样本来计算的。函数的作用是返回，两个数据集中每对数据点的偏差乘积的平均值，在经济学中，可用它来度量风险的大小。函数形如"=COVARIANCE（数组参数1，数组参数2）"，两个参数都是必选参数，参数必须是数字，或者是包含数字的名称、数组或引用。两个参数包含的样本个数必须相同，且大于1个样本。参数中如果有文本、逻辑值、空值将被忽视。

5.5.3 双投资项目组合的收益与风险

"鸡蛋不要放在一个篮子里面。"这是很多人耳熟能详的一句话，意思是你如果把所有的鸡蛋放在一个篮子里面，篮子掉落地上，所有的鸡蛋就碎了，但如果你放在多个篮子里面，那么篮子同时掉落的可能性就小得多，你仅损失部分鸡蛋，而不是全部。套用到投资上来说就是，你不可以将所有资金全都投放在一个项目上，否则，一旦亏损，你将血本无归。你应该将资金分散投入多个不同的（不相关或弱相关的）项目上，这就是投资组合。

投资组合，指的是分散投资的多个项目组合，组合的目的是在尽可能提升收益的同时还能够降低风险，或者是风险大降而收益率略降。

那么，投资组合为什么能够降低风险呢？

1.单独投资。假如你公司有1亿元，拟投资于A和B公司的股票，这两家公司的近5年历史收益率业绩如图5-23所示，如果未来投资于A公司，收益率假设与往年2018、2019、2020……各年发生的概率是同等的，有可能是2018-2022年中任意一年的收益率，那么在单元格C36输入公式"=SUMPRODUCT（OFFSET（C\$4,,,\$F\$2), OFFSET（\$M\$4,,,\$F\$2)）"计算A的（未来）期望收益率为16.03%。注意公式中使用了挪移+变形神器OFFSET函数分别从C4和M4向下扩展5个单元格。本节大量使用了OFFSET函数，请注意各参数的取值以及移位变形后代表的单元格区域。而你投资于B公司，期望收益率可达16.95%，看起来投资B是不错的，值得选择，但是风险也高啊，它的标准差（偏离中值的程度）为7.915%，大于A公司的5.058%。单元格C8公式为"=IFERROR（STDEV.S（OFFSET（C\$4,,,\$F\$2)),)"，IFERROR是为美观添加的，核心是STDEV.S，用来计算标准差的函数，见5.5.2节，此公式向右拖拉即得单元格D8公式。STDEV.S函数使用了OFFSET所指代的单元格区域C4:C8，而该区域使用的经济要素是A公司的收益率数据，将收益率进行运算呢？数学家们已经帮我们总结出来了数学公式"标准差$\sigma = \sqrt{\dfrac{(X_1 - X')^2 + (X_2 - X')^2 \ldots + ((X_n - X')^2}{n}}$",式中$X'$代表平均值,$n$代表个数。从数学公式代入经济要素,再借助Excel函数来实现风险的度量,实际上需经历如图5-24所示的两层翻译:第一层,需要自学或大学正规教育完成,将经济要素代入高等数学公式/模型,如E代表收益率、σ代表标准差度量风险程度;第二层,主要通过自学提升,将财务管理和管理会计等学科所学的知识结合现实的经济要素代入Excel公式/模型,如某一列单元格区域作为历史收益率值数组列表,作为某个Excel函数的参数——具体该如何代入?这也正是这本书要教给大家的。这两层翻译,中间只要不是完全精确地转换,就不能达到预期设定,可能令领导、外行等接受者观感生硬,使他们难以理解我们想要表达的意思,从而影响形象展示、工作推进和效果达成。

图 5-23　单独投资 A、B 公司的风险与收益

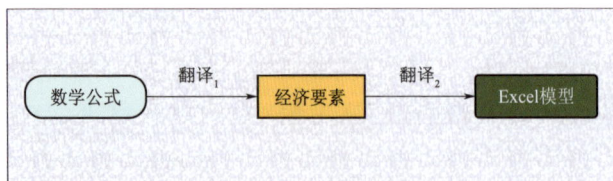

图 5-24　由数学理论向 Excel 建模的两次转译过程

2.双组合投资收益和风险度量方法1。在单元格N4内输入公式"=IFERROR（SUMPRODUCT（OFFSET（C4，0，0，1，$N$2），OFFSET（C$35，0，0，1，$N$2)），)",2018年平均收益率的值为13.58% 。

公式中的IFERROR函数是为了美观添加的,核心是SUMPRODUCT函数,将如图5-25所示中两红框内容对应相乘,得到2018年A、B两公司投资组合的平均收益率。为讲解方便,这里假定对两家公司的投资是对半等额投入的,如果实际工作中并非等额投入,需按实际权重填入单元格区域C35:D35,将N4公式向

下拖拉4行，得到2019~2022年4年的平均投资收益率；在M36输入公式"=AVERAGE（OFFSET（N4,,,F2））"计算2018~2022年5年的平均收益率，值为16.49%，介于单独投资A、B公司的收益率之间。至此，似乎仍然是投资B更划算（收益率更高），但当我们在M37输入公式"=STDEV.S（OFFSET（N4,,,F2））"计算组合投资的标准差为2.487%，远远小于单独投资A、B公司的标准差的平均值（5.058%+7.915%）/2=6.487%，从数值上证明了组合投入可以显著降低风险而仅略微降低收益。组合风险2.487%远低于单独投资B公司的风险7.915%，但后者的收益16.95%又大于组合投资收益16.49%，该如何选择呢？这就视投资人的激进程度而定了：如果你甘愿冒险，你可以单独投向B；如果你追求稳健，可选择组合投资。

	A	B	C	D	M	N
2		投资对象历史收益率			公司个数	2
3	年份	A公司	B公司	发生概率	平均收益率	
4	2018年	16.45%	10.71%	20%	▶13.58%	
5	2019年	9.69%	25.00%	20%	17.35%	
6	2020年	23.30%	11.31%	20%	17.31%	
7	2021年	13.33%	26.20%	20%	19.77%	
8	2022年	17.38%	11.52%	20%	14.45%	
33	收益与风险测算					
34	项目	A公司	B公司	结论1	结论2	
35	权重分布	50%	50%	100%		
36	期望收益率	16.03%	16.95%	16.49%	16.49%	
37	风险度(标准差)	5.058%	7.915%	2.487%	2.487%	

图 5-25 组合后各年平均收益率

3. 双组合投资收益和风险度量方法2。 为了验证方法1的计算结果，我们采用另一种方法求取双组合投资收益风险。在单元格N36内输入公式"=SUMPRODUCT（OFFSET（C35,,,,N2），OFFSET（C36,,,,N2））"，组合的期望收益率的值为16.49%，公式是将35行权重和36行单独投资A、B公司的期望收益率相乘，此值受各年历史收益率的发生概率影响，如各年发生概率不等，则与方法1计算的值不同，想一想为什么呢？

为了计算双组合的标准差，我们需要用到协方差矩阵，在单元格N37内输入公式"=SQYRT（MMULT（MMULT（OFFSET（C35,,,,N2），OFFSET（C22,,,N2,N2）），TRANSPOSE（OFFSET（C35,,,,N2））））"，其经济语言为："=$\sqrt{\text{MMULT(MMULT(项目权重横向行列表, 协方差正方形矩阵), 转置(各项目权重横向行列表))}}$"，公式使用了两次MMULT函数，转置后形成第一个MMULT函数的两列参数。

协方差矩阵公式输入方法是：选中单元格区域，注意行数和列数必须相等，如果是投资两个项目，则选中的单元格数目是2^2（4个）；如果是投资三个项目，则选中的单元格数目是3^2（9个）……如果选择的区域大于应当选择的区域，则超出的部分以#N/A进行提示。

由于投资的是A、B两家公司，因此我们选中图5-26红框K1单元格区域C22:D23，在公式编辑栏输入公式："=MMULT（TRANSPOSE（OFFSET（M4,,,F2）*（OFFSET（C4,,,F2,N2）-OFFSET（C36,,,,N2））），（OFFSET

（C4，，，F2，N2）−OFFSET（C36，，，，N2））/（1−1/F2））"，其中收益率矩阵各公司的历史数据纵向排列。只要不是完全正相关的两类投资，组合都会显著降低风险而仅略微降低收益（如图5-25红字所示）。

同时按下Ctrl−Shift−Enter键（三键齐发），输入数组公式。数组公式点入编辑栏，如只是敲回车，将会弹出"无法更改部分数组"的警告，按ESC键退出，或三键齐发确认。

当增加项目个数时，应当重新选取单元格区域（如图5-26所示红框K2单元格区域C22:G26），更新协方差数组公式。

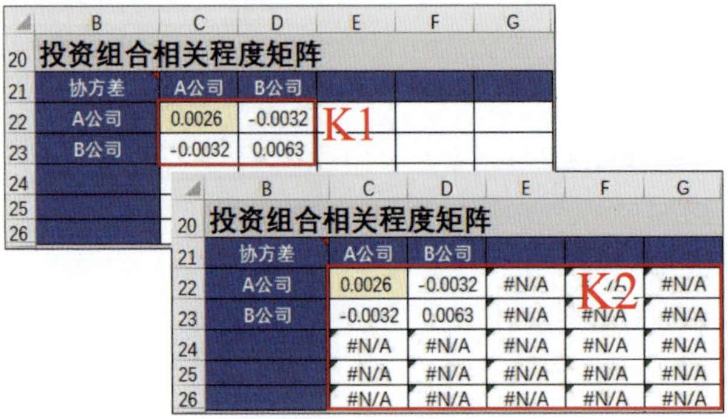

图5-26 选中不同区域的协方差

其经济语言为："=MMULT（转置（发生概率的列*（各项目所有年份的收益率矩形清单−各项目的期望收益率横向行列表）），（各项目所有年份的收益率矩形清单−各项目的期望收益率横向行列表）/（1−1/收益率的年数））"，转置后形成MMULT函数的两行参数。

方法2的公式相对复杂一些，应当对照OFFSET函数指代的区域结合区域所代表的经济要素加以理解、记忆。

5.5.4　任意两投资项目不同权重组合的相关度

上一节投资于A和B是等额的，也就是各占50%的情况，但实际工作中更多的是不等额的，也就是说投资于B可能是0%、10%……对应地，由于是两个项目组合，另一家A公司的投资自然是100%、90%……两家之和应是100%。

投资组合之所以能够降低风险，其根源在于各组合项目之间的相关关系。

如果两个组合项目之间是完全正相关的关系，组合收益率应当是二项目收益率的平均值，而收益率的波动幅度（风险）与单独持有任意一项目的波动幅度相同，分散投资并不能降低风险。

如果两个组合项目之间是完全负相关的关系，两项目收益率的波动幅度（风险）正好相互抵消。负相关是极端的情况，实战中的情形是波动幅度介于负相关和正相关之间，也就是说相关系数介于−1与+1之间，某单一项目强烈的收益率波动总会被其他项目的非同频波动"拖累"，得以消减。记住一点：只要相关系数小于+1，风险必然降低。

1.相关度表格的构建。以10%为变动幅度，A项目权重由100%降至0%，B项目权重由0%增至100%，在QY3:AD6画出表格，并在以下单元格内输入公式：

◆ 单元格 R5，计算 A、B 公司相关度的协方差公式 "=COVARIANCE.S（OFFSET（$B$3，，MATCH（R$3&"公司"，OFFSET（C3，，，，N2），0），F2+1），OFFSET（$B$3，，MATCH（R$4&"公司"，OFFSET（C3，，，，N2），0），F2+1））"，公式首先用 MATCH 从图 5-23 单元格区域 B3:D8 寻找 A、B 公司所在的列的相对位置作为 OFFSET 从 $B$3 右移的依据后，自身区域扩展为 F2+1 行，也就是 F2 年的收益率数组，两个数组作为 COVARIANCE.S 的参数，计算得到 A、B 公司相关的值为 −0.0032；投资组合协方差 "= COVARIAN（各公司历史收益率列向量 1，各公司历史收益率列向量 2）"，当然，行（横向）排列也是可以的。

◆ 单元格 S5，计算 A、B 公司不同权重搭配下的标准差公式 "=SQYRT（S$3^2*OFFSET（$B$34，3，MATCH（$R$3&"公司"，OFFSET（$C$34，，，，$N$2），0））^2+S$4^2*OFFSET（$B$34，3，MATCH（$R$4&"公司"，OFFSET（$C$34，，，，$N$2），0））^2+2*S3*S4*$R$5）"，这个公式源自数学公式 "$\sqrt{\text{比重}_1^2 \times \text{标准差}_1^2 + \text{比重}_2^2 \times \text{标准差}_2^2 + 2 \times \text{比重}_1 \times \text{比重}_2 \times \text{协方差}}$"，公式是三个部分的和，我们代入经济元素：权重$_1$即 A 公司的权重，标准差$_1$即 A 公司未考虑权重前的标准差（如图 5-23 所示第 37 行）；权重$_2$即 B 公司的权重，标准差$_2$即 B 公司未考虑权重前的标准差。公式首先用 MATCH 从图 5-25 单元格区域 B34:D37 寻找 A、B 公司所在的列的相对位置作为 OFFSET 从 $B$34 右移的依据后，OFFSET 将 $B$34 下移 3 行得到 A、B 公司标准差，由于 B 公司的权重为 0%，资金全部投入 A 公司，值为 5.058%。将 S5 公式向右拖拉（或复制）直到 AC 列为止，单元格 AC5 值为 7.915%（如图 5-28 蓝字所示），与图 5-17 对比查看，正是单独投资 A、B 公司的标准差。

◆ 单元格 AD5，计算 A、B 公司两项目指定权重组合时的收益率的公式"=SUM（PRODUCT（OFFSET（$B$34，1，MATCH（$R$3&"公司"，OFFSET（$B$34，,1,,$N$2），0），2）），PRODUCT（OFFSET（$B$34，1，MATCH（$R$4&"公司"，OFFSET（$B$34，,1,,$N$2），0），2）））"，公式首先用 MATCH 从图 5-25 单元格区域 B34:D36 寻找 A、B 公司所在的列的相对位置作为 OFFSET 从 $B$34 右移的依据后，OFFSET 将 $B$34 下移 1 行并自身区域扩展为 2 行，公式相当于"=SUM（PRODUCT（C35:C36），PRODUCT（D35:D36）"，计算值为 16.49%。公式使用了 SUM 和 PRODUCT 的嵌套，而不是 SUMPRODUCT，不要搞混了哦。

注意：第一，上面三个Excel公式涉及的数学公式这里我们不讲推导过程，我们只需要记住结论，我们财务人只谈经济意义以及如何转换成Excel模型要素；第二，为什么不直接指代地址，而是用MATCH和OFFSET组合绕这么大弯？不是为了增加复杂度，而是为了增强公式的动态适用性（"5.5.6"节），也就是说，当历史年数、项目个数等变动时，公式不再需要修改就可以自动适应变化；第三，如果你设计的模型中是"项目"二字，如"A项目""B项目"……，应将公式中的"公司"二字修改成"项目"。

2.两图表的创建。为了直观观察两投资组合项目之间的相关关系，我们需要插入图表来显现它们。如图5-27所示，按照顺序依次选中单元格区域B3:D8、点击小图标、点击【图表】【折线图】（如图5-28所示左下图），从折线趋势可以明显看出A、B两公司收益率存在明显的此消彼长的关系。

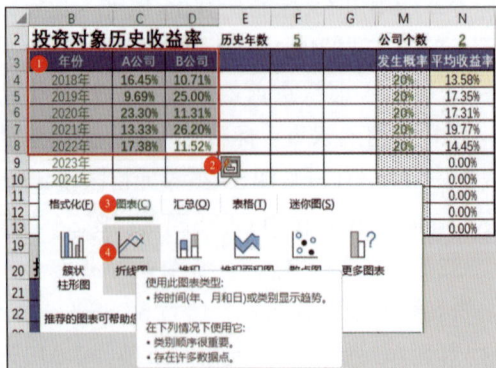

图 5-27　插入收益率折线图

用同样的方法选中 C4:AC5，插入【更多图表】【所有图表】【XY 散点图】（如图 5-28 所示右下图）。从散点可以看出，随着对 B 公司投资的权重逐步加大，标准差经历了由高到低，在权重 40% 时最低，后又逐步上扬的走势。

为节省篇幅，两图的美化过程这里不再赘述，可参见本书其他章节学习。

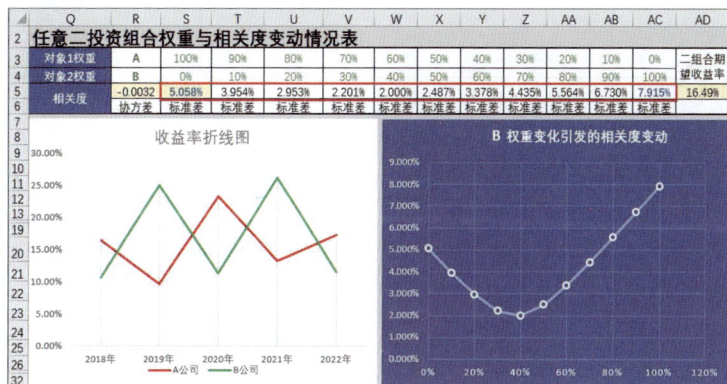

图 5-28　两项目相关度的一表二图

3. 降低组合风险的思考。 风险的度量有方差与协方差，收益的度量有平均收益率，相关度的度量有相关系数。

"几家欢乐几家愁"，在同一市场大环境下，同一时点不同的个体的收益高低不等的差异性、发展的不均衡性及由此导致的收益变动的此消彼长，是组合投资总体风险得以拉低的内在逻辑。

与此同时，在市场大环境相对稳定的前提下，各投资对象可延续历史发展趋势，遵循各自内在的发展逻辑。有了这样的假定，我们才可以观历史、知未来，毕竟我们知道的仅仅是历史收益率及不尽精确的发生概率，我们从市场可选择的投资对象，唯一相对可以把控的是投入的权重（每家投入多少比例），由此，我们可以优先出投资组合，预计组合投资未来的风险和收益。

5.5.5　多投资项目组合的收益与风险

上面的讲解，我们是以两个投资项目来举例的，实际工作中，有可能不止两个项目，会有多个项目同时被投。如果模型只能适用于两个项目，显然是不够的。如果项目增加，上面的模型能够使用吗？

假如，由两家公司修改为投入 4 家公司，新增了 C、D 公司。我们仅需在如图 5-29 所示的红框 K1 至 K3 处修改绿字，目的是填列 C、D 公司收益率数据、增加项目个数、修改拟投项目的权重分布。绿字修改完成后，可求得收益率为 9.31%、风险标准差为2.948%。

修改，并适当美化后，模型整体效果如图5-30所示。

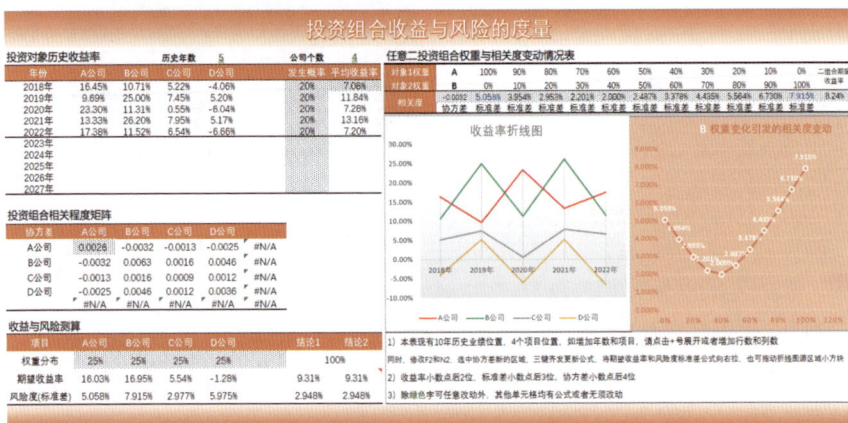

图5-29　增加多项目投资组合需要调整的内容

组合投资风险与
收益模型美化
的两个关键点

图5-30　多项目投资组合模型整体效果

之所以仅仅需要修改几个数字，模型就能够适应，是因为我们在"5.5.3"节设计模型时，就考虑了模型的通用性，比如OFFSET函数的广泛使用等。

除了项目的新增，也可能是项目的减少，还有可能是历史业绩数的增加和减少，模型还能够适应吗？我们在"5.5.6"节再讲。

5.5.6　风险与收益度量模型的动态扩展

任何一个Excel模型的主要元素的取值变动之后，必须仍然可用，而不需要做较大的修改，否则，就不能称之为模型。这样的话，我在不同场景下，讲过多次，这里的"较大的修改"指的是：需要大幅修改主要公式或者对公式多个部分再次编辑，而不是尽量不改或者小改。这就要求我们在建立模型时，要考虑多种可能发生的情况，尽量考虑周全，以增加模型的应变能力，增强模型的适应能力，这就是模型的"动态性"。

而强化模型适应能力的过程和方法，我们称之为模型扩展。下面我们就来看看投资组合风险与收益度量模型的动态扩展，主要涉及项目个数和历史业绩年数的增加和减少，需要进行的调整有：修改项目个数和历史业绩年数的值，三键齐发更新协方差公式，复制期望收益率和风险度标准差公式，简单修改图表数据源。

　　1.减少投资项目。单元格N2的值由4修改为3，投资组合不再包括D公司，故投资组合相关程度矩阵中与D公司对应的部分均显示为#N/A，不能只选中错误值区域删除公式，因为矩阵中公式的数组公式，无法更改部分数组，必须选中矩阵（C22:F25）中的全部公式整体删除，重新输入公式。实际上，在减少项目时，我们不必理会#N/A。接下来，我们要修改项目的权重分布，简化起见，假设均衡投入A、B、C三家公司，各家权重均为33.33%，期望收益率和标准差分别更新为12.84%和2.054%（如图5-31所示红框K1），两种方法计算结果相同。如果想要折线图同步显示，可以点中折线图，该图表的数据源区域会被线条框所包围，同时出现多个微小的正方形方块，如图5-31所示橙色圆圈中，鼠标移动于其上时，光标变为左上右下或左下右上的双向斜向箭头，按住鼠标左键向不同方向拖动，可改变线条框所包围的单元格区域范围，如此也就是改变了折线图的数据源的范围。

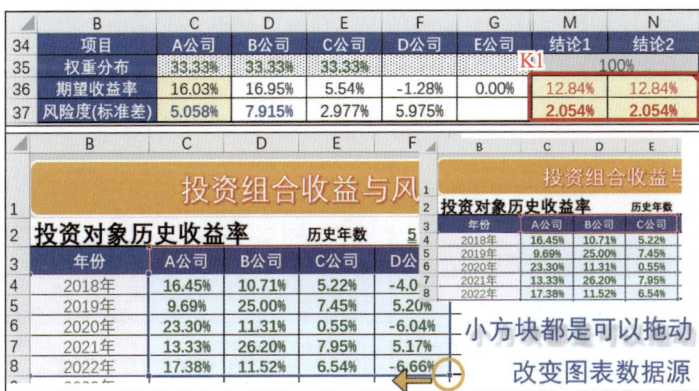

图5-31　减少投资项目数引起风险与收益的变化

　　2.减少历史业绩年数。单元格F2的值由5修改为4，项目个数保持为3，历史业绩不再包括2022年（第8行数据可删，也可不删，不影响计算结果），投资组合相关程度矩阵不需要做任何修改，只需要修改M列发生概率，简化起见，假设各年概率均等，4年均为25%，期望收益率和标准差分别更新为13.10%和2.277%，如图5-32所示红框K2，两种方法计算结果相同。折线图的数据源的范围的调整方法同上。

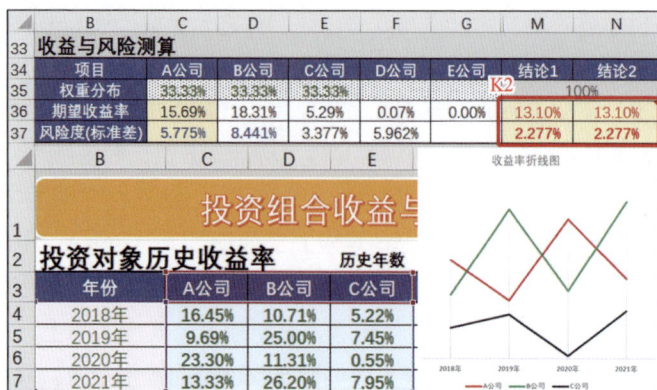

图 5-32　减少历史业绩年数引起风险与收益的变化

3.增加投资项目。单元格N2的值由3修改为5，投资组合新增一家E公司，需要在收益率表G列增加E公司4年的历史业绩数据，在风险测算表中G34标题增加"E公司"，将35行5家权重分别修改为20%。接下来，必须选中矩阵，如图5-33所示红框K3单元格区域C22:G26，注意从左上往右下拖拉选取，这样可将数组公式在编辑栏显现出来，鼠标点入编辑栏，同时按下Ctrl_Shift_Enter完成数组公式的更新，此时，期望收益率和标准差分别更新为8.69%和2.930%，两种方法计算结果相同。折线图数据源范围的调整方法同上。如果增加多个项目，预留的行数、列数不足时，应相应插入列，矩阵则应增加同样的行和列，期望收益率和风险标准差（36行和37行）公式应复制到新增加的同一行单元格内。

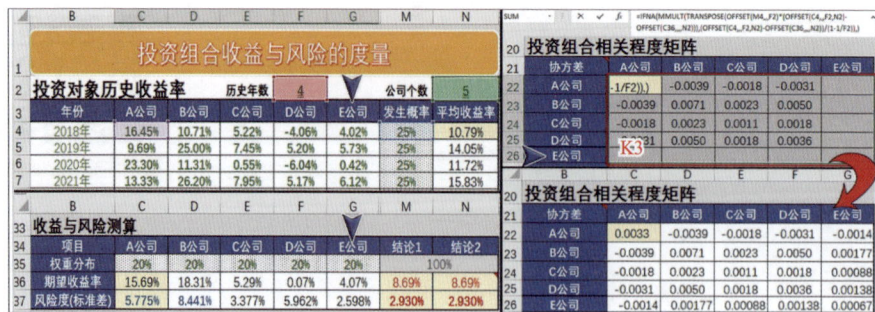

图 5-33　增加投资项目数引起风险与收益的变化

4.增加历史业绩年数。单元格F2的值由4修改为6，项目个数保持为5，历史业绩增加为6行，将5家公司6年的收益率数据填入，并将发生概率修改为16.67%，如图5-34所示红框K4，（简化起见，假设各年概率均等），投资组合相关程度矩阵不需要做任何修改，自动更新，期望收益率和标准差分别更新为

8.69%和2.576%，两种方法计算结果相同。折线图数据源范围的调整方法同上。如果增加多年收益率数据，预留的行数不足时，应相应插入行。

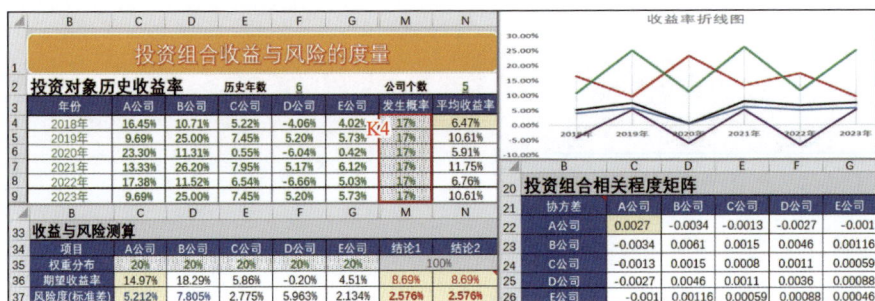

图 5-34　增加历史业绩年数引起风险与收益的变化

实际上，历史年数F2和项目个数N2都可以不用输入，可直接以COUNTA进行统计，如果发生概率和权重分布是均等的话，也可以直接用公式平均，最终仅需要填入各年收益率数据即可。

第 6 章
融资管理巧"融"知

投、融资，投资、融资不分家，投资有缺口，融资必跟上。钱从哪里来，贷款选哪家？资金需求有多少？股权、债权如何定价？于模糊中厘清本质，再归类汇总。从二维测算、循环计算到模糊分类汇总，再到证券定价……利息负担始终是必须面对的，融资决策终究离不开资金成本的考量。在本章融资建模过程中，我们将学习到立足于融资财务知识基础的迷你图、模拟运算、方案管理、循环迭代、合并计算……

6.1
工作与生活都离不开的融资

6.1.1　融资、融资战略分类及思考

如第一章所学，业财融合是财务和业务（不只是销售）相互融合、共生共进的关系，为了促进企业更有价值（最大化）地高效发展，业财融合整合了多种管理会计和财务管理技术于企业管理之中，这些财务技术已远非传统的成本、预算和绩效老三样了，包括企业战略、投融资等都已纳入其管理范畴。通过前面各章的学习，我们有了一个深刻的体会：无论从营销、成本管理，还是产品定价、投资管理，我们相当多的时候都是在做选择题，而 Excel 建立的模型是在给我们提供具有说服力的自动化的选项，供企业各个层级的管理者来选择，没错，这就是

决策的核心。

这一章，我们将学习融资，它的学习同样也是这样包括：分析融资业务场景、给出自动化解决方案，进行融资决策。

而在继续下面的学习之前，我们首先得搞清楚什么是融资。

1.融资（Financing）。从狭义上讲，也叫筹资，是一个企业的资金筹集的行为与过程，是企业的理财行为。企业根据自身的生产经营状况、资金拥有的状况，以及未来经营发展的需要，通过科学的预测和决策，采用一定的方式（比如民用、航空、运输业常用的融资技术包括贷款和租赁），从一定的渠道向投资者和债权人（如金融机构或金融中介机构）去筹集资金。一般，企业筹集资金无非有三大目的：扩张、还债以及扩张+还债。

从广义上讲，融资即资金融通，也就是金融，就是货币资金的融通，是企业或个人通过各种方式到金融市场上筹措或贷放资金的行为。

对于老百姓来说，他们接触最多的融资行为无非就是房贷按揭、花呗以及部分人涉及的各种消费贷。但对企业来说，方式就多得多了，大致有：境内外的银行贷款、银行承兑、银行信用证、委托贷款、发股票、PE、发债券、典当、P2C、明股暗债基金、第三方担保贷款、国家性基金。方式是很多，常用的也就是前面几个，这一章，我们更多以贷款为例。

融资对于企业来说，是一项非常重要的经济业务，可以暂时没利润，但不能没有钱（融资），因为没钱（资金链断了），企业可能就要倒闭了。企业没钱，但员工工资要开、国家税款要交、银行利息要支、供应商的货款要付……没钱是吧，对不起，只有破你的产（贱卖你的资产）以还债务，就是这么现实，就是这么无情。

尽管对于不同类型的企业，没钱的持续周期有长有短，有的是以季度，有的是以（半）月，有的是按周，甚至有的是天，过了某一时间点，你的企业拿不出钱来，就只有破产倒闭一条路。因此，无论是CEO，还是CFO，心里一直放不下的，都是"公司账上还有没有钱了？还有多少钱？还能用多久？"这样一类问题。

缺钱，就要找钱，这是企业和个人的生存本能。找钱就是融资，融资也有多种抉择。定好大方向，战略层面所做的融资选择，这是融资战略。

2.融资（战略）分类。将融资归归类，融资战略的类型，主要有以下四种：

- 基于融资方式的融资战略。内部融资战略，是企业使用内部留存利润进行的再投资。股权融资战略，是企业为新项目而向现股东和新股东发行股票来筹集资金的融资。债务融资战略，主要分为贷款和租赁两大类。融合资产销售的融资战略，是销售部分有价值的资产进行的融资，比如设备融资租赁，或售后回租。

- 关联投资战略的融资战略。快速增长和保守筹资战略——对快速成长型企业来说，投资人输血（新增投资）是创造价值的最好方法，而不是负债。低增长和积极融资战略——对低速成长型企业来说，如没有足够好的投资机会，企业可通过负债回购自己的股票来实现股东权益的最大化。

- 资本结构优化的战略。比如，内部融资与外部融资结构的优化，短期融资与长期融资结构的优化，债务融资与股权融资的结构优化等。企业进行优化时要考虑这些因素：企业的借债能力，管理层对企业的控制能力，企业的资产结构，以及与增长率和盈利能力有关的税收成本等。

- 基于股利分配的融资战略。简单地讲，在总可用资金不变的前提下，分出去多少，决定了留存有多少，企业在确定股利分配战略时，通常有以下几种选择：投资为先、发展为重的股利战略，稳定还是持续增加的股利战略，固定股利支付率战略，低正常股利加额外股利战略，零股利战略。

3. 关于融资的几点思考。 关于融资，要讲的还是不少的，但我们不讲过多理论，以建模型为要务。关于融资的几个方面，笔者有一些经验性思考。

（1）融资成功要素。企业能够融资成功，依托的无非是①资本融资。企业利用资本制度、机制、手段获取资源于股票市场融入资本。②品牌融资。利用自身品牌优势融入其他资源。品牌是信誉，如同军队的旗帜，其感化力和感召力往往是融资的撒手锏。③产品融资。利用产品技术或市场容量引入其他资源，借力于别人的资源，相当于自己融资再投入，比如采取生产许可证制、市场分配制等，借助别人的现有销售网络，可实现产品可控制地销售。④当企业管理者与投资人（VC）、债权人（银行）发生理念冲突或方案冲突时，管理者要在不违背找钱、低成本找钱的基本原则下尽可能让步。

（2）低负债率企业要不要融资？有没有不差钱的企业？现金比较充裕的企业

肯定是有的，这与行业有关，与企业自身有关，具有消费属性的行业资产负债率低，比如商业零售、酒店业等。那些在股市上高增长、高盈利能力、高现金流、低负债率的"三高一低"价值股是机构配置的首选。以下是低负债率的一些上市公司，其资产负债率长期在2%~10%以内，极少有突破20%的，比如：凌霄泵业（002884）、卓胜微（300274）、华熙生物（688363）、我武生物（300357）、恒瑞医药（600276）、爱美客（300896）、亿联网络（300628）、国瓷材料（300285），等等。

低负债率究竟是好还是坏呢？

两方面看：一方面，低负债证明现金流充裕，企业发展的利息压力较小，企业在清算时对债权人利益的保障程度较大；另一方面，低负债说明企业经营者经营偏保守、缺乏进取精神，不敢利用财务杠杆经营，同时也丧失了利息费用的节税效应。

（3）找钱是不是必然的？企业融资需要摆脱传统的为了找钱而找钱的思维，融资除了费用列支外，更大的去向就是投资、再投入了，在"项目缺钱—融资—投资—项目运作"的大流程中，从来没有人说，中间的资金环节是100%的必由之路，如果企业有能力将它转化为"项目缺钱—利用自身资源—项目运作"，岂不是更佳的价值增值路径？因此，企业优先考虑那些具有融资性的子项目。

融资的最直接目的，就是为了引流、节流，即以最低的综合成本为企业生产经营筹集资金和资本。融资，融入的是希望，是企业高速发展的明天。

6.1.2　PMT 与 IPMT、PPMT 函数及月付本息迷你图

与投资一样，融资避不开的就是利息。企业的利息支出，就是金融机构的贷款投资收益，这是一个问题的两个方面，而利息，自然是基于资金的货币时间价值的。利息是企业资金成本的主要构成要素，如果从股权的角度去理解，对应的是股息、红利。股息和利息都是企业资本成本的组成部分。

这一节，我们就要从学习债权的利息开始，首先要认识的是PMT、IPMI和PPMT函数。

1.PMT 函数。PMT函数是老朋友了，基于利率及等额分期付款方式，根据利率、定期付款和金额，来求出每期（一般为每月）应偿还的金额。

2.IPMT 函数。根据固定利率及等额分期付款方式，返回给定期数内对投资的利息偿还额。函数形如"=IPMT（利率，第几期，期数，现值，FV，各期是否是期初支付）"。IPMT函数共6个参数，其中：第五参数是可选参数，未来值或末次付款后获得的一次性偿还金额（可以不输入）；第六参数是可选参数，

取值1代表期初支付，0或默认值不输入代表期末支付。IPMT的字母I是英文Interest（利益，利息，好处）的首字母。

3.PPMT函数。根据定期固定付款和固定利率而定的投资在已知期间内的本金偿付额。函数形如“=PPMT（利率，第几期，期数，现值，*FV，各期是否是期初支付*）”，PPMT函数共6个参数，用法与IPMT相同。PPMT的首个P是英文Principal（本金，资本）的首字母。

4.本息和的计算。假如你有一笔按揭300万元的贷款，30年期限，年率6.55%，想知道每月要归还多少钱，其中第一年月利息是多少？本金是多少？

	A	B	C	D	E	F	G	H	I	J	K	L	M	N
1														
2	年利率	5.55%	月付本息的计算											
3	期数(年)	30												
4	贷款金额	3,000,000.00												
5														
6	月份	1	2	3	4	5	6	7	8	9	10	11	12	迷你图
7	月息(期末)	13875.00	13859.96	13844.84	13829.66	13814.40	13799.08	13783.68	13768.21	13752.68	13737.07	13721.38	13705.63	
8	月息(期末)	13875.00	13859.96	13844.84	13829.66	13814.40	13799.08	13783.68	13768.21	13752.68	13737.07	13721.38	13705.63	
9	月本金(期末)	3252.90	3267.95	3283.06	3298.24	3313.50	3328.82	3344.22	3359.69	3375.22	3390.84	3406.52	3422.27	
10	月本金(期初)	3252.90	3267.94	3283.06	3298.24	3313.50	3328.82	3344.22	3359.69	3375.22	3390.83	3406.52	3422.27	
11	本息和(期末)	17127.90	17127.90	17127.90	17127.90	17127.90	17127.90	17127.90	17127.90	17127.90	17127.90	17127.90	17127.90	
12	本息和(期初)	17127.90	17127.90	17127.90	17127.90	17127.90	17127.90	17127.90	17127.90	17127.90	17127.90	17127.90	17127.90	

图6-1　按揭本金和利息的计算

这是等额本息最常用的一个场景了，利用Excel的IPMT、PPMT函数可以帮助我们计算。首先将已有的资料存入A2:B4单元格区域；然后，在单元格B6输入数字1，按住鼠标左键同时按住Ctrl键，向右拖拉12格；最后依次在单元格B7至B12输入下面6个公式：“=IPMT（$B$2/12，B$6，$B$3*12，-$B$4）”“=IPMT（$B$2/12，B$6，$B$3*12，-$B$4，1）”“=PPMT（$B$2/12，B$6，$B$3*12，-$B$4）”“=PPMT（$B$2/12，B$6，$B$3*12，-$B$4，1）”“=ROUND（B7+B9，2）”“=ROUND（B8+B10，2）”。

注意：公式中需要将年利率折算为月利率，将30年总期数折算为360个月，然后代入IPMT、PPMT函数。从计算结果看，每个月需要归还本息之和为17 127.90元，其中期末下放贷款方式，在第1个月利息为13 875元，本金为3 252.90元；第12个月利息为13 705.63元，本金为3 422.27元。时间越往前，主要归还的是利息，本金占比很小，越往后，本金占比逐步增加，这种特征从图6-1所示的N列的迷你图（微小型图表）中可以直观看出。感兴趣的同学，可以将此表格拖拉360个月看看归还30年，总利息是多少呢？

有读者可能对迷你图很感兴趣，想知道是如何制作出来的吗？方法是这样的：

老规矩，仍然是看图说话，如图6-2所示之①至⑤：选中单元格区域B7:M12，点击该区域右下角的图形按钮，点击【迷你图】【柱形图】，Excel会自动分析选中的数据，在N7:N12填充柱形迷你图，同时增加一个"迷你图"选项卡，点击其中你喜欢的一个样式吧。

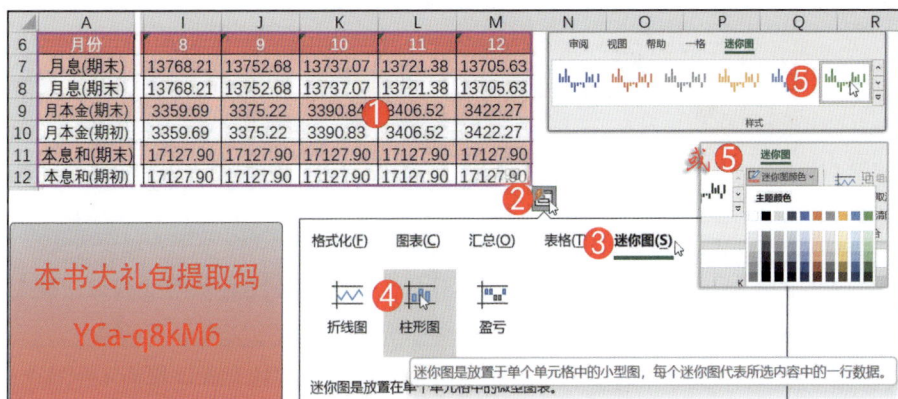

图 6-2　按揭本息和迷你图制作过程

6.2 利率、期限和额度可变贷款决策

　　近期，集团公司与工商银行、交通银行、北京银行正洽商一笔长期5 000万元贷款，各家条件不一，工行利率3.85%，可放3年，交行利率4.05%，可放5年，京商行利率4.25%，可放4年，金额甚至可达8 000万元，集团李总想知道该选择哪家贷款适宜?

6.2.1　名称的批量自定义

　　名称在Excel中是个很有意思的东西，相当于俗话经常说的名字，某个东西（对象）的名字。在Excel中，针对某个（某些）单元格（区域）、函数、常量或者表格，给它们取个有意义的、好记的名字，就是Excel中所说的"名称"了，说得雅致些，就是：某对象的有意义的简略表示法。

　　使用名称的目的是便于理解和维护，这个我们在前面的章节中也简单地提到并使用过，而这一节，我们将学习的是对多个单元格批量命名。

　　如图6-3所示，我们记录了年利率、年数和贷款金额三类信息，单元格区域

B2:B4的绿字是可以随时变化的，是动态的数值，依照图6-3所示之①至⑤操作。

图6-3　批量插入名称

①选中单元格区域A2:B4，注意要把标题（要借用的名字）列A包含进去。

②按Ctrl_Shift_F3或依次点击【公式】【定义的名称】【根据所选内容创建】，注意不要误点【定义的名称】，因为这会将所选择区域仅定义成一个名称。

③"根据所选内容创建"对话框，这是批量命名的核心，这里有4处勾选，要根据实际情况来选择，如果随便打勾，只会增加名称上的混乱导致出错。如果标题在数据的左边（比如"年利率"三个字在数据"4.00%"的左边），且在所选择区域的第一列则勾选"最左列"；如果标题在数据的上边，且在所选择区域的第一行则勾选"首行"；如果标题在数据的下边，且在所选择区域的最后一行则勾选"末行"；如果标题在数据的右边，且在所选择区域的最后一列则勾选"最右列"。勾选后点击【确定】。至此，批量定义名称完成。

④如果要查看已定义好的名称，点击【公式】【定义的名称】【名称管理器】。

⑤"名称管理器"对话框中列出了工作簿中所有的名称，比如刚刚定义的名称"贷款金额"指的是单元格B4，"年利率"指的是单元格B3，"期限_年"（注意被借用单元格A3内"期数（年）"中括号已被自动替换为下划线"_"）指的是单元格B2，范围"工作簿"指的是在当前工作簿的任意一张工作表中，引用"年利率"都指的是工作表"Sheet1"的单元格B3。在此对话框中，可以对定义的名称进行修改或者删除，并可以新增一个新名称，如名称"PI"，引用位置输入3.141 592 6。

6.2.2　别作弊，修改 Excel 文件的默认作者

任何文件都是有人创作的，文件的创建者也就是作者，Excel工作簿作为一种特殊的文件也不例外。当我们将鼠标移动到文件之上，稍做停留，Windows就给我们以提示，显示了包含作者在内的相关信息，如图6-4所示之①。

154

但你知道吗？作者信息在工作簿中也是可以查看，并且可以修改的。

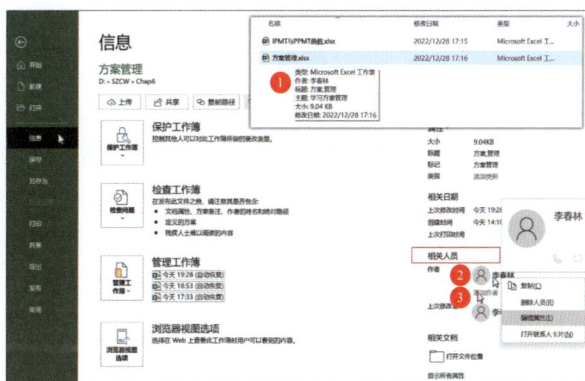

图 6-4　修改作者和添加作者信息

打开Excel文件"D:\s2cm\Chap6\方案管理.xlsx"，点击【文件】【信息】，在"相关人员"就可以看到作者姓名了，右击该姓名（如图6-4所示之②），就可以将作者名字改为你自己的名字了，不过，不是你的文件，不建议修改的哦。点击灰色字"添加作者"，就可以再添加一个作者的名字了。

但即使是自己原创的文件，很多同学也不知道如何自动把自己的姓名"带"上去，Excel给出的作者名字总是"Administrator"，根本不认识啊，总不能一个一个文件地来回修改吧。

别急，下面跟我学：依次点击【文件】【选项】【常规】，找到"对Microsoft Office进行个性化设置"下的"用户名"（如图6-5所示红框），将之修改成你自己的名字就可以一劳永逸了，以后新建的文件，都会默认是你的名字！

图 6-5　修改 Excel 文件的默认作者

6.2.3 方案管理器的添加与摘要

1.问题提出。两小节的预备知识学完后，我们回到前述贷款方案选择的问题上来。

2.问题分析。贷款额度相等时，可以比较月归还本息之和的大小作为方案选择的一个依据。期限和额度在可能的情况下，尽量延长和放大，注意金融机构该贷款能否提前还款，如果可以，在贷款的实际使用期限内，比较本息和更有意义。如果提前归还，有罚息，还需要将该额外成本及时间价值PMT考虑进来。本节贷款企业由于与三家银行是友好合作关系，无罚息，可提前。

3.解决方案。在单元格E2到E4内依次输入公式"=IPMT（年利率/12，1，期数_年*12，–贷款金额）""=PPMT（年利率/12，1，期数_年*12，–贷款金额）""=ROUND（E2+E3，4）"，公式中的"年利率""期数_年""贷款金额"是我们在"6.2.1"节批量定义的名称，如果未预先定义，则应以单元格B2、B3和B4分别替代。

（1）添加方案管理器。按图6-6所示之①至⑰进行下面的操作：

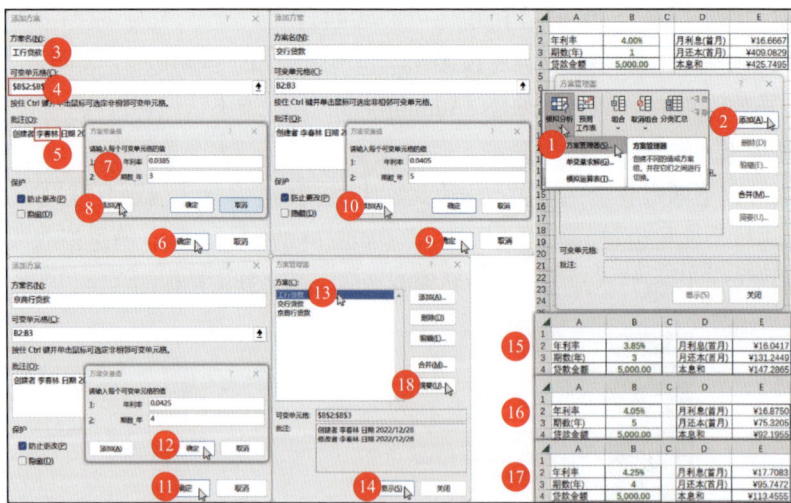

图6-6 贷款方案的管理

①依次点击【数据】【预测】【模拟分析】【方案管理器】。

②由于文件中没有设置任何方案，点击【添加】开始新增方案。

③在弹出"添加方案"对话框内，给第一个方案取名"工行贷款"。

④可变单元格指的是自变量，通常是公式中被引用的单元格，由于它们的变化导致因变量发生变动，也就是公式计算结果发生变动，这里的自变量有两个，

一是年利率，二是期数（年），因此这里选中单元格区域B2:B3。当然，自变量不必是相邻的单元格，如不相邻，按住Ctrl键点击鼠标即可选中。

⑤批注里面，默认标了创建者信息，这就是"6.2.2"节默认设置的效用了，当然，你可以在这里添加、修改批注信息作为备忘。

⑥点击【确定】，关闭"添加方案"对话框。

⑦由于设置了自变量，于是弹出"方案变量值"对话框，要求补充自变量"年利率""期限_年"的信息，如果未预先定义名称，这里将显示"B2""B3"，我们将工商银行贷款的相应信息输入"0.0385""3"，这里也可以输入计算公式，Excel将最终以公式计算结果作为自变量的值。

⑧由于我们将要继续添加其他方案，此时点击【添加】，否则点击【确定】。

⑨第2次调用"添加方案"对话框，重复③至⑦的动作，点击【确定】添加方案"交行贷款"。

⑩自变量"年利率""期限_年"输入"0.0405""5"后，点击【添加】。

⑪第3次调用"添加方案"对话框，重复③至⑦的动作，点击【确定】添加方案"京商行贷款"。

⑫自变量"年利率""期限_年"输入"0.0425""4"，由于这是最后一个方案，这里不再点击【添加】，而是点击【确定】，回到步骤②"方案管理器"对话框。

⑬选中"方案"方框内的"工行贷款"。

⑭点击【显示】，将在Excel表格中更新数据。

⑮自变量单元格B2和B3自动变为"0.0385""3"，因变量E2到E4随之自动更新，本息和E4值为147.2865万元。

⑯选中"方案"方框内的"交行贷款"，自变量单元格B2和B3自动变为"0.0405""5"，因变量E2到E4随之自动更新，本息和E4值为92.1955万元。

⑰选中"方案"方框内的"京商行贷款"，自变量单元格B2和B3自动变为"0.0425""5"，因变量E2到E4随之自动更新，本息和E4值为113.4555万元。

至此，你可以发现，不同贷款方案下的年利率和年数对本息和的影响，这是方案管理器中"显示"按钮带来的灵活性……你也许会想，要是能有这么一张汇总表，将上述三个方案的情况罗列在一起，一目了然就完美了。Excel也想到了，点击图6-6之⑱【摘要】，在点击前，如果能够对单元格区域D2:E4来一次批量自定义名称就更棒了。

（2）显示方案管理器摘要。点击方案管理器【摘要】，按图6-7所示之①至⑧进行下面的操作：

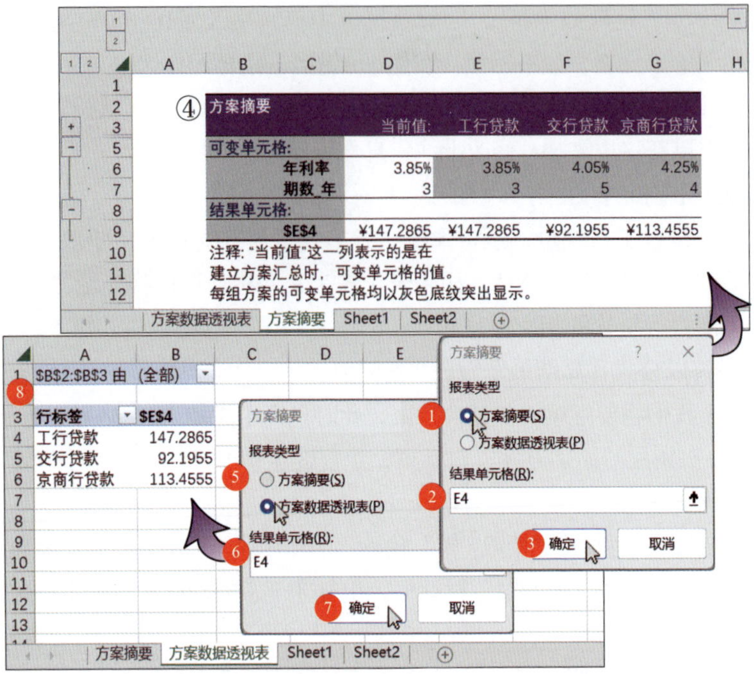

图 6-7 贷款方案管理器列示摘要和透视表

①选中【方案摘要】，表明下一步将列出各方案的摘要情况；

②“结果单元格”，这是用来填写呈现哪个因变量结果的单元格地址，不是用来填写存放摘要结果的单元格地址，我们这里选择本节因变量E2:E4“月利息（首月）”“月还本（首月）”“本息和”中的一个，我们这里选择E4，也就是列示“本息和”情况；

③点击【确定】，关闭“方案摘要”对话框；

④Excel将新增一个名为“方案摘要”的工作表，列出所有贷款方案下“本息和”，由于我们尚未对D2:E4定义名称，因此“结果单元格”C9直接以单元格地址（而不是以“本息和”3个字）进行了列示，工作表行号与列标左侧和上方的1和2、+和-可以点击显示简要和详细信息；

⑤选择【方案数据透视表】，表明下一步将列出各方案的本息和数据透视情况；

⑥“结果单元格”选择本节因变量E2:E4“月利息（首月）”“月还本（首月）”“本息和”中的一个，我们这里选择E4，也就是列示“本息和”情况；

⑦点击【确定】，关闭“方案摘要”对话框；

⑧ Excel将新增一个名为"方案数据透视表"的工作表，列出所有贷款方案下"本息和"数据透视情况，该表B1单元格有一个筛选，列出了在该文件内创建方案的所有作者，点击此处可筛选指定作者创建的方案。

（3）方案管理器容量。方案管理器最多可显示251个方案，每个方案可包含最多32个自变量。

4.方案解读。如图6-7所示之④第9行列出了3种不同的贷款方案下不同本息和的情形，交行贷款的本息和最低，为92.1955万元，不考虑其他因素的情况下，应选择使用交行贷款。

注意：方案摘要是随时可以点击的，方法仍然是依次点击【数据】【预测】【模拟分析】【方案管理器】，但一定要在创建方案的源工作表（Sheet1）中点击，否则，当前工作表是其他工作表时，点击【方案管理器】，你会发现你创建的3种贷款方案"消失"了……别担心，点击一下"Sheet1"列标签，再调用"方案管理器"就可以了。

5.举一反三。我们是以贷款来举例学习方案管理器的，学东西就要把它学透，本节方案管理器针对的是几种不同的贷款情形，有自变量、因变量，通过不同情形（如工行贷款）下自变量（如年利率）的不同取值，得出相应情形下因变量（如本息和）的值。抽象一下，假设"方案Prog $= F$（自变量A、自变量B、自变量C…自变量AF）"，有251种情形：

方案$\text{Prog}_1 = F$（自变量A_1、自变量B_1、自变量C_1…自变量AF_1）；

方案$\text{Prog}_2 = F$（自变量A_2、自变量B_2、自变量C_2…自变量AF_2）；

方案$\text{Prog}_3 = F$（自变量A_3、自变量B_3、自变量C_3…自变量AF_3）；

……

方案$\text{Prog}_{251} = F$（自变量A_{251}、自变量B_{251}、自变量C_{251}…自变量AF_{251}）。

方案管理器是做什么的呢？它收集A_1、B_1……AF_1，A_2、B_2……AF_2等自变量，给出Prog_1、Prog_2，简单地说，就是收集不同情形下的多个自变量，并给出相应的因变量。其中F代表某种计算规则，反映的是经济要素之间的内在逻辑，对应在Excel中表示用公式直接或间接表示的因变量单元格之间的关系。

当需要枚举多种情形下，若干自变量不同取值导致的某一（或几）个因变量的值时，我们就要想起它——方案管理器，这就是通过学习，我们大脑要建立起的条件反射。

6.2.4 二维模拟运算自测本息承受能力

1.问题提出。集团公司与银行正洽商的贷款，北京银行有可能8 000万元，其他银行5 000万元，各家银行利率不同，从3.85%~4.25%都有，可放4年，集团李总想知道从5 000万元到8 000万元，利率从3.85%到4.25%这样不同条件组合下，集团将要负担的本金和利息之和是多少？ 有了这样的数据，公司在和银行谈判时，高层内心能够有个底，特别是京商行可作为谈判重点。

2. 问题分析。5 000万元与3.85%、3.90%……可组合，3.85%与5 000万元、5 500万元、6 000万元……可组合，想要知道在多种组合条件下的本息和是多少，怎么算？在"6.2.3"节我们列出了三个方案，但这样的组合如果采用列方案来操作就太烦琐了，不能采用。想要"拉清单"，搞列表，还记得"3.2.4"节吗？我们在那里学过一维模拟运算，它能不能帮助我们解这个问题呢？一维模拟运算有一个自变量，现在有贷款额度和利率两个自变量，是不是还有二维模拟运算呢？——对了，Excel的模拟运算是支持双自变量的。

3. 解决方案。利用"6.2.3"节方案管理器"显示"北京银行"京商行贷款"本息和测算（如图6-6所示之⑰），然后按照图6-8所示之①至④以下步骤操作：

①在任意一个单元格，比如G7，输入公式"=E4"，这是引用因变量"本息和"；在G7右侧的两个单元格内输入3.85%和3.90%，然后选中这两格H7:I7，鼠标移动到I7右下角，光标变为细十字时，按下左键向右拖拉，直到数字变为4.25%止；在G7下方的两个单元格内输入5 000和5 500，然后选中这两格G8:G9，鼠标移动到G9右下角，光标变为细十字时，按下左键向下拖拉，直到数字变为8 000止；按Ctrl_A选中单元格区域G7:P14。

②依次点击【数据】【预测】【模拟分析】【模拟运算表】。

③在弹出的"模拟运算表"对话框内有两个方框等着我们去填空，这两个方框是这一节的核心，嗯……敲黑板！这也是很多人容易犯错的地方——不会填，或者填颠倒了。我来帮助大家理一下，你就不会忘记了："输入引用行的单元格"，你把语序重新整理一下，"输入行引用的单元格"，对于单元格区域G7:P14行（左右）方向引用的不就是年利率吗？年利率指的哪个单元格？ B2；"输入引用列的单元格"，你把语序重新整理一下，"输入列引用的单元格"，对于单元格区域G7:P14列（上下）方向引用的不就是贷款金额吗？贷款金额指的哪个单元格？ B4！——好记不？好记！但你还得留心另外一点：这里两个方框如果你只输入一个，模拟运算是不可能有正确结果的，也不会转成一维模拟运算，为什么呀？一维模拟要计算的因变量与自变量是不在同一行（同一列）上的，这个细节没注意到吧？可以去"3.2.4"节复习一下。输入两个方框后，点击【确定】。

④多种组合条件下的本息和就这样生成了。

第6章

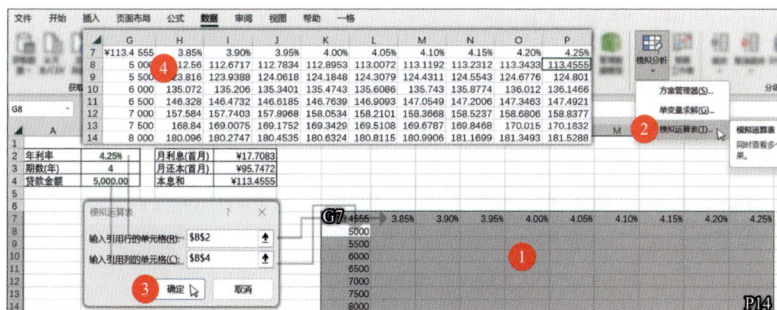

图 6-8　二维模拟运算测算多组合条件下贷款本息和

4.结果解读与验证。学习二维模拟运算列清单，我得提醒大家几点：

①当不小心双击进入G7:P14中任意一个单元格，回车离开该单元格时，须按Esc键或点击公式编辑栏左侧的叉号才能退出公式编辑状态，或者希望删除该单元格公式不成功时，须退出公式编辑状态后，整体选中G7:P14，按[Del]键清除公式。

②模拟运算行方向有9种年利率，列方向有7种贷款金额，共有9×7=63种组合结果，其中：年利率是以0.05%向右递增的，这个间距是我们自己设定的，你也可以按0.025%为间距递增，这样行方向就有（4.25%−3.85%）/0.025%+1种年利率；贷款金额是以500向下递增的，这个间距是我们自己设定的，你也可以按100为间距递增，这样列方向就有（8 000−5 000）/100+1=31种贷款金额。

③年利率放在行方向，当然也可以放在列方向，对应于如图6-8所示之③就应将B2填入"输入引用行的单元格"；贷款金额放在列方向，当然也可以放在行方向，对应于图6-8所示之③就应将B4填入"输入引用列的单元格"。

④观察图6-8所示之④年利率4.25%、贷款金额5 000交叉处（单元格P8）的本息和113.455 5，正是北京银行目前贷款条件下的本息和（单元格E4）。

⑤二维模拟给出的是两个自变量要素影响下某一因变量的变化清单，并不意味着该因变量只能受这两个自变量因素影响——什么意思？比如如图6-8所示二维模拟运算给出了"年利率""贷款金额"组合影响"本息和"的变化情况，但"本息和"公式（单元格E4）除受"年利率""贷款金额"影响外，还与"期限（年）"有关。

6.2.5　色阶让二维模拟运算更醒目

1.问题提出。如图6-8所示单元格区域有63种组合结果，仔细观察数据变化，还能大致看出从上往下、从左向右本息和是递增的，能够看出哪些区间企业负担的本息较重，哪些区间较轻，哪些处于中间状态。但如果清单结果数较多，如17×31＝527种，看起来就比较费劲，何况这些数字的小数位位数有3位、4位，数字排列较乱。有没有一种方法，能够让眼睛看起来更舒服一些，数字更容易观察一些呢？

2.问题分析。小数位数问题较简单，可统一设置相同位数。结果清单中的数字总体是递增状态，可考虑使用色阶呈现颜色渐变，有助于肉眼观测。

3.问题解决。按图6-9所示之①至⑦进行以下步骤顺序操作：

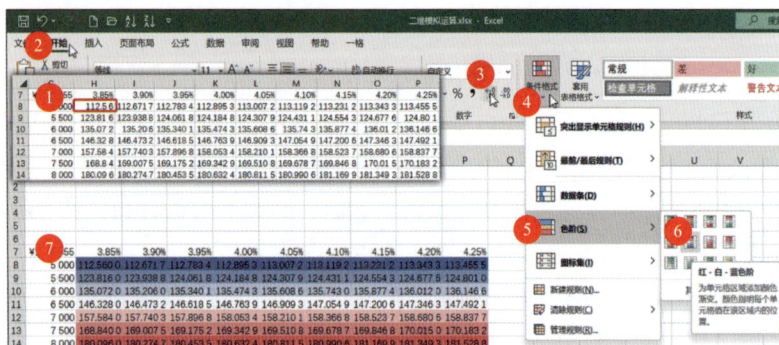

图6-9　色阶让二维模拟运算更醒目

①点中单元格H8，如结果清单不大，则移动鼠标向右向下选中单元格区域H8:P14；如结果清单较大，则按下Ctrl-Shift的同时，按向右向下方向键→↓，同样选中单元格区域H8:P14。

②如当前活动的选项卡不是"开始"，点击【开始】激活它。

③点击【增加小数位数】，观察H8:P14内数字小数位为4位时不再点击。

④和⑤依次点击【条件格式】【色阶】。

⑥和⑦鼠标在弹出的色阶样式上移动，则H8:P14单元格填充背景色同步发生变化，挑选一种你喜欢的样式，点击，则H8:P14单元格填充背景色就设好了；如只是移动鼠标而不点击，H8:P14单元格填充背景色随着鼠标从色阶样式上移开，仍继续保持原样。

4.色阶解读。色阶设置完成，从图6-9所示之⑦可以很明显地看出企业承担的本息和负担情况：对于任意一种年利率，随着贷款金额的递增，本息和从上而下依次用蓝色、白色和红色来区分本息和负担的较轻、中等和较重的不同。

5.问题回顾。设置色阶的目的是让二维结果清单看得更醒目，起着警示和提醒的功能，因此选用色阶（或者数据条、图标集）在兼顾美观时，注意不要喧宾夺主，不宜过分艳丽，过于花哨，在某些公司内，色彩过多可能会显得不够庄重、严肃，甚至会造成领导对财务人员信任度下降。是否配色及配色选择应与企业文化、公司氛围契合，当然，这是技术之外的话题了，但身在职场，也应注意。

6.2.6　限额资本预算需求下多方案管理

融资从来都不是脱离投资而单独存在的，很多时候融资就是因为投资出现了资金缺口，在"5.5.1"节正是由于资本预算限额7 000万元迫使我们不得已放弃一些投资机会；另一方面，融资也不是想融多少就能够融入多少的，它与企业自身条件和银行贷款控制等都有关系。

本节使用文件"D:\SZCW\Chap5\组合投资的风险和收益.xlsx"中的工作表"NPV组合投资"。

1.*问题提出*。集团公司与工商银行、交通银行和和北京银行洽商的贷款额是5 000万元，也有个别银行能够谈到8 000万元，如果能够有不同的融资额度，本企业也能够承受利息负担，投资组合会发生新的变化吗？领导希望能够看到累计净现金流一览。

2.*问题分析*。"5.5.1"节我们已经建立了限额资本预算下的投资组合模型，只要修改单元格G11的资金额度就可以反复运用规划求解工具得到不同的组合，但要把这种动态的轨迹记录下来，须借助"6.2.3"节所学的方案管理器。

3.*解决方案*。经过分析，问题还是比较简单的，关键是建立方案，再调用方案管理器，按图6-10所示之①至⑧进行以下操作步骤：

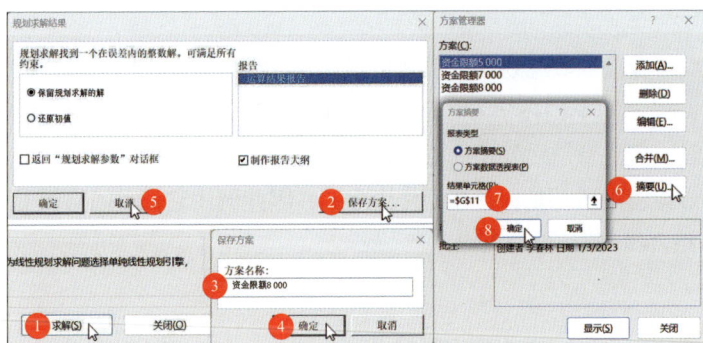

图6-10　规划求解多方案的保存

①和②在G11输入5 000，点击【数据】【分析】【规划求解】，调出规划求解工具，点击【求解】【保存方案…】。

③和④给待保存的方案取个名字，如"资金限额8 000"。

⑤点击【取消】，关闭"规划求解结果"对话框，注意不要勾选"返回'规

划求解参数’对话框”。在G11输入7 000，重复①至⑤，方案名称为“资金限额7 000”；在G11输入8 000，重复①至⑤，方案名称为“资金限额8 000”。

⑥点击【数据】【预测】【模拟分析】【方案管理器】，调出“方案管理器”对话框（也有人称之为“情景分析工具”），点击【摘要】。

⑦和⑧在“方案摘要”对话框中点击“方案摘要”，在“结果单元格”输入G11（累计净现金流）后点击【确定】。

4.结果解读。求解上述步骤完成后，将插入一张新的工作表“方案摘要”，列出在不同资金限额下的规划求解结果一览：在资金限额为5 000万元时，应投资项目1、3、4，此时累计现金流为754.34万元；在资金限额为7 000万元时，应投资项目1、2、4，此时累计现金流为812.33万元；在资金限额为8 000万元时，应投资项目1、2、3、4，此时累计现金流为878.72万元，如图6–11所示。

方案摘要	当前值:	资金限额5 000	资金限额7 000	资金限额8 000
可变单元格:				
$E$6	1	1	1	1
$E$7	1	0	1	1
$E$8	0	1	0	1
$E$9	1	1	1	1
$E$10	0	0	0	0
结果单元格:				
$G$11	812.33	754.34	812.33	878.72

注释: “当前值”这一列表示的是在
建立方案汇总时，可变单元格的值。
每组方案的可变单元格均以灰色底纹突出显示。

图6–11　规划求解多方案摘要一览

5.问题回顾。本节规划求解工具和方案管理器的结合使用是投、融资综合思考的结果，提示同学们在学习和运用各种Excel工具来解决业财融合建模等经济管理问题时，应注意前后知识的融会贯通，多种工具的灵活运用；此外，由于求解工具和方案管理器都是保存在工作表中的，因此调用它们时的当前工作表必须是“NPV组合投资”，这一点应注意。

6.3 资金需求预测模型的搭建

资金需求通常是资金预算的起点。资金需求预测离不开各业务部门的能力协作，比如营销部门提供长期和短期的业绩预测、日常短期数据的维护、应收款项的进度支持，采购经理负责采购和库存、应付款的优先安排建议，信用经理和财务理负责应收账户监测和更新、督办……仅仅财务部门是无法提供准确的现金流的，要借助于销售百分比，甚至是利用了循环计算，真的是：为了建模，拼了！

6.3.1 销售百分比预测资产负债的资金需求

销售百分比法是假定资产负债表的某些项目与营业收入存在固定的比例关系，即占营收的比重在预测期仍然保持基本不变，以此为项目系数乘以预测期营收的预测方法。这个方法利用了基本的平衡等式"总资产＝负债＋所有者权益（股东权益）＋资金需求量"。销售百分比法使用比较简单，仅需要将报表项目分为与营业有比例关系（敏感项，在"行次"列加星号*标注）和无比例关系（不敏感项）两类，并知道基期资产负债各项目值、基期营收值、预测期营收值即可测算。

1. 问题提出。2023年6月，集团公司资产负债表报表总营收36 257.32万元，总资产141 550.98万元，负债39 119.46万元，预计2023年7月营收可达40 155.39万元，估算7月资金需求量。

2. 问题分析。已知两期营收和资产负债表，就可根据资产负债报表项与营业占比来测算下期资金需求量。

3. 解决方案。将资产负债表（已简化）项目和两期营收值填入如图6-12所示表中，绿字表示已知项，直接输入。黑色和橙色数字设有公式（已用蓝色空心小箭头标注），黑色数字单元格公式系根据橙色数字公式复制而得，橙色数字单元格公式分别说明如下：

①单元格D5。公式"=C5/\$C\$29"，值为36.6%，系用基期2023年6月"现金及等价物"13 257.32与"营业收入"36 257.32相除而得，这一类报表项目系与营业有比例关系的报表项目，为便于公式复制，C29应加上绝对引用\$锁定。

②单元格E5。公式"=\$E\$29*D5"，值为14 682.63，系用基期2023年7月"营业收入"40 155.39与"现金及等价物"营收百分比36.6%相乘而得，为便于公式复制，E29应加上绝对引用\$锁定。

③单元格E20。公式"=C20"，值为10 063.98，直接取2023年6月报表数，这一类报表项目系与营业无比例关系的报表项目。

④单元格E30。公式"=IF（E15=E27,"平衡",E15-E27）"，值为9 083.93，这是本小节的核心公式，它验证了资产负债的平衡性，如果使用销售百分比计算后不平衡，则以总负债扣除负债和股东权益，即预测期的资金需求量。

⑤单元格F30。公式"=IF（E30>0,"赤字","盈余或营收不足"）"，值为赤字，这是对核心公式的补充说明，如果总负债大于负债和股东权益之和，则为赤字，反之，则为资金盈余，也有可能是预测期营收预测不足所致。

图 6-12　销售百分比法预测 2023.7 资金需求量

⑥资产负债表报表项目之间的求和公式比较简单，这里不列。

4. 报表解读。 预测 2023 年 7 月，集团公司资产负债表报表总营收 40 155.39 万元，总资产 156 769.30 万元，负债 42 243.25 万元，资金需求量 2 030.55 万元。

6.3.2　没想到，利用循环计算解决了赤字问题

1. 问题提出。 循环计算是使用了 Excel 有一段时间的同学经常会遇到的，一个蓝色圆点加多个箭头有时就是"表哥""表妹"心中永远的痛。从形式上看，这是一个单元格公式通过其他公式直接或者间接引用了自己；从实质上看，是我们思维陷入自变量、因变量因果循环的怪圈。比如，你在单元格 A1 输入公式"=A1"，会跳出图 6-13 所示的警告。

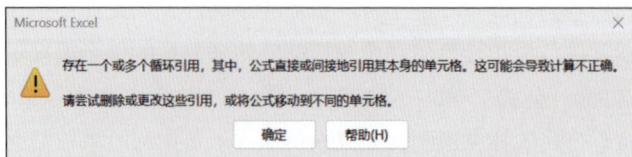

图 6-13　循环计算警告

大多情况下，我们要尽量避免公式陷入循环引用，因为这会拖慢Excel表格计算速度，甚至导致Excel死机，但这一节，我们要用主动循环计算来解决赤字问题。按销售百分比方法，集团公司预计2023年资金需求量为5.28亿元，集团拟采取增加负债（如发行债券）的方法来解决资金缺口（赤字），试问需要增加多少负债才可以使赤字归0，并平衡资产负债表呢？

2. 问题分析。 将现有资金缺口全部以增加长期负债来解决，一方面负债合计增加，但另一方面相应地会增加利息，减少净利润和留存收益，导致资产负债表发生新的不平衡，产生新的资金缺口。

如图6-14所示，现有长期负债12.36亿元，资金缺口5.28亿元，如果将此缺口以增加长期负债和应付票据来解决，为简化起见，我们直接将5.28亿元加在长期负债上（12.36+5.28）=17.64，即单元格G8；负债增加后，利息（财务费用）增加（12.36+5.28+13.41）×5.50%=1.708亿元，利润总额变为3.22/（1−25%）−1.708=2.585亿元、净利润由3.22亿元变为2.585−2.585×25%=1.939亿元，如不考虑期初数和无分配事项，此值就留存收益1.94亿元，新的负债和股东权益总计为40.99亿元。因为增加负债前原总负债为36.99+5.28=42.27亿元，故新的资金缺口为42.27−40.99=1.28亿元，也就是说赤字由5.28亿元变为了1.28亿元，尽管我们全额将5.28亿元交由负债来消化，但由于利息的存在，始终有新的赤字产生，如将新赤字再次交由负债来消化，又会第3次产生赤字……

如此循环下去，这个赤字的金额是越来越小的，它是渐渐趋向于0的，但我们不知道究竟要循环计算多少次，才能使得赤字为0？

	D	E	F	G
3	**负债和所有者权益**	**行次**	**期末余额**	一次循环
4	**流动负债：**			
5	应付票据		13.41	13.41
6	**流动负债合计**	⇨	**13.41**	⇨ 13.41
7	**非流动负债：**			
8	长期负债	⇨	12.36	⇨ 17.64
9	**非流动负债合计**	⇨	**12.36**	17.64
10	**负债合计**		**25.77**	31.05
11	**股东权益：**			
12	普通股		8.00	8.00
13	留存收益		3.22	1.94
14	**股东权益合计**	⇨	**11.22**	9.94
15	**负债和股东权益总计**	⇨	**36.99**	⇨ 40.99

	A	B	C	D	E
16					
17	增债前长期负债	12.36		资金缺口	⇨ 5.28
18	增债前预测净利润	3.22		利率	5.50%
19	税率	25%		利息	⇨ 0.00

图6-14　增负债、增利息将产生新的资金缺口

3.解决方案。经过上面的分析，我们其实已经有了努力的方向，就是：让 Excel循环计算长期负债（在上一计算的基础上循环加上新的赤字），而新的资金缺口由总资产扣除负债和权益而得，我们的目标就是为了让资金缺口由5.28亿元循环多次后变为0，具体方法如下：

将资产负债表整理如图6-15所示，并在橙色数字单元格内分别输入公式：

图 6-15　巧妙利用 Excel 循环计算清除赤字

① 单元格F8。公式"=IF（E20=1，F8+E17，B17）"，值为18.98，系循环计算的长期负债最终结果，是本节利用Excel循环的核心。为便于控制循环，公式中的E20作为公式是否计算的开关，里面输入1表示可以循环计算，不是1，则禁止计算，让它等于长期负债的初值（负债增加前的值）。

② 单元格F13。公式"=B18-E19*（1-B19）"，等同于"=（B18/（1-B19）-E19）*（1-B19）"，值为1.88，这是利用利润表和资产负债表之间的钩稽关系而得，如考虑期初留存和分红因素，需在公式中加以体现。

③ 单元格E17。公式"=C15-F15"，值为0.00，循环计算的目标，经济意义是赤字归0。

④ 单元格F17。公式"=IF（E20=1，E17+F17，E17）"，值为6.62，这是累计的预测期的资金需求量，它不可能是初值5.28，此值也等于长期负债循环计算前后的差值（18.98-12.36）。

168

⑤ 单元格E19。公式"=IF（E20=1,（F5+F8）*E18, 0）"，值为1.78，这是用来计算利息的，因为它的存在，导致不得不循环计算。

在单元格E20中输入1，你可能没有看到图6-15所示想要的结果，那是因为你还差一步。你需要依次点击【文件】【选项】【公式】，勾选"启用迭代计算"（如图6-16所示红框），如果100次还没有实现赤字归0，可以稍增加计算次数或最大误差，但计算次数数字太大或误差数太小有可能会严重拖慢Excel的计算速度。

4.方案解读。利用Excel的迭代循环，实现了迭代循环资金缺口归0的计算，循环公式有长期负债F8的计算和累计资金缺口F17的计算。

如果想要知道循环多少次实现了赤字归0，可在任意一单元格（比如F20）内输入公式"=IF（E20=1, IF（E17<>0, 1+F20, F20）, 0）"，计算结果是4次。为保证迭代计算结果的正确，建议每次迭代计算前先将E20的值输入0，再输入1。感兴趣的同学可以将4次循环手工完成，并与视频比对。

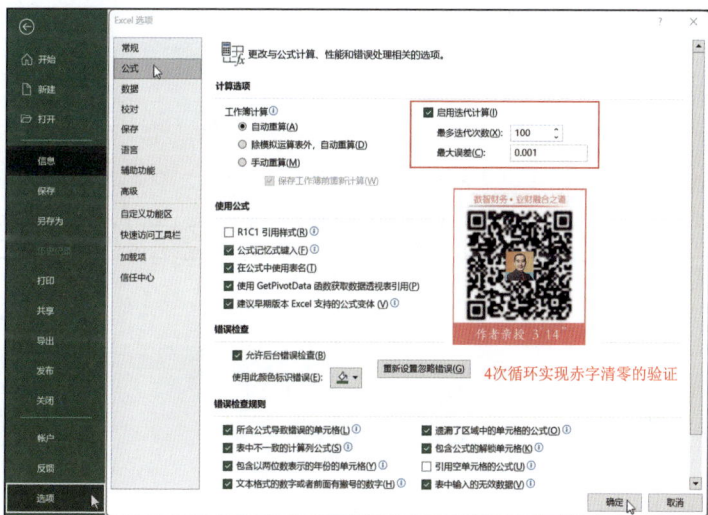

图6-16　启用Excel迭代计算

注意：循环迭代应该是最后的办法，非高手不可为，它要求循环的对象是收敛于某一单一值，而不是发散的，如果不是情非得已，还是应当另辟他径。

本小节案例因负债导致损益（费用增加）变动，影响净利润，从而影响所有者权益，具有一定的代表性，可供相似案例参考。

6.3.3　资金需求增量是这样搞定的

利用销售百分比法预测资金需求增量仍然是假定资产负债表的某些项目与营

业收入存在固定的比例关系，同时引入折旧与股利分配相关事项来预测增量资金的方法。这个方法的公式"资金需求增量△F=销售收入增长率k×（敏感资产项目小计A−敏感负债项目小计L）−折旧与更改差额D−净利润与股利发放差额R+零星开支M"，该方法需要已知6个自变量，同时要严格区分资产负债表报告期和预测期。

1. **问题提出**。2023年6月，集团公司资产负债表报表总营收36 257.32万元，总资产141 550.98万元，负债39 119.46万元，预计2023年7月营收可达40 155.39万元，净利润38.77万元，发放股利38.77万元，同时已知2023年7月折旧1 025.77万元，其中用于更新改造25.28万元，估算7月资金需求增量。

2. **问题分析**。已知两期营收和资产负债表及其他相关资料，可根据资金需求增量公式进行测算。

3. **解决方案**。将2023年6月的资产负债表列示于图6-17所示的1~15行，将营收、折旧与股利等补充资料列示于17~23行，绿字均为已知信息，直接输入。现将橙色数字单元格公式介绍如下：

预测资产负债表简表

资产	行次	金额	负债和股东权益	行次	金额
流动资产：			流动负债		
现金及等价物	*	13,257.32	应付票据等	*	29,055.48
应收款项	*	53,632.91	**流动负债合计**		**29,055.48**
存货	*	46,658.09	**非流动负债**		
			长期负债		10,063.98
流动资产合计		**113,548.32**	**非流动负债合计**		**10,063.98**
非流动资产：			**负债合计**		**39,119.46**
固定资产		28,002.66	**股东权益：**		
			普通股		80,000.00
			留存收益		22,431.52
非流动资产合计		**28,002.66**	**股东权益合计**		**102,431.52**
总资产		**141,550.98**	**负债和股东权益总计**		**141,550.98**
补充资料：					
●报告期敏感资产项目小计A		113,548.32	●报告期敏感负债项目小计L		29,055.48
报告期营业收入		36,257.32	预测期营业收入		40,155.39
●预测期营收增长率k		10.8%	●预测期零星开支M		0.25
预测期提取的折旧		1,025.77	预测期净利润		38.77
其中：用于更新改造的折旧		25.28	其中：发放股利		0.11
●折旧与更改差额D		1,000.49	净利润与股利发放差额R		38.66
报表平衡检查		平衡	**预测期资金需求增量**		**8,045.03**

编制单位：　　　报告期：2023/6/30　　　单位：万元

图6-17　资金需求增量预测

① 单元格C18。公式"=C9"，值为113 548.32，取自流动资产，在"行次"

列以星号（*）标注，如有不属于敏感项的资产项目应剔除。

② 单元格F18。公式"=F6"，值为29 055.48，取自流动负债，在"行次"列以星号（*）标注，如有不属于敏感项的负债项目应剔除。

③ 单元格C20。公式"=（F19−C19）/C19"，值为10.8%，系两期营收增长比率。

④ 单元格C23。公式"=C21−C22"，值为1 000.49，系扣除更新改造的折旧。

⑤ 单元格F23。公式"=F21−F22"，值为38.66，系扣除发放股利后的净利。

⑥ 单元格C25。公式"=C20*（C18−F18）−C23−F23+F20"，值为8 045.03，这是计算资金需求增量的核心公式。

如图6-17所示中加"●"的项目为公式计算所需要的自变量。资产负债表报表项目之间的求和公式比较简单，这里不列。

4.方案解读。使用销售百分比预测资金需求增量，要注意两个分清：一是分清敏感与不敏感，一般以流动性作大致区分；二是分清报告期和预测期，图6-17资产负债表是2023年6月报告期，补充资料应注意区分预测期（2023年7月）项目。

6.3.4　回归分析法建功资金需求

回归分析法的核心是假定资产负债表的某些项目与营业收入存在可以度量的某种相关关系，以此来预测该项目余额，同时利用资产负债表的内在逻辑关系来预测未来资金需求的方法。回归分析是一种预测性的建模技术，它研究的是因变量y（目标）和自变量x之间的关系，常用于预测分析时间序列模型以及探求变量之间的因果关系。

1.问题提出。2023年6月，集团公司资产负债表报表总营收36 257.32万元，总资产141 550.98万元，负债39 119.46万元，净利润35.01万元，同时已知2023年4月、5月的相关数据。公司股利发放比率2.75%，盈余公积提取比率12%，现预计2023年7月营收可达40 155.39万元，净利润38.77万元，估算7月资金需求量。

2.问题分析。已知多期营收和资产负债表及其他相关资料，可根据相关性测算资产负债表相关项，并计算留存收益，引用非相关项目，利用资产负债表报表平衡原理轧差得出资金需求。这里有一个关键就是相关性预测的一个函数的引入：FORECAST.LINEAR函数。

3.FORECAST.LINEAR函数。根据已知的一组x值和一组y值，使用线性回归的方法，对指定的某个x值预测相应

利用回归分析法
来预测资金需求

的y值，可用于预测未来的销售、库存需求或消费者趋势等情形。函数形如“=FORECAST.LINEAR(指定的x,x's数组,y's数组)”。FORECAST.LINEAR函数共3个参数，均为必选参数，其中：第二参数和第三参数是两组维度相同的数组，它们决定了二者之间的相关关系，将第一参数指定的x值代入此关系中，得到预测的y值，这个函数要注意不要把x's数组和y's数组搞颠倒了，第一参数x和第三参数x's是自变量，它们是“一伙儿”的。

4.解决方案。将2023年4~7月的资产负债表列示于图6–18所示的1~27行，并将营收、净利与股利、盈余公积等补充资料列示于29~35行，绿字均为已知信息，直接输入。现将橙色数字单元格公式介绍如下：

①单元格F5。公式“=FORECAST.LINEAR($F$29,C5:E5,$C$29:$E$29)”，值为15 786.04，这是相关性报表项，在“期初余额”列以星号*标注，其他带*号的项目可复制此公式。

②单元格F11。公式“=E11”，值为28 002.66，直接取上一期报表数，这是不相关性报表项，在“说明”列以“直接取上期”标注，其他类似项目可复制此公式。

③单元格F25。公式“=F34+F35”，值为22 469.22，系补充资料中盈余公积与未分配利润之和。

	A	B	C	D	E	F	G
1	预测资产负债表简表						
2	编制单位：			预测期：	2023/7/31		单位：万元
3	资产	期初余额	2023.4实际	2023.5实际	2023.6实际	2023.7预测	说明
4	流动资产：						
5	现金及等价物	*	12,555.18	12,119.65	13,257.32	15,786.04	
6	应收款项	*	44,212.22	42,980.38	53,632.91	78,237.56	
7	存货	*	35,678.33	35,036.61	46,658.09	73,729.47	
8							
9	流动资产合计		92,445.73	90,136.64	113,548.32	167,753.07	
10	非流动资产：						
11	固定资产		30,665.80	29,567.39	28,002.66	28,002.66	直接取上期
12							
13							
14	非流动资产合计		30,665.80	29,567.39	28,002.66	28,002.66	
15	总资产		123,111.53	119,704.03	141,550.98	195,755.73	
16	流动负债：						
17	应付票据	*	20,751.23	17,306.56	29,055.48	55,513.08	
18	流动负债合计		20,751.23	17,306.56	29,055.48	55,513.08	
19	非流动负债：						
20	长期负债		10,663.09	10,365.35	10,063.98	10,063.98	直接取上期
21	非流动负债合计				10,063.98	10,063.98	
22	负债合计		20,751.23	17,306.56	39,119.46	65,577.06	
23	股东权益：						
24	普通股		80,000.00	80,000.00	80,000.00	80,000.00	直接取上期
25	留存收益	22,323.68	22,360.30	22,397.47	22,431.52	22,469.22	特别计算
26	股东权益合计		102,360.30	102,397.47	102,431.52	102,469.22	
27	负债和股东权益总计		123,111.53	119,704.03	141,550.98	168,046.28	
28							
29	补充资料：						
30	营业收入		35,069.21	34,520.62	36,257.32	40,155.39	上期和预测期
31	净利润		37.65	38.22	35.01	38.77	营收*上期净利率
32	盈余公积提取比例		12%	12%	12%	12%	10%法定+2%任意
33	股利支付率		2.75%	2.75%	2.75%	2.75%	章程规定
34	留存收益中的盈余公积余额	4.03	8.55	13.14	17.34	21.99	期初+本期提取的盈余公积
35	留存收益中的未分配利润余额	22,319.65	22,351.75	22,384.33	22,414.18	22,447.23	期初+净利*(1-股利支付率-盈余提取率)
36	平衡检查		平衡	平衡	平衡	27,709.46	赤字

图6–18　回归预测资金需求

④单元格F34。公式"=ROUND（E34+F31*F32，2）"，值为21.99，此公式系将单元格C34公式拖拉而得，它是用来计算资产负债表中盈余公积期末余额的。

⑤单元格F35。公式"=ROUND（E35+F31*（1-F32-F33），2）"，值为22 447.23，此公式系将单元格C35公式拖拉而得，用来计算资产负债表中未分配利润的期末余额，这是本小节的重点公式，它等于期初未分配利润余额+本预测期净利润×（1-股利支付率-盈余提取率）。

⑥单元格F36。公式"=IF（F15=F27，"平衡"，F15-F27）"，值为27 709.46，这是本小节核心公式，也就是预测的资金需求，该资金缺口（赤字）解决后，预测期资产负债表才能平衡。

⑦单元格G36。公式"=IF（F36>0，"赤字"，"盈余"）"，值为赤字，这是对核心公式的补充说明，如果总负债大于负债和股东权益之和，则为赤字，反之，则为资金盈余。

资产负债表报表项目之间的求和公式比较简单，这里不列。

5.方案解读。使用回归分析法预测2023年7月的资金需求为27 709.46万元，分析其主要原因系预测的应收款项和存货的急剧增长，应在营收增长的同时，对应收款项和存货保持重点关注，检查相关性，如与现实背离，应进行修正。

利用本方法预测资金需求，有两点要注意：一是要严格区分相关与不相关项目（一般以流动性作大致区分），必要时应予以修正、调整；二是要重点关注多期留存收益的计算。

6.4 IFS、数据分列接力数据透视搞定财务费用自动模板

2023年一季度很快过去了，集团领导想要知道前3个月财务费用的结构情况，而财务手头仅有从ERP会计核算系统导出的记账清单！

6.4.1 IF 函数和 IFS 函数及应用

1.IF 函数。这个函数是Excel里面比较简单的一个函数，它是用来进行条件判断的，函数形如"=IF（条件，条件满足时如何，条件不满足时如何）"。函数共三个参数，第一参数是必须的，是判断条件，第二参数和第三参数是可选参数，不是必须输入的。比如，判断条件是你的初级会计考试成绩是不是及格，如果是（满足此条件，Excel认为是True）你就高兴；如果不是（不满足此条件，

Excel 认为是 False）你就不高兴。

用个小例子来说明一下问题，单元格 A1 内数字 520，A2 内数字 –3.14，我们在单元格 B1:D2 内输入公式见表 6-1，观察在省略和不省略参数时，判断结果值的不同。注意省略参数和不省略参数时，判断结果值将分别给出 True 或 False；省略参数的值时，则给出 0。

表 6-1　IF 函数条件判断结果差异表

序　号	单元格	公　式	判断结果值	说　明
1	B1	=IF（$A1>0,"正","负"）	正	不省略任何参数
2	C1	=IF（$A1>0,"正",）	正	省略第三参数的值
3	D1	=IF（$A1>0,,）	0	省略第二、第三参数的值
4	E1	=IF（$A1>0,）	0	省略第二参数的值、省略第三参数
5	B2	=IF（$A2>0,"正","负"）	负	不省略任何参数
6	C2	=IF（$A2>0,"正",）	0	省略第三参数的值
7	D2	=IF（$A2>0,,）	0	省略第二、第三参数的值
8	E2	=IF（$A2>0,）	False	省略第二参数的值、省略第三参数

2.IFS 函数。字母"S"在英文里面是复数的意思，表示"多"的意思，顾名思义，看 IFS 名称就知道这个函数是 IF 函数的加强版了，它是用来进行"多"条件判断的。IFS 函数检查是否满足一个或多个条件，且返回符合条件 1 的值。函数形如"=IFS（条件 1，条件 1 满足时如何，*条件 2，条件 2 满足时如何，条件 3，条件 3 满足时如何…*）"，IFS 可以取代多个嵌套 IF 语句，并且有多个条件时更方便阅读。函数至少两个参数，第一参数是必须的，第二参数是必须的，第三参数和第四参数是可选参数，不是必须输入的。从第三参数开始，要么条件不存在，如存在，则与第四参数同时存在；相应地，第五、第六也是成对存在……比如从甲城市去乙城市：坐飞机去，需要 3 个小时；坐火车去，需要 4 个小时；坐汽车去，需要 10 个小时，如图 6-19 所示。

IFS 可以取代多个嵌套 IF 语句，并且有多个条件时更方便阅读。IFS 函数允许最多 127 个不同的条件，但不建议在 IF 或 IFS 语句中嵌套过多条件，这是因为多个条件需要按正确顺序输入，并且可能非常难构建、测试和更新。

IFS 函数的作用相当于 VBA 语言里面的"Select Case"语句，提供了多分支选择，与 CHOOSE 函数存在某些共通之处。这一段看不明白，也没有关系，不影响 IFS 函数的学习，仅提供给熟悉"Select Case"和 CHOOSE 函数的同学融会贯通，加深理解。

图 6-19　IF 和 IFS 函数逻辑示意

仍然是举一个小例子来说明问题，在单元格区域 A1:A4 内分别是数字 3、13、23、33，在单元格 B1 输入公式"=IFS（（$A1>=0)＊（$A1<10），"0-10"，（$A1>=10)＊（$A1<20），"10-20"，（$A1>=20)＊（$A1<30），"20-30"）"，并将公式复制至单元格区域 B2:B4，判断结果值见表 6-2。公式使用了 3 个并列的判断条件，这里将第 1 个条件讲解一下：

表 6-2　IFS 函数条件判断

序　号	单元格	公　　式	判断结果值	说　明
1	B1	=IFS（（$A1>=0)＊（$A1<10），"0-10"，（$A1>=10)＊（$A1<20），"10-20"，（$A1>=20)＊（$A1<30），"20-30"）	0-10	[0，10)
2	B2	=IFS（（$A2>=0)＊（$A2<10），"0-10"，（$A2>=10)＊（$A2<20），"10-20"，（$A2>=20)＊（$A2<30），"20-30"）	10-20	[10，20)
3	B3	=IFS（（$A3>=0)＊（$A3<10），"0-10"，（$A3>=10)＊（$A3<20），"10-20"，（$A3>=20)＊（$A3<30），"20-30"）	20-30	[20，30)
4	B4	=IFS（（$A4>=0)＊（$A4<10），"0-10"，（$A4>=10)＊（$A4<20），"10-20"，（$A4>=20)＊（$A4<30），"20-30"）	#N/A	不满足任何条件

要判断单元格 A1 是否在 0 到 10（不含）之间，即 A1 大于等于 0 且小于 10，用符号表示为 A1>=0 且 A1<10，表示同时的"且"关系，在 Excel 中可以用"（　）＊（　）"来表示，将"A1>=0""A1<10"代入，条件 1 可表示为"（A1>=0)＊（A1<10)"，如果满足条件 1，则显示"0-10"。条件 2"（$A1>=10)＊（$A1<20)"，条件 3"（$A1>=20)＊（$A1<30)"与条件 1 类同。

IFS函数需要注意的是：

①如果函数参数不是成对出现的，Excel会提示"你为此函数输入的参数过少"；

②如果Excel认为你给的条件计算结果不是True或False，就会报错#Value；

③如果不满足任何条件，就会报错"#N/A！"，因此，我们可为函数添加最后两个参数"TRUE，要显示的文字"，比如表6-2单元格B4公式可修改为"=IFS（（$A4>=0）*（$A4<10），"0-10"，（$A4>=10）*（$A4<20），"10-20"，（$A4>=20）*（$A4<30），"20-30"，TRUE，"找不到"）"，回车后，其值为"找不到"三个字。

6.4.2 一维表、二维表及二者转换

学习Excel，如果不搞清楚什么是一维表、二维表，不搞清楚一维表、二维表的区别，注定始终就是懵懵懂懂、浑浑噩噩的状态。

1.一维表。具有独立字段（相互不关联特征）的若干行数据构成的表格，叫作一维表。表的列与列互不隶属，也不具有共同的特征，表格的各行均系单独对列（字段）进行的独立描述。人们仅需要从左向右"行扫描"就可以定位到某个期望的值，如图6-20所示绿色背景表格，从左到右看，可以找到南京公司2023年3月销售费用是45 456.32元。

一维表数据丰富翔实，方便存储，适合日常记录（按照预定的特征平时进行明细记录，比如会计日常记载的明细账簿）"流水"，适合作为统计分析的数据来源，也被称为源数据。

我们以上对一维表的描述默认是将明细数据按照行横向来记录的，是针对"行"表格来说的。如果将明细数据按照列纵向来记录（将字段信息逐行放置）也是可以的，但这样的"列"表格不符合人们的阅读习惯。

2.二维表。具有非独立字段（相互关联特征）的若干行和列数据构成的表格，叫作二维表。表的特征是字段可以在行上，可以在列上，也可以同时存在，列与列有可能存在隶属关系，或者具有共同的特征，比如如图6-20所示金色背景表格"销售费用""管理费用""财务费用"具有共同的特征，它们都是"科目"的一种。人们需要从左向右，且从上向下同时进行"行和列扫描"才能定位到某个期望的值，如图6-20所示第一个金色背景表格中，从左到右看，是找不到南京公司2023年3月销售费用的，必须再从上往下，在I列找到45 456.32元。

二维表明确直观，适合出具报告，适合汇总数据、展示数据，常常是人们经过加工后的结果，比如会计的四大报表及内部管理需要的报表，比如图6-9所示

年利率与贷款额度条件下的本息和一览表。

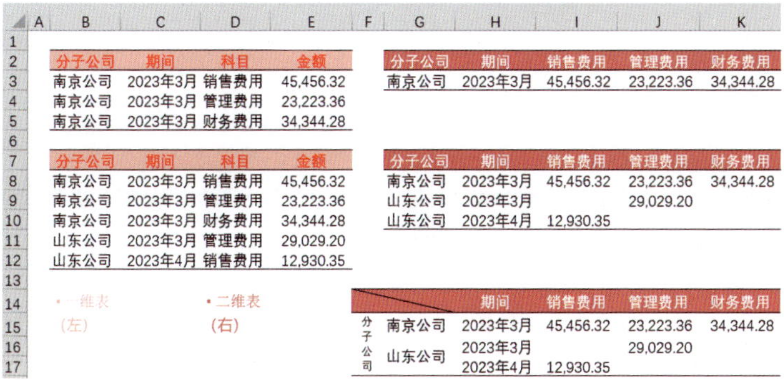

分子公司	期间	科目	金额
南京公司	2023年3月	销售费用	45,456.32
南京公司	2023年3月	管理费用	23,223.36
南京公司	2023年3月	财务费用	34,344.28

分子公司	期间	销售费用	管理费用	财务费用
南京公司	2023年3月	45,456.32	23,223.36	34,344.28

分子公司	期间	科目	金额
南京公司	2023年3月	销售费用	45,456.32
南京公司	2023年3月	管理费用	23,223.36
南京公司	2023年3月	财务费用	34,344.28
山东公司	2023年3月	管理费用	29,029.20
山东公司	2023年4月	销售费用	12,930.35

分子公司	期间	销售费用	管理费用	财务费用
南京公司	2023年3月	45,456.32	23,223.36	34,344.28
山东公司	2023年3月		29,029.20	
山东公司	2023年4月	12,930.35		

		期间	销售费用	管理费用	财务费用
分子公司	南京公司	2023年3月	45,456.32	23,223.36	34,344.28
	山东公司	2023年3月		29,029.20	
		2023年4月	12,930.35		

图 6-20　一维表和二维表

3. 一维表与二维表的区别。我们将一维表与二维表的特性区别归纳如下：

①从字段特征看，是否具有独立字段（相互关联的特征）是一维表与二维表最重要的区别，一维表字段相互独立，是流水型表格，二维表字段关联，是关系型表格；

②从字段分布看，一维表字段只能单独位于行（/列）上，而二维表字段可同时存在于行和列上；

③从使用用途看，一维表适合记录明细，二维表适合出具报告；

④从表现形式看上，一维表由一个个独立的单元格构成，而二维表为美观常常使用大量合并单元格；

⑤从查阅思维看，阅读一维表从左向右一气呵成，单向定位就可以得到全部信息，而阅读二维表必须有个中间的思维停顿（先获取行方向的信息，再等待补充列方向的信息），交叉定位才能得到全部信息。

了解一维表与二维表的特性区别是为了更好地使用它们，同时也可作为我们日常收集、记录数据的工作指导。关注一维表与二维表的特点，有利于信息工具软件进行进一步的整理，信息工具软件对数据源无疑是喜欢一维表的——这就提醒我们设计源表时，特别要关注字段的“独立性”。

虽然一维表与二维表有这么多区别，但它们是可以相互转化的，一维表转二维表，可以使用数据透视表工具（“6.4.3”节）或者SUMIF（S）（“7.5.1”节）等函数，二维表转一维表，可使用PQ等工具进行逆透视。

6.4.3　从模糊到具体：财务费用结构自动化统计

兜兜转转，知识准备好了，我们回归正题了。

1. 问题提出。我们手头仅有从ERP导出的财务费用2023年一季度的明细账，希望能够根据明细账给出图6-21所示下半部分彩色表格的统计表。统计的依据分散在明细账的“摘要”里，并且只是字符串的局部，如何建立分类依据“模糊”的二维统计表模型呢？

	A	B	C	D	E	F	G	H	I	J
1	期间:2023年第1期至第3期					币别:人民币				正望沈阳公司
2	科目代码	科目名称	记账日期	业务日期	凭证字号	摘要	借方	贷方	方向	余额
3	6603	财务费用				上年结转			平	0.00
4	6603	财务费用	2023-01-14	2023-01-14	[记]0244	付银行手续费	270.00		借	270.00
5	6603	财务费用	2023-01-14	2023-01-14	[记]0246	付银行手续费	35.00		借	305.00
6	6603	财务费用	2023-01-14	2023-01-14	[记]0260	付银行手续费	382.90		借	687.90
7	6603	财务费用	2023-01-14	2023-01-14	[记]0269	付银行手续费	166.35		借	854.25

财务费用年度统计表

期间：　2022

月份	合计 ①=④+⑦+⑧+⑨	利息支出 ②*	利息收入 ③~	利息净支出 ④=②-③	汇兑损失 ⑤*	汇兑收益 ⑥~	汇兑净损失 ⑦=⑤-⑥	手续费 ⑧*	其他 ⑨*
1月	312,391.71	310,992.48		310,992.48				1,399.22	
2月	343,915.55	338,099.66		338,099.66	2,500.66	-1,730.55	4,231.21	1,584.68	
3月	434,657.12	430,308.66	2,621.73	427,686.93				449.80	6,520.39
4月	649,582.34	649,413.16	278.20	649,134.96				447.38	
5月	465,515.77	461,045.00		461,045.00	3,362.05		3,362.05	1,108.72	
6月	502,678.37	501,485.19	7.21	501,477.97				1,200.40	
7月	491,538.12	487,989.75	61.14	487,928.61				3,609.51	
8月									
9月									
10月									
11月									
12月									
合计	3,200,278.98	3,179,333.90	2,968.28	3,176,365.62	5,862.71	-1,730.55	7,593.26	9,799.71	6,520.39

图6-21　财务费用统计表效果

2. 问题分析。如图6-21所示上半部分是一维表，下半部分彩色统计表是二维表。二维表共10个列字段，12个行字段（一年12个月）。列字段从D列“利息支出”向右到K列“其他”（加星号*支出项或波浪号~的收入项字段）都属于“财务费用”，这是它们的共同特征。

1）统计依据。列字段中的信息从明细账中是无法直接找到的，唯一可利用的是有部分信息是共同的，比如列字段“手续费”与一维表“摘要”中“付银行手续费”存在部分对应关系。

2）金额。利用一维表中“借方”发生额来统计，但要区分借方负数代表着收入，如利息收入、汇兑收益等。

3）期间。二维表行字段的月份，可根据业务日期进行加工，作为汇兑依据。

3. 解决方案。一维表转二维表最佳的就是利用数据透视工具制作数据透视表。所谓数据透视是集成了筛选、排序和分类汇总等操作的综合工具，在完成上述动作的基础上生成汇总表格，是一种可以快速汇总大量数据的交互式方法。在使用数据透视工具前，我们要对摘要进行预先整理，然后再“透视”数据，步骤如下：

1）冻结窗格。由于一维表的行数较多，在向下滚动时，会被加有字段信息的第2行掩盖，因此，选中单元格C3，依次点击【视图】【冻结窗格】

【冻结窗格】如图6-22所示，将C3左侧和上部冻结，这样在表格向右、向下滚动时，前两列、前两行固定不动，便于观察长表格。

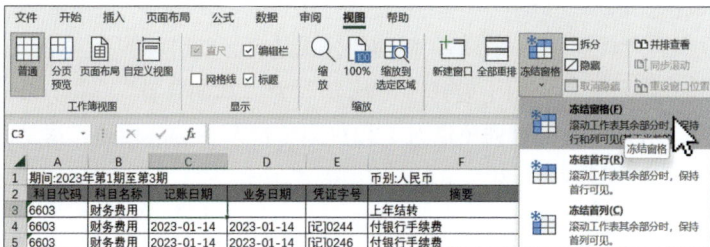

图6-22　冻结窗格

2）转超级表。除冻结窗格外，还可以利用智能表的特点来固定，即选择表格的任意一个单元格，按下Ctrl_T，在"创建表"对话框内将"$A$1"修改为"$A$2"，想一想为什么？当表格向下滚动时，第2行内容便固定于列标签上，如图6-23所示红框。点入超级表任意一个单元格，在【表设计】选项卡上将超级表名称改为"明细6603"，如需修改超级表的数据范围，可点击【表设计】选项卡上【调整表格大小】。

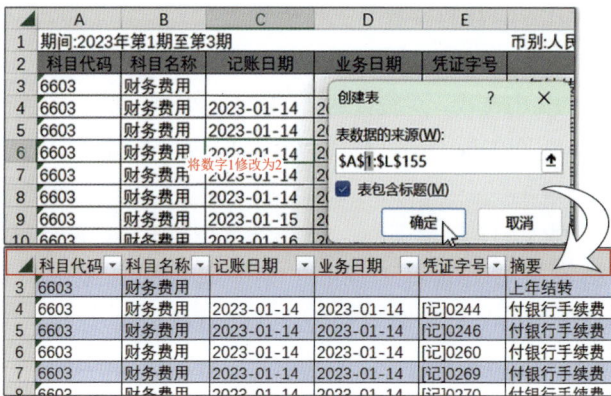

图6-23　利用超级表固定显示首行

3）添加辅助列1。在K2单元格输入"类别"二字，回车，在K3单元格输入公式"=IFS（G3=H3, "排除", ISNUMBER（FIND（"手续", F3）），"手续费", ISNUMBER（FIND（"计提", F3））+COUNTIF（F3, "冲*利息"），"利息支出", ISNUMBER（FIND（"计息", F3）），"利息收入", ISNUMBER（FIND（"汇兑", F3）），IF（G3<0, "汇兑收益", "汇兑损失"），TRUE, "其他"）" 或"=IFNA（IFS（G3=H3, "排除", ISNUMBER

（FIND（"手续"，F3）），"手续费"，ISNUMBER（FIND（"计提"，F3）），"利息支出"，ISNUMBER（FIND（"计息"，F3）），"利息收入"，ISNUMBER（FIND（"汇兑"，F3）），IF（G3<0，"汇兑收益"，"汇兑损失"）），"其他"）"，回车。辅助列公式是有必要讲解的：

①排除无关行。由于要排除"摘要"为"本期合计""本年累计"的各行，这样的行的G列（借方）和H列（贷方）金额相同，这是区别于其他行的共同特征，故公式IFS首先设置条件"G3=H3，"排除""。

②寻找包含"手续"二字的摘要。由于IF和IFS函数的参数不支持模糊查找，公式"ISNUMBER（FIND（"手续"，F3）），"手续费""首先利用FIND函数在"摘要"的字符串（如"付银行手续费用"）中查找，对查找结果判断是否是数字，是数字，表明该字串中包含"手续"二字，则将其归类为"手续费"。

作者亲授14′18″

以财务费用统计
为例学习从模糊
到具体的数据整理

③寻找包含"计提"二字或"冲XX利息"的摘要。公式"ISNUMBER（FIND（"计提"，F3））+COUNTIF（F3，"冲*利息"），"利息支出""有3个小点。

a）由于IF和IFS函数的参数不支持模糊查找，公式"ISNUMBER（FIND（"计提"，F3））"首先利用FIND函数在"摘要"的字符串[如"计提利息（交行）"]中查找，对查找结果（数字或#VALUE！）判断是否是数字，是数字，返回True，Excel自动转换成1，如不是数字，返回False，Excel自动转换成0。

b）由于"冲XX利息"中间的"XX"字符个数不定，于是利用COUNTIF支持模糊查找的特性（"7.5.1"节）可在单个单元格中设计公式"COUNTIF（F3，"冲*利息"）"，如满足条件返回1，反之，返回0。

c）公式中的"+"号表示"或"的意思，"ISNUMBER（FIND（"计提"，F3））+COUNTIF（F3，"冲*利息"）"自动判断非0、0，如果非0表明单元格F3中的字串包含了"计提"二字，则将其归类为"利息支出"。

④寻找包含"计息"二字的摘要。由于IF和IFS函数的参数不支持模糊查找，公式"ISNUMBER（FIND（"计息"，F3）），"利息收入""首先利用FIND函数在"摘要"的字符串（如"银行计息"）中查找，对查找结果判断是否是数字，是数字，表明该字串中包含"计息"二字，则将其归类为"利息收入"。

⑤寻找包含"汇兑"二字的摘要。由于IF和IFS函数的参数不支持模糊查找，公式"ISNUMBER（FIND（"汇兑", F3）），IF（G3<0, "汇兑收益", "汇兑损失"）"首先利用FIND函数在"摘要"的字符串（如"汇兑损益"）中查找，对查找结果判断是否是数字，是数字，表明该字串中包含"汇兑"二字，但"汇兑损益"包含了汇兑收入和汇兑损失，故嵌入IF判断G3（借方）金额是否为负，如是，则将其归类为"汇兑收益"，如不是，则将其归类为"汇兑损失"。

⑥其他情形。如果"摘要"中不包含以上②至⑤的情形，则使用公式"TRUE, "其他""或"=IFNA（…，其他）"归类为"其他"。

⑦两次回车，是你见证超级表智能的神奇时刻，表格会自行补全，格式自动设好，公式会自动向下填满……智能表，给你满满的成就感！

4）利用数据分列整理不规范日期。一维表明细账中"记账日期""业务日期"只是看起来是日期，其实质是文本（小诀窍：文本在单元格内是左对齐的，日期是右对齐的），因此必须将其转换，以便于后续的日期转月份。点击"业务日期"列，按图6-24所示之①至⑤操作：依次点击【数据】【数据工具】【分列】，在"文本分列向导"1至3点击【下一步】【下一步】【完成】，用同样的方法转换"记账日期"，转换成功后如图6-24所示之⑥（注意：数据分列通常是用来根据某列各行共同的标志性字符或固定宽度（如图6-22所示之③和④）将一列拆分成多列的工具，但巧妙利用它进行格式整理也是必须掌握的一个工具选项）。

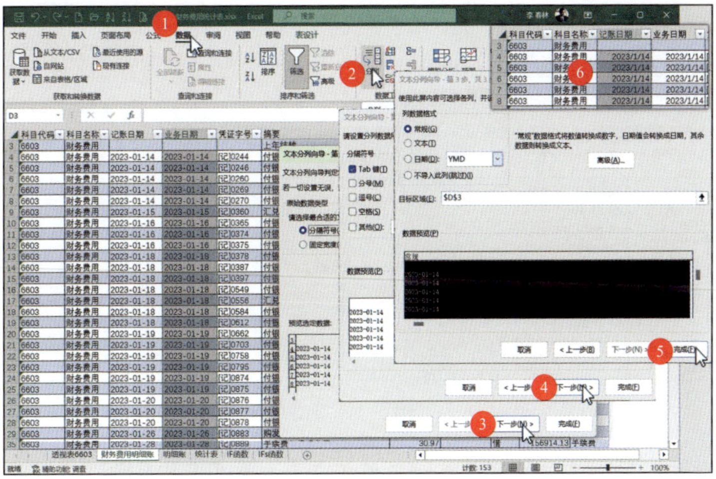

图6-24 数列分列整理文本格式的日期

5）添加辅助列2。在L2单元格输入"月份"二字，回车，在L3单元格输入公式"=TEXT（MONTH（[@业务日期]），"00"）&"月""，回车。公式从"业务日期"列取出月份。

6）调用数据透视工具。鼠标点入超级表任意一个单元格，有以下3种方法调用数据透视工具：

①向导式。按下Alt_D和P，调出数据透视表向导，如图6-25所示之甲，按【下一步】，乙（检查一下"选定区域"是否正确），按【下一步】，丙（默认"新工作表"），按【完成】。

②插入式。如图6-25所示之丁，依次点击【插入】【表格】【数据透视表】，乙（注意左下角的"将此数据添加到数据模型"切勿勾选，否则后续"计算字段""计算项"无法使用），在"来自表格或区域的数据透视表"对话框，点击【确定】。

③智能工具。如图6-25所示之戊，依次点击【表设计】【工具】【通过数据透视表汇总】，乙，"来自表格或区域的数据透视表"对话框，点击【确定】。

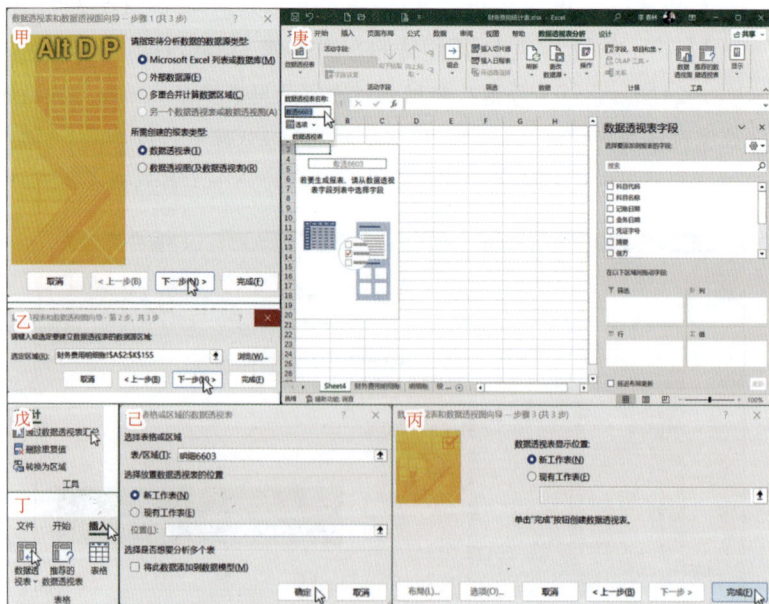

图6-25　调用数据透视工具

注意：两种方法均可插入一张新工作表（将其名称改为"透视表6603"），表内有数据透视表空表，如图6-25所示之庚。同时，新增两个选项卡

"数据透视表分析""设计"和一个"数据透视表字段"控制面板,在选
项卡"数据透视表分析"内将数据透视表名称改为"数透6603"。鼠标
点入工作表内其他单元格(不在数据透视表内),新增的选项卡和控制
面板消失,再次点入数据透视表内任一单元格,"数据透视表分析""设
计"选项卡和"数据透视表字段"控制面板恢复。

7)设置数据透视表结构。如图6-26所示红框内将"类别"拖至"列"方框
内,将"月份"拖至"行"方框,将"借方"拖至"值"方框,这一步
是对将要生成的数据透视表(二维表)的行和列进行表样布局设计的过
程,"行"方框、"列"方框、"值"方框内都可以拖放多个字段,形成
逻辑层次上的包含关系。

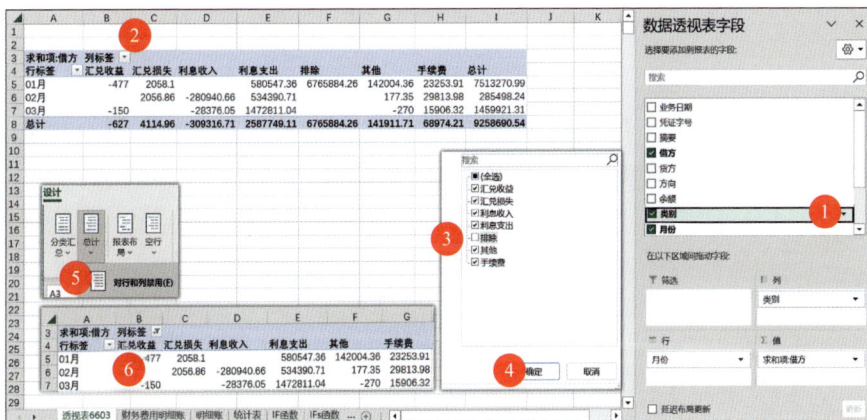

图6-26　设置数据透视表字段

8)数据透视表字段初步整理。按图6-26所示之①至④操作,鼠标移动到红
框内"类别"右侧,点击出现的下拉小三角(或点击"列标签"右侧下
拉小三角),去除弹出菜单中的"排除"的勾选后【确定】,将源数据一
维表中"类别"为"排除"的行("本期合计""本年累计"行)不纳入
统计范围。

9)去除数据透视表总计。如图6-26所示之⑤,依次点击【设计】【总计】
【对行和列禁用】,至此,数据透视表形如图6-26所示之⑥。

10)插入计算项。这是将生成的数据透视表的字段(称为"项")进行加减
乘除等计算,按图6-27所示之①至⑨顺序操作:
①点入第4行二维透视表内的任意一个单元格,第4行是二维透视表的
字段行,点击其他位置,下一步②将无法继续。

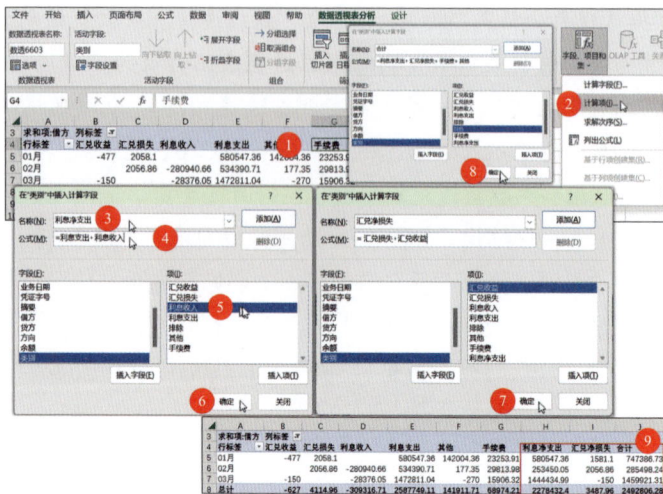

图 6-27　插入计算项

②依次点击【数据透视表分析】【计算】【字段、项目和集】【计算项】，第①步如操作错误，此菜单项目将变成灰色不可用。

③在弹出的"在'类别'中插入计算字段"对话框中"名称"中输入"利息净支出"（这是如图6-21所示彩色表格之④字段名）。

④"公式"方框中输入"=利息支出+利息收入"，注意这里是"+"号，不是"−"号，因为在"借方"金额已经用负数表示"利息收入"，这是一个易犯错的地方。还要注意这里的字段名要与数据透视表中的字段名绝对相同，不能相差任何一个字符，不要多（或少）空格。

⑤为防止上一步④字段名输入错误，可以直接双击这里的字段名，让它自动填入上一步④的"公式"方框内。

⑥点击【确定】，插入二维数据透视表新字段"利息净支出"。

⑦用与③至⑥相同的方法插入二维数据透视表新字段"汇兑净损失"（这是如图6-21所示彩色表格之⑦字段名），公式"=汇兑损失+汇兑收益"。注意：这里是"+"号，不是"−"号，因为在"借方"金额已经用负数表示"汇兑收益"，这是一个容易犯错的地方。

⑧用与③至⑥相同的方法插入二维数据透视表新字段"合计"（这是如图6-21所示彩色表格之①字段名），公式"=利息净支出+汇兑净损失+手续费+其他"；当然，你也可以一次性输入"利息净支出"的"名称""公式"【添加】，再输入"汇兑净损失"的"名称""公式"【添加】，最后输入"合计"的"名称""公式"，点击【确定】以代替③至⑧。

⑨插入二维数据透视表3个新字段。

11) 调整透视表列字段顺序。点入第4行二维透视表内的单元格"合计"，鼠标移动至单元格边缘时，光标变为四向箭头，按住左键，左右移动鼠标，光标变为绿色"工"字形，在合适的位置松开左键，我们将"合计"移动到B列。

12) 恢复数据透视表列总计。如图6-26所示之⑤，依次点击【设计】【总计】【仅对列启用】，在最后一行加上各列总计。

13) 简单美化。①点击【设计】【数据透视表样式】右侧下拉小三角按钮，选择一种自己喜欢的样式；②鼠标点入透视表单元格A4内，将"行标签"修改为"月份"；③点入单元格A8内，将"总计"修改为"合计"；④选择第4~8行行号，将透视表各行设置"居中"；⑤选择透视表数字区域（单元格区域B5:G8），按Ctrl_1，调出"设置单元格格式"对话框，点击【数字】【自定义】，在"类型"方框内输入"#,##0.00；-#,##0.00；"，点击【确定】（这是因为"会计专用"格式不能居中）——以上仅是一些初步的美化，有兴趣的读者可以进一步加工和美化。简单美化后的效果如图6-28所示上半部分。

	A	B	C	D	E	F	G	H	I	J
4	月份	合计	利息支出	利息收入	利息净支出	汇兑损失	汇兑收益	汇兑净损失	手续费	其他
5	01月	747,386.73	580,547.36		580,547.36	2,058.10	-477.00	1,581.10	23,253.91	142,004.36
6	02月	285,498.24	534,390.71	-280,940.66	253,450.05	2,056.86		2,056.86	29,813.98	177.35
7	03月	1,459,921.31	1,472,811.04	-28,376.05	1,444,434.99		-150.00	-150.00	15,906.32	-270.00
8	合计	2,492,806.28	2,587,749.11	-309,316.71	2,278,432.40	4,114.96	-627.00	3,487.96	68,974.21	141,911.71

	科目代码	科目名称	记账日期	业务日期	凭证字号	摘要	借方	贷方	方向
154	6603	财务费用				本期合计	1459921.31	1459921.31	平
155	6603	财务费用				本年累计	2492806.28	2492806.28	

图6-28　简单美化后的数据透视表

14) 模板引用数据透视表。上述12）"恢复数据透视表列总计"和13）"简单美化"可以跳过，我们将图6-21所示彩色表格中绿色字清除，如图6-29所示在单元格B7输入公式"=IF（COUNTIF（透视表6603！\$A5,"*月"），透视表6603！\$A5,""）"，并向下复制11行，在单元格D7输入公式"=IF（COUNTIF（透视表6603！\$A5,"*月"），-IFERROR（FIND（"~"，D\$6）^0，-1）*（OFFSET（透视表6603！\$A5,，COLUMN（D7）-COLUMN（\$B7）)），0）"，公式利用了此模板列字段与数据透视列字段完全且顺序相同的特征，使用了函数两个COLUMN之差来获得各字段的相对位置，将之作为OFFSET列偏移的值，而公式"-IFERROR（FIND（"~"，D\$6）^0，-1）"（等同于"IF（RIGHT（D\$6，1）="~"，-1，1）"）是为了照顾"利息收入""汇兑收益"的负值，若不如此，需将图6-29所示中

185

F列和I列公式内的"–"号改为"+"号。上述10)"插入计算项"也可以跳过，如不插入，则不能利用COLUMN，须将透视表各列与A列的相对位置直接输入公式指定偏移值。将公式复制入D、E、G、H、J和K列1~12个月的单元格中，年度财务费用即可自动完成统计。公式之所以要考虑"照顾"（可直接复制至）其他单元格，正是模型的通用性要求，这也是在Excel建模时必须要考虑的。

4. 方案解读与回顾。

1）解读。观察图6-28所示中两个红框内数据，它们分别来自二维透视表和一维源表，它们的金额必须是相等的，且与图6-29所示红框单元格C19"合计"值相等，为2 492 806.28。为了防止出现诸如列移动位置等错误，可在统计表模板中某一单元格，如C21，利用IF增加一个值是否相等的判断来提示我们，从而增加模板的"健壮度"。

月份	合计 ①=④+⑦+⑧+⑨	利息支出	利息收入	利息净支出 ④=②-③	汇兑损失	汇兑收益	汇兑净损失 ⑦=⑤-⑥	手续费	其他
01月	747,386.73	580,547.36		580,547.36	2,058.10	477.00	1,581.10	23,253.91	142,004.36
02月	285,498.24	534,390.71	280,940.66	253,450.05	2,056.86		2,056.86	29,813.98	177.35
03月	1,459,921.31	1,472,811.04	28,376.05	1,444,434.99		150.00	-150.00	15,906.32	-270.00
合计	2,492,806.28	2,587,749.11	309,316.71	2,278,432.40	4,114.96	627.00	3,487.96	68,974.21	141,911.71
OK，与透视表6603合计相等									

图6-29　利用 OFFSET 直接引用数据透视表数据

2）适用场景。企业的资金成本始终是避不开的融资决策关键，从会计核算角度企业一般都会有历史记录，财务费用是一级科目，利息支出一般作为二级科目，如果系统正常设置、运行，导出利息支出数据是没有问题的，而我们要讲的是无ERP支撑的情形，起码包括：

①要统计的内部管理报表项在会计核算系统中同一级次没有对应的子目，比如财务费用下二级科目只设置了利息支出，未设利息收入、汇总支出；

②相较于财务费用一般仅设置到二级（三级）的科目而言，资金成本核算要设置更复杂的核算项目；

③需要统计的内容超出了核算系统已设置的子目级次，比如企业设置到四级子科目，而统计的报表项目达到5级、6级……甚至更深；

④已设置科目中"其他"项目占比过大，需要详细剖析其细项；

⑤未在核算系统中体现，仅辅助记载于ERP之外，或未记载需补录的表外项目。

3）回顾＆强调。本节综合运用了超级表、数据分列、辅助列模糊查找、数据透视表及插入计算项、套用模板等技术，构筑起从财务费用明细账到统计表的自动化通路，模板与透视表之间的连接一旦打通，便可一劳永逸。本节方案中的几处关键点需给同学们强调一下：

①如图6-27所示，"在类别中插入计算字段"对话框中"字段"指的是一维源数据中的字段名，"项"指的是二维数据透视表中的字段名。

②公式中FIND的内容（关键词）是分析图6-21所示的彩色表格带＊号或~号的列标签，结合一维表"摘要"进行设计的，针对的"摘要"不同，应调整关键词。

③模糊查找利用了COUNTIF与ISNUMBER＋FIND函数，同学们应经常复习，并铭记于心。

④本节财务费用明细账的"利息收入"均以"借方"负数记载，如记载于"贷方"，设计辅助列公式时需要加以考虑，比如新增一辅助列作为净发生额，以取代数据透视表中的"借方"。

⑤大中型企业会有如ERP等信息工具软件完成诸如财务费用等的自动化统计报表，或者直接出具科目余额表，但即便如此，可能某一日，出现会计核算系统宕机进不去了或者密码忘记、系统不支持，本节方案可以作为一种便捷、急用的技术后备，同时，也增加一个与ERP核算系统核对的路径。此外，ERP导出的报表仍需要进一步美化，中小企业如没有上线ERP等信息工具软件，本节方案更是身在其中的财务同学们的必备技能。

⑥本节方案除可应用于财务费用外，销售费用、管理费用等多个科目，从模糊到具体的归纳抽象的需求均可模仿本节方案改造模板，最重要的是，要学会如何利用从抽象到具体的数据整理技术来解决财务和业务（非财务）方面的数据提炼问题。

⑦实际上，本节任务还可以利用PQ来完成。

5. 模型拓展。针对以下几种情况，可将模型进行进一步拓展：

1）如果统计表模板需要增加列，需要补充统计信息，仅需补充一维源表（财务费用明细账）的K3单元格IFS函数的参数后回车；刷新数据透视表，检查其列顺序与统计表模板列的一致性；复制统计表模板D7公式至新增列。

2）如果统计表模板需要减少列，直接删除统计表模板的列；去除数据透视表中列标签筛选；检查数据透视表中列与统计表模板列顺序的一致性。

3）明细账需要增加新月份的数据，可在明细账的最后一行下面直接复制后，刷新数据透视表，统计表数据会自动更新。

4）统计表需要展示的月数，可在数据透视表"月份"右侧去除不需要展示月份的勾选，统计表数据会自动更新。

6.5 证券定价测试建模

除最常见的银行贷款这一融资方式外，我们从"6.1.1"节也学习到企业还有其他很多的融资方式，证券融资也是很常见的一种，而证券价格的定价则是其中较为重要的一个环节。

6.5.1　股权和债券定价策略

1.股权定价。股权融资是企业自愿让出部分股份（股权）作为获得企业生产经营所需要的资金，这种通过企业增资方式的融资就是股票融资。通常，企业让渡的是企业部分所有权，不会让出控制权，股票融资不需要向新加入的新股东支付利息，但需要按照公司章程分配股利，新老股东均分享企业盈利和增长红利。

按照融资方式来分，出让股权主要有两类：一是公开市场发售，指的是通过股票市场向不特定的公众投资人发行股票以筹集资金，比如公司上市、已上市企业的增发和配股；二是私募发行（PE），指的企业自行或者委托第三方机构寻找特定的投资人，吸引其通过增资方式向企业投资入股。由于前者门槛较高，后者较为灵活，后者被很多企业股权融资采用。

股权定价的核心是让出股权的内在价值的测算，即未来期间收益价值折现的计算。股权定价的现金流量应重点关注的一是股息的未来支付，二是流通市场上股权的交易价格。作为初始出让者的发股公司，发行价格是以预期的未来现金流量折现值为基础的。

常见的股权定价有两种方式：市盈率定价法和股利股价法。

市盈率定价法。按照"发行价=每股收益EPS×发行市盈率"来确定发行价，通常，发行公司会参照公司所在行业平均市盈率，结合拟发新股的发行数量、收益、净资产、市场状况以及可比上市公司的二级市场表现来综合确定。该方法是新股定价最常用的方法，由于考虑发行风险（会考虑能否全部售出），定价时通常留有余地。

股利股价法。以未来每年发放的股利现金流，按照期望的报酬率折现到当前的现金流量值来确定股份的方法。

2.债权定价。债权融资是企业不让出股份（股权），通过举债向金融机构、供应商、职工、广大社会投资人借入资金，并按照约定支付利息的融资方式。

债券是债权融资的一种特定方式，指的是政府、金融机构、企业等机构直接向社会筹措资金，面向投资人发行的承诺按一定利率支付利息（通常高于同期银行存款利率）的债权债务凭证，债券本质上是债务证明书，如国债、企业债等，具有法定约束力。在债权发行与认购上，投资人（购买者）是债权人，发债人（售卖者）是债务人。债券通常分为政府、国有企业发行的企业债和上市公司等通过公开市场发行的公司债。

债券的利息通常是事先确定的，支付利息通常有两种方式：

（1）分期付息。指的是发行人在债券发行日和到期日之间，按照约定的周期（半年/年）偿付一次利息。

（2）一次还本付息。指的是发行人在到期日将债券发行日和到期日之间的利息和本金一次性偿付，类似于银行定期存款。

债券的发行价格，指的是发行公司确定的债券购买人购入债券时应支付的价格，发行价制定的理论基础是，债券的面值和各期（年）将偿付的利息按照发行时的市场利率折现的现值。债券的发行价通常与债券面值不一致：超过面值发行，叫作溢价发行；低于面值发行，叫作折价发行；按面值发行，叫作平价发行。之所以如此，是因为债券的票面利率与发行时的市场利率不一致所致，当票面利率高于市场利率时，投资人将得到更多的回报，企业承担了较重的利息成本，必然溢价发行；当票面利率低于市场利率时，该债券对投资人便失去了吸引力，不折价发行就没人购买，发行必败；当票面利率等于市场利率时，企业与投资人处于博弈均势，按面值发行是最公允的必然选择。

换言之，债券的溢价或折价取决于票面利率和市场利率（内含报酬率）的对比，或者债券面值与发行价格的对比，当前者大于后者，则溢价发行，反之，则折价发行。一句话，面值和票面利率决定了发行企业的利息负担，发行价和发行数量决定了企业所融资金，以多大的付出获得多大的所得是发行企业测算的动因。

6.5.2　股权融资定价模型

市盈率定价法公式较简单，这里无须展开建模，本节我们以实例来学习股利股价法定价建模。

1.问题提出。公司下属风机板块拟出让股权3 000万份（占现有股权的4%），股份分配计划为首年每股股利0.125元，第2~5年增长率为3%，第6年后增长率为2%，要求测算每股股价及可筹资金额。

2. 问题分析。股利股价法定价的关键在于各期的现金流量和折现率的确定，再使用NPV即可测算累计净现金流，即每股股价。

3. 建模方案。新建一个Excel工作簿，取名为"D:\SZCW\Chap6\股权发行定价.xlsx"。将已知的信息录入图6-30所示的"基础数据"区，老规矩，绿字都是可以随时调整的。在E11:E17输入公式，对公式中关键公式E16公式"=NPV（E9，E11:E15）+E15*（1+E8）/（1+E9）^5/（E9−E8）"说明如下：

公式分为两个部分，第一部分将前5年股利折现，折现率即市场期望的回报率，第二部分是将第6年起以后的股利折现，两部分用经济语言公式表达为"=NPV（回报率，5年股利+第6年股利/（1+回报率）/（回报率−从第6年起的增长率）"。

E12至E15公式输入方法：选中单元格区域E12:E15，在公式编辑栏输入"=E11*（1+$E$7）"，按Ctrl_Enter完成该区域公式的统一输入，当然在E12内输入公式后向下拖拉或者向下复制也可达成同样效果。

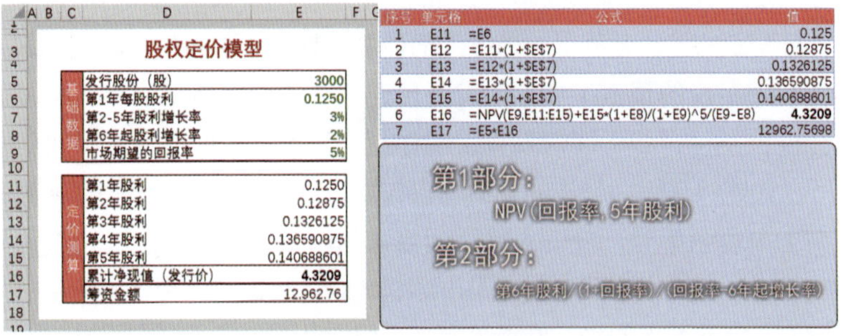

图6-30 股权定价模型

4. 模型解读。股利股价法定价模型并不复杂，难点是从第6年起无限年数的股利折现，数学推导这里不推了，记住这个结论：经测算，每股定价为4.3209元，发行3 000万股，可融资12 962.76万元。

6.5.3 分期付息到期还本模式债券溢价发行价格模型

通常，债券的面值和票面利率都是事先确定好，印刷在票面上的，而市场利率（内部报酬率）和发行价格只要知道一个，就可以利用Excel建立的模型来求得另一个。溢价和折价2种发行方式，分期付息到期还本和一次还本付息2种付息方式，市场利率和发行价格2种求取可能，将它们两两组合就有2×2×2=8种模型。

1.问题提出。集团高层认为不能把融资只局限于银行贷款一条途径，可考虑发行面值 5 000 万元、票面利率 4.25% 分期付息、到期还本的公司债券。如果可作为参考的市场利率为 3.85%，那么发行价格定多少适当？

2.问题分析。债券价格定价的关键在于各期的现金流量的确定，计算的重点在利息摊销调整，最后使用 NPV 即可测算累计净现金流，即发行价。

3.建模方案。新建一个 Excel 工作簿，取名为 "D:\SZCW\Chap6\债券发行定价.xlsx"。新增工作表 "1.分期溢价（价格）"，将已有资料录入图 6-31 所示绿字单元格，并在第 5~12 行设计现金流量计算表格（表中 D 至 I 列均有公式），在单元格 D15 输入发行价格公式 "=-ROUND（NPV（$G$15，$I$7:$I$11），2）"，公式需使用市场利率计算，且需要 5 年各年的净现金流量，而净现金流量需在第 7~12 行计算。

期间	期初摊余成本	票面利息	利息费用	利息摊销调整	期末摊余成本	净现金流量1	备注
						50,894,128.83	发行价格
2023.7.1-2024.6.30	50,894,128.83	2,125,000.00	1,959,423.96	165,576.04	50,728,552.79	-2,125,000.00	
2024.7.1-2025.6.30	50,728,552.79	2,125,000.00	1,953,049.28	171,950.72	50,556,602.07	-2,125,000.00	
2025.7.1-2026.6.30	50,556,602.07	2,125,000.00	1,946,429.18	178,570.82	50,378,031.25	-2,125,000.00	
2026.7.1-2027.6.30	50,378,031.25	2,125,000.00	1,939,554.20	185,445.80	50,192,585.46	-2,125,000.00	
2027.7.1-2028.6.30	50,192,585.46	2,125,000.00	1,932,414.54	192,585.46	50,000,000.00	-52,125,000.00	
合计	—	10,625,000.00	9,730,871.17	894,128.83	—	-60,625,000.00	

图 6-31　溢价 & 分期付息（到期还本）模式债券发行价格模型

1）期初摊余成本。单元格 D7 内输入公式 "=D15"，这与 I6 公式一样，均指向发行价格。

2）票面利息。单元格 E7 内输入公式 "=$D$14*$G$14"，即债券面值乘以票面利率。

3）利息费用。单元格 F7 内输入公式 "=$D7*$G$15"，即期初摊余成本乘以市场利率。

4）利息摊销调整。单元格 G7 内输入公式 "=E7-F7"，即票面利息与利息费用的差值。

5）期末摊余成本。单元格 H7 内输入公式 "=D7-G7"，即期初摊余成本扣除利息摊销调整的值，此值又是下年的期初摊余成本。

6）净现金流量。单元格 I7 内输入公式 "=-E7"，即每年需实际偿付的票面利息，这里以负值表示支出，因此发行价格公式中 NPV 前加了负号 "-"。

第7行公式输入完成后，复制入第8~11行，第12行对第7~11行进行SUM求和。注意最后一期偿付金额要加上面值，即单元格I11公式应修改为"=-E11-D14"。

4. **模型解读与校验**。集团拟于2023年7月1日发行的面值5 000万元，为期5年的公司债券，因票面利率4.25%高于市场利率3.85%，采取溢价方式发行，发行价格为50 894 128.83元。对模型的校验如下：

- 利息验证。单元格I12的净现金流量为面值与5年的利息偿付总额，如将发行收入考虑进来，公式修改为"=SUM（$I$6:$I$11）"，值应为9 730 871.17，刚好是5年的利息费用合计。
- IRR验证。在单元格J15输入公式"=IRR（I6:I11）"，值为3.85%，刚好是市场利率值，说明发行价格作为IRR参数是正确的，发行价格计算正确。

6.5.4 分期付息到期还本模式债券溢价市场利率模型

1. **问题提出**。集团高层认为不能把融资只局限于银行贷款一条途径，可考虑发行面值5 000万元，票面利率4.25%分期付息、到期还本的公司债券。如果确定以5 500万元作为发行价格，那么适合市场利率为多少的证券市场呢？

2. **问题分析**。债券价格定价的关键在于各期现金流量的确定，计算的重点在"利息摊销调整"，结合发行取得的现金流入，可使用IRR函数计算市场利率。

3. **建模方案**。新增工作表"2.分期溢价（市场利率）"，将已有资料录入图6-32所示绿字单元格，并在第5~12行设计现金流量计算表格（表中D至I列均有公式），在单元格G15输入发行价格公式"=IRR（I6:I11）"，公式需使用拟发行所得和5年内各年的净现金流量，拟发行所得直接输入D15，而净现金流量需在第7~12行计算。

1）期初摊余成本。单元格D7内输入公式"=D15"，这与I6公式一样，均指向发行价格；

2）票面利息。单元格E7内输入公式"=$D$14*$G$14"，即债券面值乘以票面利率；

3）利息费用。单元格F7内输入公式"=$D7*$G$15"，即期初摊余成本乘以市场利率；

债券发行价格计算表

（溢价发行，分期付息）

期间	期初摊余成本	票面利息	利息费用	利息摊销调整	期末摊余成本	净现金流量2	备注
						55,000,000.00	发行价格
2023.7.1-2024.6.30	55,000,000.00	2,125,000.00	1,166,529.12	958,470.88	54,041,529.12	-2,125,000.00	
2024.7.1-2025.6.30	54,041,529.12	2,125,000.00	1,146,200.32	978,799.68	53,062,729.44	-2,125,000.00	
2025.7.1-2026.6.30	53,062,729.44	2,125,000.00	1,125,440.35	999,559.65	52,063,169.79	-2,125,000.00	
2026.7.1-2027.6.30	52,063,169.79	2,125,000.00	1,104,240.07	1,020,759.93	51,042,409.86	-2,125,000.00	
2027.7.1-2028.6.30	51,042,409.86	2,125,000.00	1,082,590.14	1,042,409.86	50,000,000.00	-52,125,000.00	
合计	-	10,625,000.00	5,625,000.00	5,000,000.00	-	-60,625,000.00	

面值	50,000,000.00	票面利率	4.25%	期限（年）	5
发行价格	55,000,000.00	市场利率	2.12%	NPV校验	¥0.00

图 6-32　溢价 & 分期付息（到期还本）模式债券市场利率模型

4）利息摊销调整。单元格G7内输入公式“=E7−F7”，即票面利息与利息费用的差值；

5）期末摊余成本。单元格H7内输入公式“=D7−G7”，即期初摊余成本扣除利息摊销调整的值，此值又是下年的期初摊余成本；

6）净现金流量。单元格I7内输入公式“=−E7”，即每年需实际偿付的票面利息，这里以负值表示支出，因此发行价格公式中NPV前加了负号“−”；

第7行公式输入完成后，复制入第8~11行，第12行对第7~11行进行SUM求和。注意最后一期偿付金额要加上面值，即单元格I11公式应修改为“=−E11−D14”。

4. 模型解读与校验。集团拟于2023年7月1日发行的面值5 000万元，为期5年的公司债券，拟采取溢价方式发行，发行价格为5 500万元，市场利率（IRR）测算值为2.12%，低于票面利率4.25%，可溢价发行。对模型的校验如下：

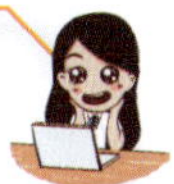

- 利息验证。单元格 I12 的净现金流量为面值与 5 年的利息偿付总额，如将发行收入考虑进来，公式修改为“=SUM（$I$6:$I$11）”，值应为 5 625 000.00，刚好是 5 年的利息费用合计。
- NPV 验证。在单元格 J15 输入公式“=−NPV(G15, I6:I11)”，值为 0，说明发行价格正好等于以市场利率 2.12% 折算的各期现金流量之和，发行价格适当。

6.5.5　分期付息到期还本模式债券折价发行价格模型

1. 问题提出。集团高层认为不能把融资只局限于银行贷款一条途径，可考虑发行面值5 000万元，票面利率4.25%分期付息、到期还本的公司债券。如果可作为参考的市场利率为4.50%，那么发行价格定多少适当?

2. 问题分析。债券价格定价的关键在于各期现金流量的确定，计算的重点在利息摊销调整，最后使用NPV即可测算累计净现金流，即发行价。

3. 建模方案。新增工作表“3.分期折价（价格）”，将已有资料录入图6-33所示绿字单元格，并在第5~12行设计现金流量计算表格（表中D至I列均有公式），在单元格D15输入发行价格公式“=-ROUND（NPV（$G$15，$I$7:$I$11），2）”，公式需使用市场利率计算，且需要5年各年的净现金流量，而净现金流量需在第7~12行计算。

债券发行价格计算表

（溢价发行，分期付息）

期间	期初摊余成本	票面利息	利息费用	利息摊销调整	期末摊余成本	净现金流量2	备注
						55,000,000.00	发行价格
2023.7.1-2024.6.30	55,000,000.00	2,125,000.00	1,166,529.12	958,470.88	54,041,529.12	-2,125,000.00	
2024.7.1-2025.6.30	54,041,529.12	2,125,000.00	1,146,200.32	978,799.68	53,062,729.44	-2,125,000.00	
2025.7.1-2026.6.30	53,062,729.44	2,125,000.00	1,125,440.35	999,559.65	52,063,169.79	-2,125,000.00	
2026.7.1-2027.6.30	52,063,169.79	2,125,000.00	1,104,240.07	1,020,759.93	51,042,409.86	-2,125,000.00	
2027.7.1-2028.6.30	51,042,409.86	2,125,000.00	1,082,590.14	1,042,409.86	50,000,000.00	-52,125,000.00	
合计	-	10,625,000.00	5,625,000.00	5,000,000.00	-	-60,625,000.00	

面值	50,000,000.00	票面利率	4.25%	期限（年）	5
发行价格	55,000,000.00	市场利率	2.12%	NPV校验	¥0.00

图 6-33　折价 & 分期付息（到期还本）模式债券发行价格模型

1）期初摊余成本。单元格D7内输入公式“=D15”，这与I6公式一样，均指向发行价格。

2）票面利息。单元格E7内输入公式“=$D$14*$G$14”，即债券面值乘以票面利率。

3）利息费用。单元格F7内输入公式“=$D7*$G$15”，即期初摊余成本乘以市场利率。

4）利息摊销调整。单元格G7内输入公式“=E7-F7”，即票面利息与利息费用的差值。

5）期末摊余成本。单元格H7内输入公式“=D7-G7”，即期初摊余成本扣除利息摊销调整的值，此值又是下年的期初摊余成本。

6）净现金流量。单元格I7内输入公式“=-E7”，即每年需实际偿付的票面利息，这里以负值表示支出，因此发行价格公式中NPV前加了负号“-”。

第7行公式输入完成后，复制入第8~11行，第12行对第7~11行进行SUM求和。注意最后一期偿付金额要加上面值，即单元格I11公式应修改为

"=-E11-D14"。

4.模型解读与校验。集团拟于2023年7月1日发行的面值5 000万元，为期5年的公司债券，因票面利率4.25%低于市场利率4.50%，采取折价方式发行，发行价格为49 451 252.91元。对模型的校验如下：

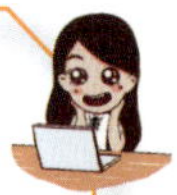

- 利息验证。单元格I12的净现金流量为面值与5年的利息偿付总额，如将发行收入考虑进来，公式修改为"=SUM（$I$6:$I$11）"，值应为11 173 747.09，刚好是5年的利息费用合计。
- IRR验证。在单元格J15输入公式"=IRR（I6:I11）"，值为4.50%，刚好是市场利率值，说明发行价格作为IRR参数是正确的，发行价格计算正确。

6.5.6 分期付息到期还本模式债券折价市场利率模型

1.问题提出。集团高层认为不能把融资只局限于银行贷款一条途径，可考虑发行面值5 000万元，票面利率4.25%分期付息、到期还本的公司债券。如果确定以4 500万元作为发行价格，那么适合市场利率为多少的证券市场呢？

2.问题分析。债券价格定价的关键在于各期现金流量的确定，计算的重点在利息摊销调整，结合发行取得的现金流入，可使用IRR函数计算市场利率。

3.建模方案。新增工作表"4.分期折价（市场利率）"，将已有资料录入图6-34所示绿字单元格，并在第5~12行设计现金流量计算表格（表中D至I列均有公式），在单元格G15输入发行价格公式"=IRR（I6:I11）"，公式需使用拟发行所得和5年内各年的净现金流量，拟发行所得直接输入D15，而净现金流量需在第7~12行计算。

债券发行价格计算表

（折价发行，分期付息）

期间	期初摊余成本	票面利息	利息费用	利息摊销调整	期末摊余成本	净现金流量4	备注
						45,000,000.00	发行价格
2023.7.1-2024.6.30	45,000,000.00	2,125,000.00	3,000,246.73	-875,246.73	45,875,246.73	-2,125,000.00	
2024.7.1-2025.6.30	45,875,246.73	2,125,000.00	3,058,601.31	-933,601.31	46,808,848.04	-2,125,000.00	
2025.7.1-2026.6.30	46,808,848.04	2,125,000.00	3,120,846.52	-995,846.52	47,804,694.56	-2,125,000.00	
2026.7.1-2027.6.30	47,804,694.56	2,125,000.00	3,187,241.75	-1,062,241.75	48,866,936.31	-2,125,000.00	
2027.7.1-2028.6.30	48,866,936.31	2,125,000.00	3,258,063.69	-1,133,063.69	50,000,000.00	-52,125,000.00	
合计	-	10,625,000.00	15,625,000.00	-5,000,000.00	-	-60,625,000.00	

面值	50,000,000.00	票面利率	4.25%	期限（年）	5
发行价格	45,000,000.00	市场利率	6.67%	NPV校验	(¥0.00)

图6-34 折价&分期付息（到期还本）模式债券市场利率模型

1）期初摊余成本。单元格D7内输入公式"=D15"，这与I6公式一样，均指向发行价格。

2）票面利息。单元格E7内输入公式"=$D$14*$G$14"，即债券面值乘以票面利率。

3）利息费用。单元格F7内输入公式"=$D7*$G$15"，即期初摊余成本乘以市场利率。

4）利息摊销调整。单元格G7内输入公式"=E7−F7"，即票面利息与利息费用的差值。

5）期末摊余成本。单元格H7内输入公式"=D7−G7"，即期初摊余成本扣除利息摊销调整的值，此值又是下年的期初摊余成本。

6）净现金流量。单元格I7内输入公式"=−E7"，即每年需实际偿付的票面利息，这里以负值表示支出，因此发行价格公式中NPV前加了负号"−"。

第7行公式输入完成后，复制入第8~11行，第12行对第7~11行进行SUM求和。注意最后一期偿付金额要加上面值，即单元格I11公式应修改为"=−E11−D14"。

4.模型解读与校验。集团拟于2023年7月1日发行的面值5 000万元，为期5年的公司债券，拟采取折价方式发行，发行价格为4 500万元，市场利率（IRR）测算值为6.67%，高于票面利率4.25%，应折价发行。对模型的校验如下：

- 利息验证。单元格I12的净现金流量为面值与5年的利息偿付总额，如将发行收入考虑进来，公式修改为"=SUM（$I$6:$I$11）"，值应为15 625 000.00，刚好是5年的利息费用合计。
- NPV验证。在单元格J15输入公式"=−NPV（G15, I6:I11）"，值为0，说明发行价格正好等于以市场利率6.67%折算的各期现金流量之和，发行价格适当。

6.5.7 到期一次还本付息模式债券溢价发行价格模型

1.问题提出。集团高层认为不能把融资只局限于银行贷款一条途径，可考虑发行面值5 000万元、票面利率4.25%到期一次性还本付息的公司债券。如果可作为参考的市场利率为4.75%，那么发行价格定多少适当？

2.问题分析。债券价格定价的关键在于各期的现金流量的确定，计算的重点在利息摊销调整，最后使用NPV即可测算累计净现金流，即发行价。

3.建模方案。新增工作表“5.一次溢价（价格）”，将已有资料录入图6–35所示绿字单元格，并在第5~12行设计现金流量计算表格（表中D至I列均有公式），在单元格D15输入发行价格公式“=−ROUND（NPV（$G$15，$I$7:$I$11），2）”，公式需使用市场利率计算，且需要5年各年的净现金流量，而净现金流量需在第7~12行计算。

债券发行价格计算表

（溢价发行，一次还本付息）

期间	期初摊余成本	票面利息	利息费用	利息摊销调整	期末摊余成本	净现金流量5	备注
						51,044,623.24	发行价格
2023.7.1-2024.6.30	51,044,623.24	2,125,000.00	1,786,561.81	338,438.19	50,706,185.05	-	为0
2024.7.1-2025.6.30	50,706,185.05	2,125,000.00	1,774,716.48	350,283.52	50,355,901.53	-	为0
2025.7.1-2026.6.30	50,355,901.53	2,125,000.00	1,762,456.55	362,543.45	49,993,358.08	-	为0
2026.7.1-2027.6.30	49,993,358.08	2,125,000.00	1,749,767.53	375,232.47	49,618,125.62	-	为0
2027.7.1-2028.6.30	49,618,125.62	2,125,000.00	1,736,634.40	388,365.60	49,229,760.01	-60,625,000.00	面值&利息
合计	-	10,625,000.00	8,810,136.77	1,814,863.23	-	-60,625,000.00	

面值	50,000,000.00	票面利率	4.25%	期限（年）	5
发行价格	51,044,623.24	市场利率	3.50%	IRR校验	3.50%

图6–35　溢价&到期一次还本付息模式债券发行价格模型

1）期初摊余成本。单元格D7内输入公式“=D15”，这与I6公式一样，均指向发行价格。

2）票面利息。单元格E7内输入公式“=$D$14*$G$14”，即债券面值乘以票面利率。

3）利息费用。单元格F7内输入公式“=$D7*$G$15”，即期初摊余成本乘以市场利率。

4）利息摊销调整。单元格G7内输入公式“=E7−F7”，即票面利息与利息费用的差值。

5）期末摊余成本。单元格H7内输入公式“=D7−G7”，即期初摊余成本扣除利息摊销调整的值，此值又是下年的期初摊余成本——第7行公式输入完成后，复制入第8~11行，第12行对第7~11行进行SUM求和。

6）净现金流量。因为债券是到期一次性还本付息，第1~4年利息支出净现金流量为0。单元格I7:I10值为0，即每年需实际偿付的票面利息，最后一期偿付金额为面值加5年的票面利息，即单元格I11公式为“=−E11−D14”这里以负值表示支出，因而发行价格公式中NPV前加了负号“−”。

4.模型解读与校验。集团拟于2023年7月1日发行的面值5 000万元，为期5年的公司债券，因票面利率4.25%高于市场利率3.50%，采取溢价方式发行，发行价格为51 044 623.24元。对模型的校验如下：

- 利息验证。单元格 I12 的净现金流量为面值与 5 年的利息偿付总额，如将发行收入考虑进来，公式修改为“=SUM（$I$6:$I$11）”，值应为 8 810 136.77，刚好是 5 年的利息费用合计。
- IRR 验证。在单元格 J15 输入公式“=IRR（I6:I11）”，值为 3.50%，刚好是市场利率值，说明发行价格作为 IRR 参数是正确的，发行价格计算正确。

6.5.8 到期一次还本付息模式债券溢价市场利率模型

1. 问题提出。集团高层认为不能把融资只局限于银行贷款一条途径，可考虑发行面值 5 000 万元、票面利率 4.25% 到期一次性还本付息的公司债券。如果确定以 5 500 万元作为发行价格，那么适合于市场利率为多少的证券市场呢?

2. 问题分析。债券价格定价的关键在于各期现金流量的确定，计算的重点在利息摊销调整，结合发行取得的现金流入，可使用 IRR 函数计算市场利率。

3. 建模方案。新增工作表“6.一次溢价（市场利率）”，将已有资料录入图 6-36 所示绿字单元格，并在第 5-12 行设计现金流量计算表格（表中 D 至 I 列均有公式），在单元格 G15 输入发行价格公式“=IRR（I6:I11）”，公式需使用拟发行所得和 5 年内各年的净现金流量，拟发行所得直接输入 D15，而净现金流量需在第 7~12 行计算。

债券发行价格计算表

（溢价发行，一次还本付息）

期间	期初摊余成本	票面利息	利息费用	利息摊销调整	期末摊余成本	净现金流量5	备注
						51,044,623.24	发行价格
2023.7.1-2024.6.30	51,044,623.24	2,125,000.00	1,786,561.81	338,438.19	50,706,185.05	-	为0
2024.7.1-2025.6.30	50,706,185.05	2,125,000.00	1,774,716.48	350,283.52	50,355,901.53	-	为0
2025.7.1-2026.6.30	50,355,901.53	2,125,000.00	1,762,456.55	362,543.45	49,993,358.08	-	为0
2026.7.1-2027.6.30	49,993,358.08	2,125,000.00	1,749,767.53	375,232.47	49,618,125.62	-	为0
2027.7.1-2028.6.30	49,618,125.62	2,125,000.00	1,736,634.40	388,365.60	49,229,760.01	-60,625,000.00	面值&利息
合计	-	10,625,000.00	8,810,136.77	1,814,863.23	-	-60,625,000.00	
面值	50,000,000.00		票面利率	4.25%		期限（年）	5
发行价格	51,044,623.24		市场利率	3.50%		IRR校验	3.50%

图 6-36 溢价 & 到期一次还本付息模式债券市场利率模型

1）期初摊余成本。单元格 D7 内输入公式“=D15”，这与 I6 公式一样，均指向发行价格。

2）票面利息。单元格 E7 内输入公式“=$D$14*$G$14”，即债券面值乘以票面利率。

3）利息费用。单元格F7内输入公式"=$D7*$G$15"，即期初摊余成本乘以市场利率。

4）利息摊销调整。单元格G7内输入公式"=E7–F7"，即票面利息与利息费用的差值。

5）期末摊余成本。单元格H7内输入公式"=D7–G7"，即期初摊余成本扣除利息摊销调整的值，此值又是下年的期初摊余成本——第7行公式输入完成后，复制入第8~11行，第12行对第7~11行进行SUM求和。

6）净现金流量。因为债券是到期一次性还本付息，第1~4年利息支出净现金流量为0。单元格I7:I10值为0，即每年需实际偿付的票面利息，最后一期偿付金额为面值加5年的票面利息，即单元格I11公式为"=–E11–D14"这里以负值表示支出，因而发行价格公式中NPV前加了负号"–"。

4.模型解读与校验。集团拟于2023年7月1日发行的面值5 000万元，为期5年的公司债券，拟采取溢价方式发行，发行价格为5 500万元，市场利率（IRR）测算值为1.97%，低于票面利率4.25%，可溢价发行。对模型的校验如下：

◆ 利息验证。单元格I12的净现金流量为面值与5年的利息偿付总额，如将发行收入考虑进来，公式修改为"=SUM（$I$6:$I$11）"，值应为5 198 804.43，刚好是5年的利息费用合计。

◆ NPV验证。在单元格J15输入公式"=–NPV（G15，I6:I11）"，值为0，说明发行价格正好等于以市场利率1.97%折算的各期现金流量之和，发行价格适当。

6.5.9 到期一次还本付息模式债券折价发行价格模型

1.问题提出。集团高层认为不能把融资只局限于银行贷款一条途径，可考虑发行面值5 000万元、票面利率4.25%到期一次性还本付息的公司债券。如果可作为参考的市场利率为4.50%，那么发行价格定多少适当？

2.问题分析。债券价格定价的关键在于各期现金流量的确定，计算的重点在利息摊销调整，最后使用NPV即可测算累计净现金流，即发行价。

3.建模方案。新增工作表"7.一次折价（价格）"，将已有资料录入图6–37所示绿字单元格，并在第5~12行设计现金流量计算表格（表中D至I列均有公式），在单元格D15输入发行价格公式"=-ROUND（NPV（$G$15,$I$7:$I$11），2）"，公式需使用市场利率计算，且需要5年各年的净现金流量，而净现金流量需在第7~12行计算。

图6-37 折价 & 到期一次还本付息模式债券发行价格模型

1）期初摊余成本。单元格D7内输入公式"=D15"，这与I6公式一样，均指向发行价格。

2）票面利息。单元格E7内输入公式"=$D$14*$G$14"，即债券面值乘以票面利率。

3）利息费用。单元格F7内输入公式"=$D7*$G$15"，即期初摊余成本乘以市场利率。

4）利息摊销调整。单元格G7内输入公式"=E7-F7"，即票面利息与利息费用的差值。

5）期末摊余成本。单元格H7内输入公式"=D7-G7"，即期初摊余成本扣除利息摊销调整的值，此值又是下年的期初摊余成本——第7行公式输入完成后，复制入第8~11行，第12行对第7~11行进行SUM求和。

6）净现金流量。因为债券是到期一次性还本付息，第1~4年利息支出净现金流量为0。单元格I7:I10值为0，即每年需实际偿付的票面利息，最后一期偿付金额为面值加5年的票面利息，即单元格I11公式为"=-E11-D14"这里以负值表示支出，因而发行价格公式中NPV前加了负号"-"。

4.模型解读与校验。集团拟于2023年7月1日发行的面值5 000万元，为期5年的公司债券，因票面利率4.25%低于市场利率4.50%，采取折价方式发行，发行价格为48 648 594.69元。对模型的校验如下：

- 利息验证。单元格 I12 的净现金流量为面值与 5 年的利息偿付总额，如将发行收入考虑进来，公式修改为"=SUM（$I$6:$I$11）"，值应为 10 976 147.14，刚好是 5 年的利息费用合计。
- IRR 验证。在单元格 J15 输入公式"=IRR（I6:I11）"，值为 4.50%，刚好是市场利率值，说明发行价格作为 IRR 参数是正确的，发行价格计算正确。

6.5.10　到期一次还本付息模式债券折价市场利率模型

1.问题提出。集团高层认为不能把融资只局限于银行贷款一条途径，可考虑发行面值 5 000 万元、票面利率 4.25% 到期一次性还本付息的公司债券。如果确定以 4 500 万元作为发行价格，那么适合于市场利率为多少的证券市场呢？

2.问题分析。债券价格定价的关键在于各期现金流量的确定，计算的重点在利息摊销调整，结合发行取得的现金流入，可使用 IRR 函数计算市场利率。

3.建模方案。新增工作表"8.一次折价（市场利率）"，将已有资料录入图 6-38 所示绿字单元格，并在第 5~12 行设计现金流量计算表格（表中 D 至 I 列均有公式），在单元格 G15 输入发行价格公式"=IRR（I6:I11）"，公式需使用拟发行所得和 5 年内各年的净现金流量，拟发行所得直接输入 D15，而净现金流量需在第 7~12 行计算。

债券发行价格计算表
（折价发行，一次还本付息）

期间	期初摊余成本	票面利息	利息费用	利息摊销调整	期末摊余成本	净现金流量8	备注
						45,000,000.00	发行价格
2023.7.1-2024.6.30	45,000,000.00	2,125,000.00	2,763,963.89	-638,963.89	45,638,963.89	-	为0
2024.7.1-2025.6.30	45,638,963.89	2,125,000.00	2,803,209.96	-678,209.96	46,317,173.85	-	为0
2025.7.1-2026.6.30	46,317,173.85	2,125,000.00	2,844,866.58	-719,866.58	47,037,040.43	-	为0
2026.7.1-2027.6.30	47,037,040.43	2,125,000.00	2,889,081.81	-764,081.81	47,801,122.23	-	为0
2027.7.1-2028.6.30	47,801,122.23	2,125,000.00	2,936,012.79	-811,012.79	48,612,135.03	-60,625,000.00	面值&利息
合计	-	10,625,000.00	14,237,135.03	-3,612,135.03		-60,625,000.00	
面值	50,000,000.00		票面利率	4.25%		期限（年）	5
发行价格	45,000,000.00		市场利率	6.14%		NPV校验	(¥0.00)

图 6-38　折价 & 到期一次还本付息模式债券市场利率模型

1）期初摊余成本。单元格 D7 内输入公式"=D15"，这与 I6 公式一样，均指向发行价格。

2）票面利息。单元格E7内输入公式"=$D$14*$G$14"，即债券面值乘以票面利率。

3）利息费用。单元格F7内输入公式"=$D7*$G$15"，即期初摊余成本乘以市场利率。

4）利息摊销调整。单元格G7内输入公式"=E7−F7"，即票面利息与利息费用的差值。

5）期末摊余成本。单元格H7内输入公式"=D7−G7"，即期初摊余成本扣除利息摊销调整的值，此值又是下年的期初摊余成本——第7行公式输入完成后，复制入第8~11行，第12行对第7~11行进行SUM求和。

6）净现金流量。因为债券是到期一次性还本付息，第1~4年利息支出净现金流量为0。单元格I7:I10值为0，即每年需实际偿付的票面利息，最后一期偿付金额为面值加5年的票面利息，即单元格I11公式为"=−E11−D14"这里以负值表示支出，因而发行价格公式中NPV前加了负号"−"。

4.模型解读与校验。集团拟于2023年7月1日发行的面值5 000万元，为期5年的公司债券，拟采取折价方式发行，发行价格为4 500万元，市场利率（IRR）测算值为6.14%，高于票面利率4.25%，应折价发行。对模型的校验如下：

- 利息验证。单元格I12的净现金流量为面值与5年的利息偿付总额，如将发行收入考虑进来，公式修改为"=SUM（$I$6:$I$11）"，值应为14 237 135.03，刚好是5年的利息费用合计。
- NPV验证。在单元格J15输入公式"=−NPV（G15，I6:I11）"，值为0，说明发行价格正好等于以市场利率6.14%折算的各期现金流量之和，发行价格适当。

6.5.11 巧用合并计算列示8种净现金流量清单

1.问题提出。前面8小节展示了8种债券定价模型，各种模型下的净现金流量在每张工作表都可以看到，能否将它们列示在一张工作表上，做一个一览表呢？

2.问题分析。列示清单一览表的活儿，方法有很多，这里要介绍一种新方法——合并计算。

3.解决方案。新增工作表"净现金流清单",在C5:K5内输入"期间""净现金流量1""净现金流量2"……"净现金流量8",这里各列的文字要与前面8小节工作表中的有关列字段名称完全一致。在C6内输入等于号"="后,鼠标点击"1.分期溢价(价格)"工作表标签,再点击其单元格C7,回车,完成工作表"净现金流清单"。C6公式"='1.分期溢价(价格)'! C7"。然后按照图6-39所示之①至⑧步骤进行操作:

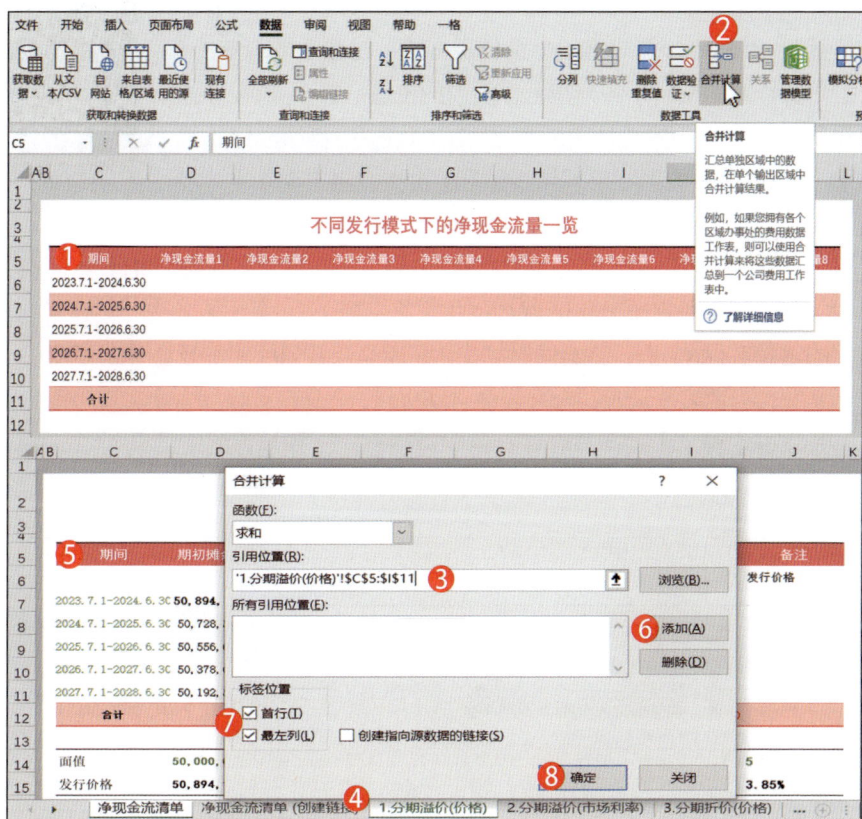

图6-39　合并计算制作净现金流清单

①选中单元格区域C5:K5,这很重要,这是告知下一步的"合并计算"工具要统计的列字段按此选择区域内文字进行统计,比如对于"净现金流量2","合并计算"视同待合并的每个工作表中都有该列(字段),然后对它们进行统计(如"求和");

②依次点击【数据】【数据工具】【合并计算】,"合并计算"工具按照列字段("期间""净现金流量8"……)、行字段("期间"如"2025.7.1-2026.6.30")进

行统计；

③弹出"合并计算"对话框，光标在"引用位置"方框内闪烁；

④点击工作表标签"1.分期溢价（价格）"；

⑤鼠标选中单元格区域C5:I11，该区域内"净现金流量1"与"期间"列不相邻，所以必须预先在"净现金流清单"工作表的C5输入"净现金流量1"字段作为示范；

⑥点击【添加】，"引用位置"内的地址将添加至"所有引用位置"，点击要合并的第二个工作表标签……由于要合并的8个工作表样式均相同（各列在工作表内的位置一样），所以不需要在激活工作表之后选取单元格区域C5:I11……再次点击【添加】，点击要合并的第三个工作表标签，再次点击【添加】……直到8个工作表完成添加；

利用合并计算工具创建净现金流量清单

⑦"标签位置"一定要勾选"首行"（列字段在单元格区域C5:I11的第一行）"最左列"（列字段在单元格区域C5:I11的第一列），注意不要勾选"创建指向源数据的链接"，如勾选，将会同时列出8张表的合并列的明细及合计，如图6-40所示之②，当源表变动时，合并表会自动更新；

⑧点击【确定】关闭"合并计算"对话框，合并计算后的结果如图6-40所示之①。

图6-40　合并计算结果

4.方案解读与回顾。从图6-40所示可以明显看出"净现金流量1"至"净现金流量4"分期付息和"净现金流量5"至"净现金流量8"一次还本付息的现金流量分布特征，但各模型合计净现金流量是相同的，值均为60 625 000，系债券面值与5期利息之和。

合并计算工具是根据各工作表（或指定区域）的共同行和列字段特征进行分类汇兑的工具，它并不需要所有的待合并表格都具有相同的行字段、列字段，因为它会自动补齐，视同各表均有相同字段。例如"净现金流量1"仅在工作表"1.分期溢价（价格）"出现一次，图6-40所示之①的单元格D6值−2 125 000=−2 125 000+0+0+0+0+0+0+0，后面的7个0是其他7张工作表中视同存在"净现金流量1"的值。我们可利用这一点，设计要汇总的字段列示清单，制作一览表。

如"解决方案"第⑦步未勾选"创建指向源数据的链接"，当源表数据变化后，需激活工作表"净现金流清单"，再次选中单元格区域C5:K5，调用"合并计算"工具，点击【确定】以更新合并统计的数据。如果当前工作表不是"净现金流清单"，调用"合并计算"工具，"所有引用位置"则为空白，无法自动引入之前添加的引用区域。

第7章
万用报表汇集系统的建模

经济业务从发生、信息收集、记录、整理到集团归集、加工（汇总）、展示、报送，这样的一整套流程必须保证各个控制点的信息准确，无污染，流程涉及各机构主体都是确保信息畅通、准确的主体，财务在与下属分子公司、部门存在大量的信息互动，对信息的最终展示负有责任。通过一套通用的表格汇总系统完成这些工作是所有使用 Excel 表哥表妹的梦想追求，但求而不得是常态，找专业公司开发太贵，而且适用范围窄，自开发又不会。这一章正是为了解决这一尴尬，让新手能够跟着做，使任意一个表格都可以当成模板下发，回收后自动汇总。从汇总需求到报表系统的建成、维护、移植，都是以简易为原则，一经完成，随时受益。这套表格汇总系统：虽以企业之名发布，实各类组织通用；虽借财务之名展示，实各部门通用；虽冠以报表之名，实万表可用；虽以月度为名义周期，实任意时间可行。

7.1
汇集系统模型解析

7.1.1　报表汇集的一般流程

报表是每家企业都必须出的，一般是按月报送的，也有按周、按天或者按季的，这完全取决于各企业内部管理的需要。我们需要的表格汇总系统是基于最朴素的需求：将下属分子公司报来的报表按照同类合并的原则进行加总、统计等进行归集。

当下属机构较少，需要归集的表格数较少时，我们可以打开收回的表格，复制粘贴，或者建立求和，简单加总。当下属机构较多，或者需要归集的表格数较多时，我们就不能复制粘贴这样操作了，必须要借助信息系统进行自动化操作，这样不仅能够避免人力浪费，还可保证数据资产的质量。

一套成熟的表格归集系统，必须是与企业的组织架构适配的，是适用于组织信息流流转程序的，如图7-1所示。一般而言，在存在下属分、子机构的集团性质的企业中，从报表归集需求的提出到最终实现会经历以下过程：

图 7-1　组织信息流流转一般程序

- 归集需求的发起。集团在需要通透了解下属企业的某些经济要素运行情况时，就产生了信息汇总的需求。实务中表现为集团公司某位副总经理以上层次高管提出想了解某种经济要素的运行情况，如营收、投资情况等。
- 搜集经济信息要素。这里的"汇总"不能只局限理解为"求和"，它包含了经济主体（集团企业）对构成部分（下属机构）经济要素信息的归集、统筹、总汇等集中性需求。此时已经进入操作层面，由受领上述需求指令的部门，如财务、人事等条线管理职能部门接收指令、接受任务；接到任务后，他们就会分析领导的需求，将需求分解为相关的经济指标，并与领导沟通确认指标能否充分满足需求，并将需要归集的指标一一记录。
- 承办人制作模板。细化后的经济指标，必须落实到具体的信息化电子工具，比如 Excel 表格中，在考虑下属机构填制时可能遇到的各种可能后，将要归集的表格制作成模板。

- 整理模板。在上一步的基础上，对模板进行美化，并提出填报要求，将电子文件进行格式化整理，比如将文件名修改后使其具有规律性的名称，以便于后期收回后信息系统的处理。
- 下发模板。模板最终制作完成后，交由集团办公室或职能部门统一发送给下属各机构，可通过邮件、微信、办公自动化等工具传输。
- 下属机构填制。下属各单位（或需要协助的同级部门）收到模板文件后，要认真阅读领会模板的填报要求，如有需要可与集团承办人就填报细节进行沟通，并按要求结合自身情况填写模板。
- 下属机构上报集团回收。填报单位完成填写后，经本单位相关领导审核后，在规定的时间前，通过邮件、微信、OA 等工具回传给承办人。承办人应对回收文件进行检查，与填报单位及时沟通、修正错误信息，并将之存放于信息系统要求的位置。
- 汇集系统处理。这一步是信息自动化的核心，汇集系统会对下属机构报来文件中的数据进行自动分析处理。而这个能够高效完成此任务的系统，也正是承办人最需要的自动化工具，它可以是商业化的软件，也可以是自制的 Excel 模型。便捷、便宜、高效、灵活，应该是自制系统的优势了吧，我们这一章就是要学习如何自制表格汇集模型的。
- 结果呈现。信息归集系统处理后，通常会给出相应的报告或者汇总表格，承办人打印（也可能是电子传输）后，应向提出需求的领导及时汇报。

7.1.2 汇集系统目录和文件结构分析

从上节的流程中，我们知道了系统要适应流程最基本的要求，因此在电脑文件的存放位置上也需要考虑适配性。

首先在电脑的某个位置先建立一个空白目录，比如"FSSS"，在此目录下新建一个 Excel 文件（取名为"Financial Statements Summary System.xlsx"，本章简称为"主文件"）和三个子目录"模板库""待下发""已收回"，如图 7-2 所示，其作用分别是：

报表汇集系统的功能、结构介绍和使用

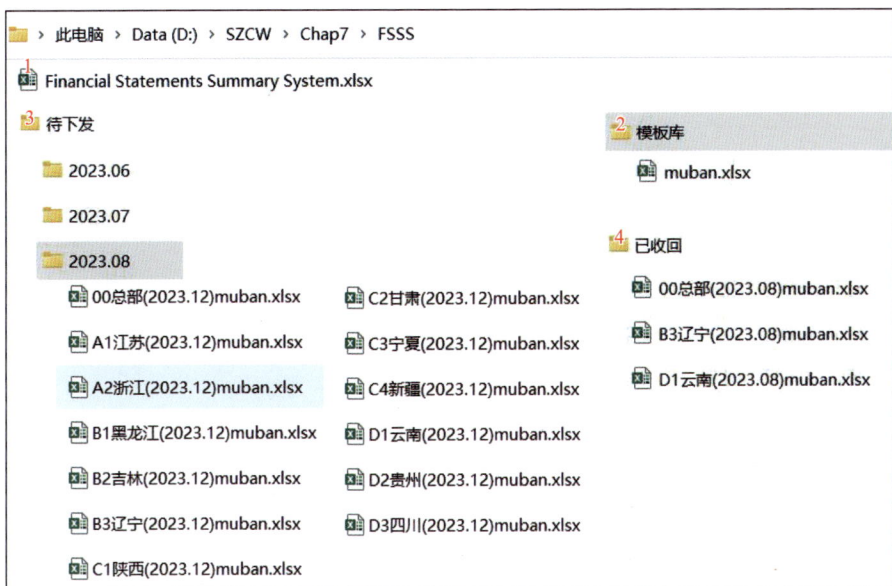

> 此电脑 › Data (D:) › SZCW › Chap7 › FSSS

📊 Financial Statements Summary System.xlsx

📁 待下发   📁 模板库
　📁 2023.06   　📊 muban.xlsx
　📁 2023.07
　📁 2023.08   📁 已收回
　　📊 00总部(2023.12)muban.xlsx   📊 C2甘肃(2023.12)muban.xlsx   　📊 00总部(2023.08)muban.xlsx
　　📊 A1江苏(2023.12)muban.xlsx   📊 C3宁夏(2023.12)muban.xlsx   　📊 B3辽宁(2023.08)muban.xlsx
　　📊 A2浙江(2023.12)muban.xlsx   📊 C4新疆(2023.12)muban.xlsx   　📊 D1云南(2023.08)muban.xlsx
　　📊 B1黑龙江(2023.12)muban.xlsx 📊 D1云南(2023.12)muban.xlsx
　　📊 B2吉林(2023.12)muban.xlsx   📊 D2贵州(2023.12)muban.xlsx
　　📊 B3辽宁(2023.12)muban.xlsx   📊 D3四川(2023.12)muban.xlsx
　　📊 C1陕西(2023.12)muban.xlsx

图 7-2　自制报表归集系统模型目录结构

- ◆ 主文件。用来处理归集的文件的 Excel 模型（工作簿），是我们要建立的汇集系统的核心文件（本章简称为"FSSS"）。
- ◆ 模板库。与其他两个子目录可手工建立，也可以由主文件自动建立。模板库存放制作好的模板文件，一般以一个为宜，也可多个。模板文件可自行命名（如"投资情况表 .xlsx"），本章取名为"muban.xlsx"，模板文件对应于"7.1.1"节"承办人制作模板""整理模板"。
- ◆ 待下发。此目录下包含若干子文件夹，可手工建立，也可由主文件自动生成；子文件夹名称包含 7 位字符，4 位数字 + 点号"." +2 位数字，用来存放准备下发给下属机构的模板文件，文件名由主文件自动生成，不可更改其名称，否则会影响报表回收情况统计。
- ◆ 已收回。随时存放下属机构报来的文件，文件的增减由主文件实现体现，并更新汇总报表，对应于"7.1.1"节"下属机构上报集团回收""汇集系统处理" "结果呈现"。

7.2 主控台设计

主控台指的是主文件的一张主要工作表的名称，从功能上说，它总控了主文件的各种主要功能，通过在其中的输入和点击操作，就可以实现FSSS的系统功能。我们先一睹方容，如图7-3所示，再学习如何设计、制作。

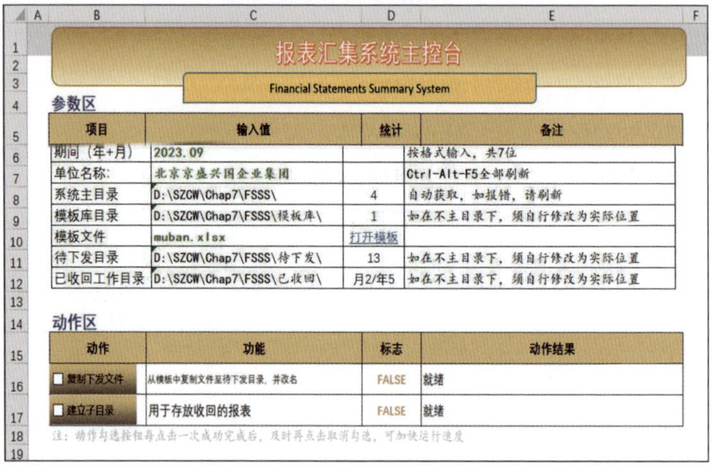

报表汇集系统主控台

Financial Statements Summary System

参数区

项目	输入值	统计	备注
期间（年+月）	2023.09		按格式输入，共7位
单位名称:	北京京盛兴国企业集团		Ctrl-Alt-F5全部刷新
系统主目录	D:\SZCW\Chap7\FSSS\	4	自动获取，如报错，请刷新
模板库目录	D:\SZCW\Chap7\FSSS\模板库\	1	如在不主目录下，须自行修改为实际位置
模板文件	muban.xlsx	打开模板	
待下发目录	D:\SZCW\Chap7\FSSS\待下发\	13	如在不主目录下，须自行修改为实际位置
已收回工作目录	D:\SZCW\Chap7\FSSS\已收回\	月2/年5	如在不主目录下，须自行修改为实际位置

动作区

动作	功能	标志	动作结果
复制下发文件	从模板中复制文件至待下发目录，并改名	FALSE	就绪
建立子目录	用于存放收回的报表	FALSE	就绪

注：动作勾选按钮每点击一次成功完成后，及时再点击取消勾选，可加快运行速度

图 7-3　FSSS 系统主控台

主控台是如何制作出来的呢？

在文件夹“D:\SZCW\Chap7\FSSS\”中右击【新建】【Microsoft Excel工作表】，将其名称修改为“Financial Statements Summary System.xlsx”，双击打开此文件，双击工作表标签“Sheet1”，将其名称修改为“主控台”。

7.2.1 这个表单控件你不可或缺

在进行后面的设计工作之前，你得先认识一个新名词——复选框，这是一种表单控件（窗体控件）。那什么是表单控件呢？

控件，顾名思义，就是用于控制的物件，比如日常生活中的电灯开关就是一种控件。在Excel中工作表是一种表单，工作表上的控制件，就是我们直观意义上的表单控件。

表单控件，又被称为窗体控件，这是Excel提供给用户用于与Excel实时交换数据的一组控制元件，包括单选按钮、复选框、组合框、列表框、数值调节钮和滚动条等。

一般需要在表单控件与要操作的对象单元格之间设置辅助单元格，表单控件直接驱动辅助单元格，辅助单元格与要操作的对象单元格之间通过公式发生联系。这是因为表单控制能够驱动、控制的范围是有限的，通过Excel公式可以将这样的范围进行拓展，以便于应对更多复杂的情况，也就是说表单控件→单元格A→（公式）单元格B。

本节我们只讲要使用到的复选框控件，来看看它是如何工作的。

1.调出开发工具。因为表单控件是包含在"开发工具"选项卡内的，而Excel默认是不显示"开发工具"选项卡的。如要显示"开发工具"选项卡，点击Excel【文件】【选项】，弹出"Excel选项"对话框，按图7-4所示之①至⑥的顺序，点击对话框左侧的"自定义功能区"，从"从下列位置选择命令"中选取"所有选项卡"，在"主选项卡"下选中"开发工具"后，点击"添加"和"确定"按钮。点击图7-4所示上下小三角按钮可调整其在Excel功能区的显示顺序。

图 7-4　调出"开发工具"选项卡

2.添加复选框。依次点击【开发工具】【插入】【（表单控件）复选框】，移动鼠标到任意一单元格之上，光标变为细十字形，按住左键拖拉一个矩形区域后松开左键，复选框 ☐ 复选框 就已经成功添加于"主控台"工作表上。鼠标在复选框上移动，光标会有不同的形状变化：当光标变为一个细的竖线时，点击进入复选框内部，可输入文字，改变其显示内容；当光标变为上下左右双向箭头时，按住左键可拖拉改变其尺寸；当光标变为四向箭头时，按住左键可移动其位置。

3.复选框在主控台的应用。进入复选框内部，按Del键去掉原有文字，输入"复制下发文件"。在复选框上方右击【设置控件格式】【控制】，在"单元格链接"方框内输入D16。同样的方法，添加一个复选框，并修改文字为"建立子目录"，单元格链接到D17。

学习了这些，你是不是对表单控件产生了兴趣呢？

7.2.2 目录和文件信息少不了 CELL 函数

1. CELL 函数。我们要使用这个函数某一引用区域的左上角单元格的格式、位置或内容等信息，函数形如"=CELL(信息类型，引用区域)"，这个函数有两个参数：

第一参数是要求Excel返回的信息类型，这些值要用半角引号括起来，比如"filename""type""protect"等，详见表7-1：

表 7-1 CELL 函数第一参数取值表

序　号	参　数	说　明
1	address	引用中第一个单元格的引用，文本类型
2	col	引用中单元格的列标
3	color	如果单元格中的负值以不同颜色显示，则为1，否则返回0
4	contents	引用中左上角单元格的值：不是公式
5	filename	包含引用的文件名（包括全部路径），文本类型。如果包含目标引用的工作表尚未保存，则返回空文本
6	format	与单元格中不同的数字格式相对应的文本值。下表列出不同格式的文本值。如果单元格中负值以不同颜色显示，则在返回的文本值的结尾处加"–"；如果单元格中为正值或所有单元格均加括号，则在文本值的结尾处返回"0"
7	parentheses	如果单元格中为正值或全部单元格均加括号，则为1，否则返回0
8	prefix	与单元格中不同的"标志前缀"相对应的文本值。如果单元格文本左对齐，则返回单引号(')；如果单元格文本右对齐，则返回双引号（"）
9	protect	如果单元格没有锁定，则为0；如果单元格锁定，则为1
10	row	引用中单元格的行号
11	type	与单元格中的数据类型相对应的文本值。如果单元格为空，则返回"b"。如果单元格包含文本常量，则返回"l"；如果单元格包含其他内容，则返回"v"
12	width	取整后的单元格的列宽。列宽以默认字号的一个字符的宽度为单位

CELL 函数第二个参数是将第一个参数指定的信息返回最后更改的单元格。当该参数是某一单元格区域时（如"A6:G9"），CELL 函数只将该信息返回给该区域左上角的单元格（如"A5"）。公式的应用可以看下面两个小例子：假如要在对单元格执行计算之前，验证它包含的是数值而不是文本，则可以使用公式"=IF(CELL（"type"，A1)="v"，A1*1.5,0）"来判定，仅当单元格 A1 包含数值时，此公式才计算 A1×1.5；如果 A1 包含文本为空，公式将返回 0。

2.两个有用的函数实例。用"=CELL（"FILENAME"）"公式求取本工作簿及本工作表名（全路径，比如：在工作表"主控台"任意一个单元格内输入该公式，可得到"D:\SZCW\Chap7\FSSS\[Financial Statements Summary System.xlsx]主控台"，注意取出的全路径中的主文件名称用中括号进行了标识），用公式"=RIGHT（CELL（"FILENAME"），LEN(CELL（"FILENAME"））−FIND（"]",CELL（"FILENAME"）））"取出本工作表的名称。

7.2.3 主控台公式及超链接设置

1.公式设置。仿照图 7–3 所示输入文字内容，并在表 7–2 所列单元格内输入公式，对公式的解释如下

表 7–2 "主控台"工作表公式

序 号	单元格	公 式	值
1	C8	=REPLACE(CELL("filename"),FIND("[",CELL("filename")),99,) &T(NOW())	D:\SZCW\Chap7\FSSS\
2	D8	=File_Count(C8)	3
3	C9	=$C$8&"模板库 \"	D:\SZCW\Chap7\FSSS\ 模板库 \
4	D9	=File_Count(C9)	1
5	C11	=$C$8&"待下发 \"	D:\SZCW\Chap7\FSSS\待下发 \
6	D11	=File_Count(C11)	13
7	C12	=$C$8&"已收回 \"	D:\SZCW\Chap7\FSSS\已收回 \
8	D12	=" 月 "&SUM(OFFSET(报送一览!$B:$B,,INT(RIGHT(C6,2))))&"/ 年 "&SUM(报送一览!$O:$O)	月 2/ 年 5
9	E16	=IF(D16=TRUE,File_DistributeA(C9&C10,C11,分子公司代码库[[下属代码]:[下属名称]],C6,D6),"就绪")	就绪
10	E17	=IF(D17=TRUE,File_MakeSubDirectory12A(C12,23,1)," 就绪 ")	就绪

注：序号 8 公式中的"!"是用以区分工作表和单元格的分隔符号。

- 公式 1——取主文件所在的目录名称。①这是利用取得全路径名称中包含了特定的字符中括号"["这一特征寻到主文件名称的开始位置；② REPLACE 函数第三参数简单粗暴地以 99 来估计了要替换多少个字符，言下之意是工作表名称长度不会超过 99 个字符，如果超过，要将 99 这个数字改大；③数字 99 之后有一个逗号，逗号后什么也没有，这是省略了 REPLACE 函数第四参数的值，意思是替换为空白；④公式里的"&T(NOW())"取得的空值，不影响显示，但可以保证刷新。

- 公式 2——利用函数"File_Count"统计主文件所在的目录中的文件的个数，关于该文件及公式 9、公式 10 中的函数均在"7.4.1"继续讲解。

- 公式 3——利用公式 1 取得结果与"模板库 \"连接，如果"模板库"并不位于主文件所在目录中，须在 C9 单元格直接输入，注意须以"\"作为文件夹的结尾标志。

- 公式 4——利用函数"File_Count"统计"模板库"目录中的文件的个数。

- 公式 5——利用公式 1 取得结果与"待下发 \"连接，如果"待下发"并不位于主文件所在目录中，须在 C11 单元格直接输入。

- 公式 6——利用函数"File_Count"统计"待下发"目录中的文件的个数。

- 公式 7——利用公式 1 取得结果与"已收回 \"连接，如果"已收回"并不是存放在主文件所在目录中，须在 C12 单元格直接输入。

- 公式 8——利用函数"File_Count"统计"已收回"目录中的文件的个数；

- 公式 9——根据单元格 D16 的值来判定是否要进行指定的动作，即从模板中复制模板文件到"待下发"目录，并将文件名称修改为符合一定规律的名称，而 D16 的值是由复选框"复制下发文件"来控制的，也就是说，使用复选框控制了是否要生成若干下发文件。

- 公式 10——根据单元格 D17 的值来判定是否要进行指定的动作，即在指定的目录（如"已收回"）中建立指定年份 12 个月的目录，如"2023.06""2025.11"……而 D17 的值是由复选框"建立子目录"来控制的，也就是说，使用复选框控制了是否要建立子目录。

注意：单元格 C8 取主目录时如果报错，请确认你已经①保存了工作簿，也就是说文件有后缀；②工作表名称（sheet 名）与工作簿名称（book，也就是保存的文件名）不要相同。如已满足这两条，请刷新，比如①按 Ctrl-Alt-F5 全部刷新，或者双击进入该单元格后回车。

"主控台"工作表中，除绿字需要输入外，其他都不需要输入。

2.添加模板文件超级链接。为便于快速打开模板文件，选中单元格D10，点击【插入】【链接】，在"地址"框内输入"模板库\muban.xlsx"，就可建立与模板文件的链接。

3.主控台设计思考。设计主控台的目的实际上是为了给后续的汇集清单获取、表格汇总准备必要的参数。我的思路是这样的：要汇总→要有汇集清单＋要知道上报情况→要根据名称进行识别→需要对文件名进行预处理……

从结果向前倒推，缺什么准备什么，对于新手小白来说，先模仿，模仿中思考、总结，就能有所提升。

7.2.4 几个文件操作类函数的获取和使用

在"7.2.3"节，我们知道了几个文件操作函数"File_Count""File_DistributeA""File_MakeSubDirectory12A"，其作用分别是"统计文件个数""生成下发文件""建立12个月的子目录"。

Excel中并没有自带这三个函数，但是我们设计汇集系统又少不了它们，对于小白来说，这是一道难关。别担心，这个我会免费送给大家使用，用法和Excel自带函数一样，按照提示，输入相应的几个参数即可。

1.文件操作函数的取得。双击"D:\SZCW\Chap7\文件操作函数.exe"，点击【安装】，如图7-5所示，静待软件自动打开Excel，在任意一个单元格内输入"=file"，即出现5个文件操作类函数。如不安装，将不能识别下面学习的几个函数，出现"#NAME?"错误提示。

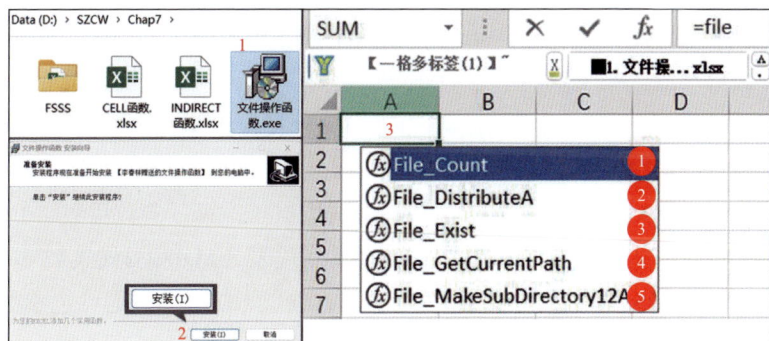

图 7-5 获取赠送的文件操作函数

2.File_Count函数。函数统计指定目录下的子目录或者文件个数，形如"=File_Count(目录名,统计类型)"。在"主控台"单元格D8输入公式"=File_

Count（"，点击公式编辑栏左侧的"fx"，弹出图7-6所示函数向导，该函数有两个参数：第一参数要求输入目录全路径名称，如"D:\1\"，这是可选参数，不输入时默认当前目录；第二参数询问是统计子目录还是文件？可输入True或False，这是可选参数，默认统计文件个数。

图 7-6　File_Count 函数向导

3.File_Exist 函数。函数测试文件（或目录）是否存在，结果 True 表示存在，False 表示不存在。函数形如"=File_Exist(文件或目录名)"，与"File_Count"类似，点击公式编辑栏左侧的"fx"，也可弹出此函数的向导。该函数仅一个参数：第一参数要求输入目录全路径名称，如"D:\1\"，这是可选参数，不输入时默认当前目录。

4.File_ MakeSubDirectory12A 函数。函数在指定目录中生成12个月度子目录，函数形如"=File_MakeSubDirectory12A (目录名, 年份, 子目录格式)"，与"File_ Count"类似，点击公式编辑栏左侧的"fx"，也可弹出此函数的向导。该函数有三个参数：第一参数要求输入目录全路径名称，如"D:\1\"；第二参数是4位数年份，如"2023"，这是可选参数，默认为当年；第三参数用数字1到6表示子目录格式，如果生成2023年7月子目录，1代表2023.07，2代表23.07，3代表07，4代表2023年07月，5代表23年07月，6代表07月，这是可选参数，默认为1。

5.File_DistributeA 函数。函数在指定目录下，根据模板文件生成若干用于下发的分发文件，并按照一定的规律修改文件名称。函数形如"=File_DistributeA (模板文件全路径名，存放目录全路径名，文件名头部连接字符区域，4位年份，月份，是否添加模板文件名）"，与"File_Count"类似，点击公式编辑栏左侧的"fx"，也可弹出此函数的向导。该函数有六个参数：第一参数要求输入模板文件全路径名称，如"D:\模板库\投资统计表.xlsx"；第二参数存放分发文件的目录全路径名称，如"D:\1\"；第三参数：选择一个单元格区域，宽度最多三列，如"B5:D17"，对区域内各行，有几行生成几个文件，每行的各列字符从左向右连接起来与模板文件构成下发文件名，如"C1陕西(2023.12)投资统计表.xlsx"；第四参数：4位数年份，如"2023"，这是可选参数，默认为当年；第五参数：1或2位数月份，如"7"，这是可选参数，默认为当月；第六参数：是否添加模板文件名？1代表是，0代表否，这是可选参数，默认为添加。

主控台E16核心公式"File_DistributeA(C9&C10,C11,分子公司代码库[[下属代码]:[下属名称]],C6,D6)"中"分子公司代码库"指的是"7.3.1"节的智能表。

注意：函数File_MakeSubDirectory12A、File_DistributeA涉及对文件和目录的写入动作（最后一个字母用"Act"的首字母A进行了标注），如文件和目录已存在，便不再重复写入。此外，为提升运行速度，加了IF对单元格E16、E17进行判断，而这两个单元格是由复选框来驱动的，因此说，将是否需要进行写入动作的控制权、主动权交给了FSSS系统的使用者。

7.3 报表回收／上报情况一览设计

7.3.1 公司架构与组织代码的设定

公司的下属分、子公司机构有新设，也有可能关闭，我们需要准备一个清单用来记得其变化，以供其他表格引用，也为下发文件名提供依据。如仅以中文全名作为依据也会嫌累赘，因此，也考虑增加代码和简称。

点击"主控台"右侧的⊕按钮，插入一张新的工作表，双击新表名标签，改名为"分子公司代码库"，如图7-7所示输入下属公司有关信息，然后按【Ctrl+T】，将其转换为智能表。选中智能表中任意一个单元格，点击【表设计】，在"表名称"方框中输入"分子公司代码库"，给此智能表取名。

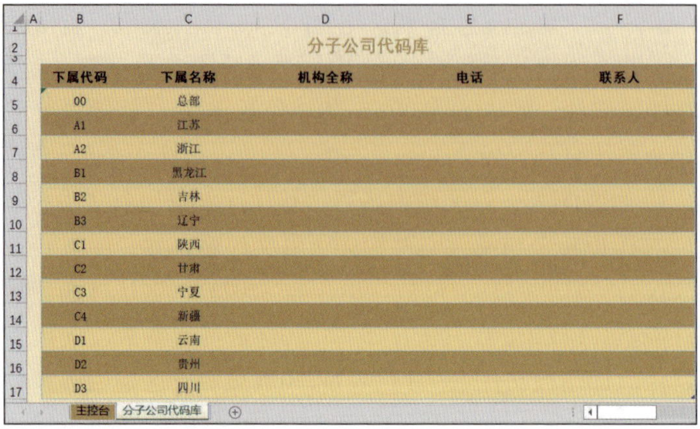

图7-7 建立分子公司代码库

下一节，就将此表连接报送一览表使用。

7.3.2 连接与文件操作函数的组合应用

由于下属分子公司报送文件的不确定性，我们如果想要实时知道各家公司的各月报送情况，就需要一张一览表（如图7-8所示）以供实时观察。

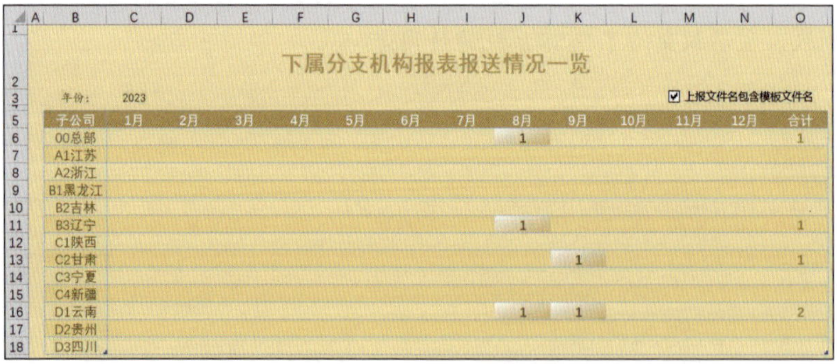

图7-8 报送情况一览表

从表中可知，2023年8月总部、辽宁、云南已报送，2023年9月甘肃、云南已报送。实时报送总况在"主控台"单元格D12也可查知，如图7-3所示。那么，报送情况一览表是如何制作，并实现实时更新呢？

一、建立连接

按照如图7-9所示之1至10步骤，说明如下：

1. 建立新表。点击⊕按钮建立一张空白工作表，取名为"报送一览"；在其中输入相关的文字；仿照"7.2.1"节插入一个复选框"上报文件名包含模板文件名",并建立与某个单元格的控制关系,比如O4,该复选框用来控制对文件名的判断;在C3单元格输入公式"=LEFT(主控台!C6,4)",LEFT函数两个参数,分别是"要从哪个字串取""取几位数",此公式可自动抓取主控台输入的年份数字。

2.建立连接。鼠标放于工作表"报送一览"B5中,按Del键清空该单元格,点击【数据】【现有连接】,在弹出的对话框中点击【浏览更多】按钮,随后找到主文件所在的位置。

3和4,选择表格。选择"报送一览$",点击【确定】。

5.进入属性。选择【属性】。

6至8,设置属性。输入连接名称,比如"Financial Statements Summary System";输入SQL语句"Select [下属代码]+' '+[下属名称] as [子公司] From [分子公司代码库$B4:C]",这一句代码的意思是从"分子公司代码库"的B4开始取若干行两列,C后没有数字,由连接自动判断最后一行,将取出的两列字符拼接在一起,并取名为"子公司";点击【确定】完成属性设置。SQL语句代码已放置于文件"D:\SZCW\Chap7\FSSS\SQL.txt"中,同学们学习时可打开复制粘贴。

9和10,导入数据。点击【确定】,关闭"导入数据"对话框,将连接结果注入工作表"报送一览"B5开始的单元格区域中。点入连接表格10中,点击【表设计】,在"表名称"方框内将表名修改为"子司"。

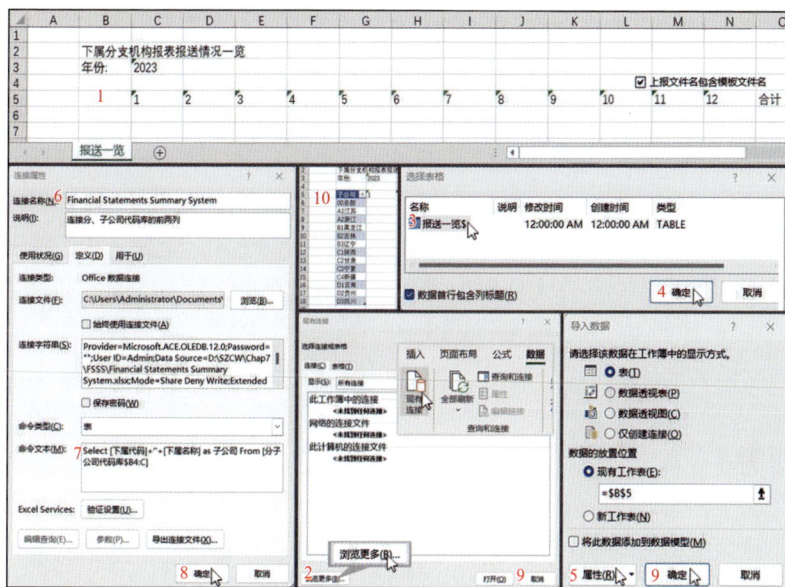

图7-9 建立与分、子公司代码库的连接

二、设置公式

1.**所见不实的月份**。选中单元格区域"C5:N5",按下 Ctrl_1,在"设置单元格格式"对话框【数字】的"分类"中选择"自定义",在"类型"方框内输入"@月",如图7-10所示,点击【确定】,"C5:N5"中的数字1至12,就显示为"1月""2月"……"12月",但这些单元格仍可作为数字参与计算,如求和等。如未设置成功,可用"#月""0月"来尝试。

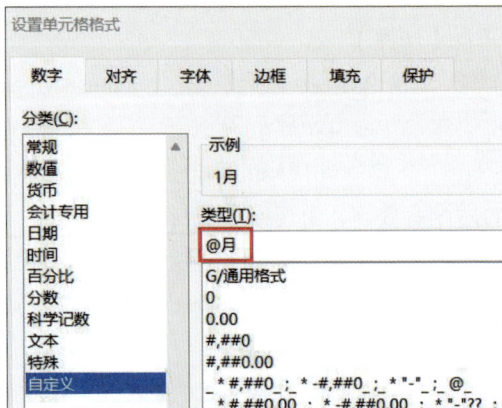

图 7-10　所见不实的月份数

2.**插入判断公式**。要判断下属公司是否已经上报,实际上就是要判断在指定的期间目录中是否存在预定格式的文件,因此,可在单元格C6输入公式"=1*File_Exist(主控台!\$C\$12&\$C\$3&"."&TEXT(C\$5,"00")&"\"&子司[@子公司]&"("&\$C\$3&"."&TEXT(C\$5,"00")&")"&IF(报送一览!\$O\$3=TRUE,主控台!\$C\$10,MID(主控台!\$C\$10,FIND(".",主控台!\$C\$10,1),LEN(主控台!\$C\$10)-FIND(".",主控台!\$C\$10,1)+1)))",其中主控台C12和C13是回收文件存放目录和年月子目录,C10是模板文件名,"子司"是插入的连接表。

3.**判断公式解读**。公式是根据文件特征来设计的,比如文件"D:\SZCW\Chap7\FSSS\已收回\2023.08\00总部(2023.08)muban.xlsx",除下划线外,目录名和模板文件名均可从主控台取得,模板文件名根据O3是否为TRUE来决定是否要添加。

下划线部分"00总部"由"子司[@子公司]"来指代、"2023"由"C\$3"来指代、"08"由"TEXT(C\$5,"00")"来指代,如图7-11所示。TEXT函数的作用是将不足2位的数字补0强制以两位数来显示,这样做的目的是与主控台年月匹配,与"7.4"节汇集清单匹配,看起来也更美观。

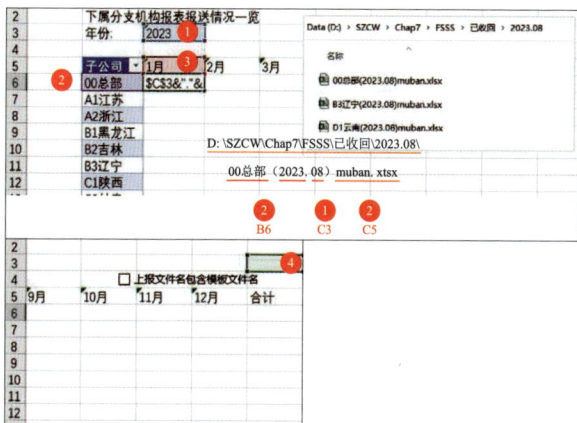

图 7-11　单元格 C6 公式解读

公式使用了字符类函数 LEN、MID、FIND，相对简单，这里不讲。公式使用了"7.2.4"节的 File_Exist 函数判断文件是否存在，因其结果是 True 或者 False，所以加"1*"便强制转换成了 1 或者 0，以便于求和。求和公式位于单元格 O6"=SUM(C6:N6)"，将左边 12 月进行求和。

单元格 C6 输入公式完成后，回车，并向右拖动填满 12 个月，连同 O6 求和公式一起向下拖拉完成所有分子公司的报送情况判断公式。

三、转智能表

选中单元格区域"C5:O18"，按 Ctrl_T 将普通表转换成智能表，以达到与智能表"子司"联合判断分子机构增减和报送情况的目的，最终效果如图 7-8 所示。

7.4 汇集清单的自动化设定

7.4.1　利用 PQ 实时归集动态增减的文件夹

1. 问题提出。如果我们要将 2023 年 8 月下属企业上报的"muban.xlsx"进行汇总，而且下属分、子公司的上报时间不定（有可能随时报来），我们想随时知晓模板中各工作表表格的汇总情况。

2. 问题分析。"muban.xlsx"文件里要汇总的有"现金""存货"两张工作表，假如我们在一个汇总工作簿中，也建立这样两张工作表，然后去将各家上报的内容贴过来，或者与各家上报文件直接建立求和公式，貌似也可以得到汇总数。且不说这个工作量也不小，关键是此方法无法解决下属企业报送时间不定问题：每报来一家，就要修改求和公式（或者打开来，复制再粘贴），因此不能采用这种方法。实际上，我们可以建立一个查询，将各家分、子公司报送文件的所有工作表原封不动地放入汇总文件的一张新工作表中，并且随时更新，都不用打开分、子公司报送文件。

3.解决方案。如果是要汇集2023年8月的文件，在报表汇总系统里回收目录（如"D:\SZCW\Chap7\FSSS\已收回"）中，建立一个新文件夹，可将此文件夹取名"2023.08"，将2023年8月下属分、子公司的上报文件全部放入其中。

利用PQ实时归集动态增减的文件夹

文件放入指定目录中，就相当做饭前的准备工作，备好了食材。下面要开始炒菜了，打开FSSS的主文件，点击【数据】【获取数据】【来自文件】【从文件夹】，找到并选中"2023.08"，在随后弹出的对话框中，点击【转换数据】，调出PQ，PQ将会按照"二进制文件→Excel工作簿→工作表→普通表（单元格区域）"操作逻辑对指定文件夹中的文件进行处理。

具体而言，PQ应用的操作步骤见表7-3（根据此对照表，你会对为什么要这样利用PQ处理文件夹数据加深理解），而我们要进行的操作是（如图7-12所示，结合5分钟的视频学习，效果更佳）：

表7-3　PQ处理多工作簿应用步骤功能解读表

PQ记录的步骤	功能说明及目的
源	扫描文件夹，引入了二进制文件、文件清单
重排序的列	文件清单置前
删除的列	仅保留Content、Name
重命名的列	文件清单英文名改为中文清单
已添加自定义	将二进制文件→表文件（工作簿）
展开的"自定义"	表文件展示工作表（仅保留工作表名、表数据、kind类型）
筛选的行	kind中去除除"Sheet"外的其他项
删除的列1	删掉kind
展开的"自定义.data"	将工作表展开为普通表（单元格区域）
删除的列2	删除存储的Content（二进制文件）
插入的合并列	中文清单＋工作表名(在Excel中可查看来源)
重排序的列1	将刚刚插入的置前
删除的列3	删掉中文清单、工作表名

	ABC 文件名 ▼	⊟ Content	++	ABC 123 自定义
1	00总部(2023.08)muban.xlsx	Binary		Table
2	B3辽宁(2023.08)muban.xlsx	Binary		Table
3	D1云南(2023.08)muban.xlsx	Binary		Table

Name	Data	Item	Kind	Hidden
现金	Table	现金	Sheet	FALSE
存货	Table	存货	Sheet	FALSE

图 7–12　展开"自定义"列

1）"Name"列置前。选择"Name"列标签，按住左键向前拖动，将该列设为第一列。

2）删除多余列。选中"Extension"列标签，向右拖拉下部的滚动条，按住Shift键，再点中最后一个列标签，松开Shift键，在最后一个列标签上右击【删除】，除"Name""Content"外，均删除。

3）重命名"Name"列。右击"Name"列标签【重命名】，将"Name"改为"文件名"。

4）自定义列公式转换工作簿。点击"添加列"选项卡，【自定义列】，在弹出的对话框内英文半角状态输入"Excel.Workbook([Content],false)"，这里的"false"是什么意思呢？它是询问是否要将数据的头一行作为标题，这里回答"false(否)"，让PQ给原来的Excel表格数据自动添加列名。这一步，PQ将读入的二进制文件转成了工作簿。

5）展开"自定义"列。经上一步操作，PQ中增加一个新列"自定义"，其中各行均有绿字"Table"（指的工作簿中的工作表的统称），点击绿字右侧空白处（注意不要点绿字），可查看该行所示工作簿中包含的工作表的信息。点击"自定义"列标签右侧的向左向右的图形按钮，在展开的清单中仅保留"Name""Data""Kind"三项的勾选，这三项分别指的是"工作表名列表""工作表本身""表类型"，点击【确定】，"自定义"将转换成三列。

6）筛选出"Sheet"。点击"Kind"列右侧的漏斗形按钮，在弹出的清单中，仅保留"Sheet"勾选。

7）删除"Kind"。右侧"Kind"列【删除】。可见，以上保留"Kind"的目的仅仅是为了筛选出"Sheet"。

8）展开"data"列。将第5）步增加的"Data"列进一下展开，将"工作表本身"转换为普通表（单元格区域），在弹出的清单中去掉"使用原始的列名作为前缀"前的勾选，意思是忽略要汇集表格中的有关列的信息。一般，针对的是报表形式的汇总，这里不勾选；如果针对的是明细列表形式的待汇集数据，推荐勾选。

①删除"Content"列。"二进制文件→Excel工作簿→工作表→普通表（单元格区域）"转换完成后，"Content"列就多余了，因此，右击该列【删除】。

②拼接一个新列标识来源。为便于在Excel中可查看取数来源，我们可用中文清单＋工作表名插入一个新列，方法是，点中"文件名"列标签，按住Shift键，再点中"自定义.Name"列标签，松开Shift键，依次点击【添加列】【合并列】，在弹出的对话框中分隔符选"自定义"，并在英文半角状态输入感叹号"!"，合并列新名称输入"来源"。

③将拼接的列置前。拖动左右滚动条，在最后一列（上一步拼接的新列）标签上右击【移动】【移到开头】。

9）删除用于拼接的列。"文件名""自定义.Name"此时已多余，选中它们，右击【删除】。

10）将数据返还给Excel。点击【主页】【关闭并上载】，将PQ整理好的数据交给Excel，增加一张新工作表，根据读取的文件的名字"2023.08"自动取名为"2023 08"，因为"."是PQ不允许出现在名称中的，所以将它替换为空格符。

4.本节思考。上面这些步骤不需要死记，理解它的内在逻辑之后，自然就记得了。"二进制文件→Excel工作簿→工作表→普通表（单元格区域）"各个元素我们可以理解为俄罗斯套娃，大物件套小物件，一层套一层，层层剥笋。

当需要查询某一家下属机构的资料时，可在本节取得的汇集清单（如"2023.08"）筛选。

本节是本章的核心和关键内容，它解决了多文件的明细动态增减的问题，使得后续的数据整理、加工（求和、计数等）有了坚实的基础，也为我们打开思维去探索更多的建模运用提供了可能。

7.4.2　汇集清单的行数思考

FSSS系统中，通过建立查询，会自动生成若干的形如"2023 08""5103 67"这样的7位数的工作表，我们称之为汇集清单工作表或汇集清单。由于要采集来自多工作簿、多工作表的数据，自然会有人担心一个问题：

"这么多工作表中的表格都放置于同一张工作表中，工作表的行数够用吗？"

我们不妨来测算一下：假如一个集团有100家分子公司，对应于100个工作簿文件，每个文件有100张工作表，每个工作表中的表格有100行，那么总行数即100工作簿×100工作表×100行=100万行，而一张工作表的最大行数可达到1 048 576行，即104万行，够用了。何况，有100家下属机构的集团是少数，这样做对于绝大数企业是没问题的。但假如呢？假如下属机构超过100家呢？

也不用担心，行数限制是死的，我们的建模思维是活的，可以：

- 优化设计模板文件，将每个工作表中表格的占用行数降下来；
- 优化工作簿，将每个文件包含的待汇总表格数降下来，再使用"7.6.2"节的方法来汇集。

要相信，勤于思考，办法总比困难多。

7.5 FSSS 报表汇总表格的设计

7.5.1 SUMIF 和 SUMIFS 函数

为了将汇集清单上的数据汇总入指定的工作表格内，我们需要学习两个函数：

1. SUMIF 函数。顾名思义，这是 SUM+IF（求和+如果），在某种条件下进行求和，用于计算其满足单个条件的和值。函数包括三个参数，形如"=SUMIF(条件区域,条件，求和区域)"。第一参数是必选参数，指的是被判断条件所在的单元格区域或数组。第二参数是必选参数，指的是被判断的条件，支持模糊条件，"*"指代多个不确定字符，"?"指代一个不确定字符。如果要查找实际的星号或问号，请在该字符前输入波形符"~"。第三参数是可选参数，为待汇总的单元格区域或数组。

举个例子：打开"D:\SZCW\Chap2\601318.2022.4.PS.xlsx"，在工作表"转给其他文件"单元格 E13 单元格输入公式"=SUMIF(B5:B11,C13,E5:E11)"，如图7-13所示，结果是1 938 209.23。

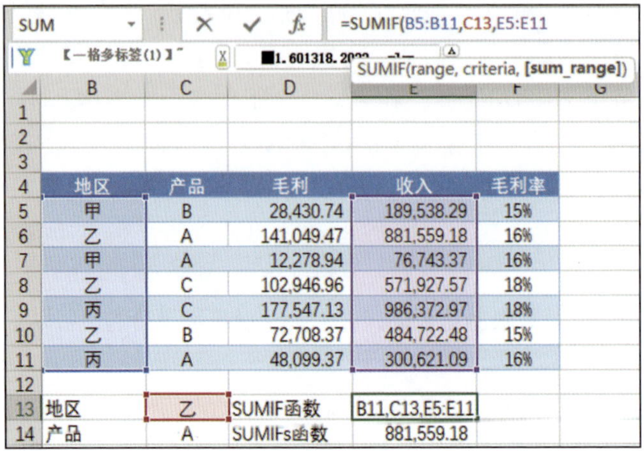

图 7-13　SUMIF 函数

2. **SUMIFS 函数**。英文里"s"表示复数，有"多"的意思，结合 SUMIF 来理解，"IF+S"就表示"多个假设条件""多条件求和"，用于计算满足多个条件时的和值。函数至少包括三个参数，形如"=SUMIF(求和区域,条件区域1,条件1…)"。第一参数为待汇总的单元格区域或数组；第二参数为被判断条件所在的单元格区域或数组；第三参数为被判断的条件，支持模糊条件，比如"<>现金"或"=201*"或"=2017年?月"。星号或问号的意义与 SUMIF 函数相同。SUMIFS 函数可以包括 5、7、9……个（多个）参数，从第四参数开始，用以添加附加的区域及其关联条件，除第一参数外，条件区域和条件总是成对出现的。SUMIF 函数和 SUMIFS 函数非常相似，它们的待汇总区域的参数位置不同，前者为第三参数，后者为第一参数。

注意：SUMIFS 与 SUMIF 的相同与不同：相同的是，二者褐色部分，均为条件区域在前，条件在后；不同的是，SUMIF 汇总区域是最后一个参数（第三参数），而 SUMIFS 汇总区域是第一个参数。SUMIFS 函数比 SUMIF 函数适应性更强，SUMIF 能做的，SUMIFS 都能做，推荐使用。

如图 7-14 所示，假设我们要求取地区"乙"且产品为"A"的收入情况，可在 E14 单元格输入公式"=SUMIFS(E5:E11,B5:B11,C13,C5:C11,C14)"，结果是881 559.18。

与 SUMIF、SUMIFS 这一对相似的函数有 COUNTIF、COUNTIFS 和 AVERAGEIF、AVERAGEIFS，分别是求条件计数和条件平均数，三对函数的参数类似，不再重复讲解。注意这三对函数的查找区域可以仅包含一个单元格。

	B	C	D	E	F
C14				=sumifs(E5:E11,B5:B11,C13,C5:C11,C14	

	B	C	D	E	F
4	地区	产品	毛利	收入	毛利率
5	甲	B	28,430.74	189,538.29	15%
6	乙	A	141,049.47	881,559.18	16%
7	甲	A	12,278.94	76,743.37	16%
8	乙	C	102,946.96	571,927.57	18%
9	丙	C	177,547.13	986,372.97	18%
10	乙	B	72,708.37	484,722.48	15%
11	丙	A	48,099.37	300,621.09	16%
12					
13	地区	乙	SUMIF函数	1,938,209.23	
14	产品	A	SUMIFs函数	=sumifs(E5:E11,B5:B11,C13,C5:C11,C14	
15				SUMIFS(sum_range, criteria_range1, criteria1	
16			, [criteria_range2, **criteria2**], [criteria_range3, criteria3], ...)		

图 7-14　SUMIFS 函数

7.5.2　动态地址翻译官 INDIRECT 函数及 R1C1 详解

我们知道，在公式中要使用某个单元格的值，直接输入那个单元格的地址就行了，比如单元格 A1 中的值为"0"，在 B1 中输入公式"=A1"，用"A1"这个地址就得到了值"0"。而你在 A2 中输入公式"= "A1""（加了双引号），Excel 会认为你想要的是值"A1"，如果你就想用加了双引号的 A1 来表示地址，你就得用到 INDIRECT 函数。

可能你会问了，我知道地址了，为什么给自己找麻烦，用引号来限死呢？这是因为你知道的地址是静态的、固定死了的，而在有些时候，公式可能需要灵活地址，可能是 A1、A2。如图 7-15 所示，希望 B2 能够随着 B1 的变化而自动取单元格 A1 或 A2 的值，你如果用"= "A"&B1"，这里的"B1"值有可能是 1 或 2……，你只能得到值"A1"或"A2"，而不是期望的"张三"或"李四"，这是因为 Excel 认为你想要的只是字符串的值，而不是地址。

	A	B
1	张三	1
2	李四	=INDIRECT("A"&B1)

	A	B		A	B
1	张三	1	1	张三	2
2	李四	张三	2	李四	李四

图 7-15　INDIRECT 函数应用实例

因此，我们必须用INDIRECT函数告诉Excel，我这个"= "A" &B1"，你要将它当成地址，别搞错了，也就是说，与Excel做地址的动态沟通是需要INDIRECT函数作为中间"翻译官"的。沟通是无法直接进行的，它是间接的、迂回的，这也正是英文INDIRECT的含义。

使用INDIRECT函数可以得到由文本字符串指定的引用返回值，函数即时对引用进行计算，并显示其内容。使用这个函数的好处是，不需要修改公式，只需要变动引用单元格中的值即可。

INDIRECT函数形如"=INDIRECT(地址表达式,*是否A1格式*)"，它有两个参数，第一参数就是单元格（区域）的地址的表达式，第二参数是声明第一参数的地址是什么格式的，该参数一般省略，默认为A1格式（类似于我们熟知的B5、F2这样），但如果第二参数为R1C1样式的引用时，需要将第二个参数指定为"FALSE"。所谓"R1C1样式"是以"R""C"为标志指明行号和列号的地址表达方式，"R""C"分别是英文单词"Row""Column"的首字母。

关于第二参数为R1C1格式，市面上可供大家学习参考的资料较少，很多同学容易犯迷糊，这里列出几个例子，见表7-4：

表7-4　INDIRECT 函数 R1C1 格式数例

序　号	R1C1格式	A1格式	说　明
1	=INDIRECT("R1C2",FALSE)	B1	第1行,第2列
2	=INDIRECT("R1",FALSE)	1:1	第1行
3	=INDIRECT("C2",FALSE)	B:B	不要被C迷惑,这里的字母C并非C列
4	=INDIRECT("RC2",FALSE)	B?	第2列, 仅写R默认公式所在的当前行
5	=INDIRECT("R2C",FALSE)	?2	第2行, 仅写C默认公式所在的当前列
6	=INDIRECT("Sheet2!RC",FALSE)	??	另一工作表Sheet2的同一行同一列单元格
7	=INDIRECT("Sheet2!R[0]C[0]",FALSE)	??	另一工作表Sheet2的同一行同一列单元格
8	=INDIRECT("R[-1]C[-1]",FALSE)	D4	假设公式在E5, 向左一列, 向上一行
9	=INDIRECT("R[-1].",FALSE)	3:3	假设公式在E5, 向上一行的整行
10	=INDIRECT("C[-1]",FALSE)	D:D	假设公式在E5, 向左一列的整列

观察表7-4，如果R1C1格式写全了，应当有字母R和C以及在其后用数字表示的行号和列号，但往往有以下几种省略的情况或者规律：

1）有字母R，但缺失R后数字，表示取当前行；

2）有字母C，但缺失C后数字，表示取当前列；

3）仅有数字，缺失字母，错误表达式，返回"#REF!"；

4）字母R和数字一起消失，指代的是C后数字表示的列整列；

5）字母C和数字一起消失，指代的是R后数字表示的行整行；

6）中括号"[]"，表示偏移，其中的数字表示偏移的行数、列数，负值表示向左向上，正值表示向右向下，0表示不偏移，相当于连同中括号和数字都未书写。

7.5.3　汇总表格的准备与公式设定

我们设计报表汇集系统的目的是什么？不就是为将模板上的工作表能够自动汇总出来吗？所以啊，肯定先要将模板文件中要汇总的表格放到主文件中，然后才谈得上怎么汇总。

1.准备表格。点击主控台工作表"打开模板"字样，选择第一个要汇总的工作表标签，按住Shift，然后再选择最后一个要汇总的工作表标签，右击【移动或复制】，如图7-16所示，在弹出的对话框中按照1至4的顺序点击"Financial Statements Summary System.xlsx"主文件、"移到最后"，勾选"建立副本"、点击【确定】，将"现金""存货"两表复制到主文件中来。

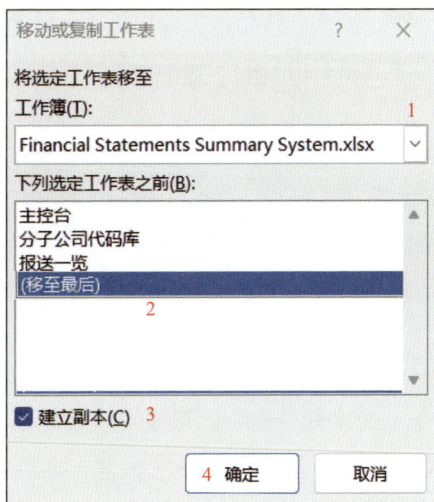

图7-16　移动或复制将汇总的工作表

2.表结构分析。图7-17所示是待汇总的存货，图7-18所示是汇集清单中有关存货的部分，观察蓝色框内的内容和列序号，可以看出二者是相同的，因此，我们可以根据"7.5.2"节讲解的INDIRECT函数的偏移特性，利用B列用于区分不同行的唯一代码来设计公式。

	B	C	D	E	F	G	H
1	CH001	表2					
2	CH002			202X年存货变动表			
3	CH003	填报单位:			2023.09		单位：万元
5	CH005	序号	行业分类	年初数	本年变动	期末余额	备注
6	CH006	1	房地产业	4,200.00	1,400.00	5,600.00	
7	CH007	2	贸易业	-	-	-	
8	CH008	3	运输业	920.00	170.00	1,090.00	
9	CH009	4	其他行业	-	-	-	
10	CH010			-	-	-	
11	CH011			-	-	-	
12	CH012			-	-	-	
13	CH013	合计		5,120.00	1,570.00	6,690.00	
15	CH015	批准:				审核:	

图 7-17　待汇总的存货表格

注意观察：图7-17所示中的B列，这是模板文件工作表中添加的辅助列，包含了不重复的特定字符，这些字符是在设计模板文件时手动添加的，是用以区分不同行次的。字符的添加是有讲究的，包括：

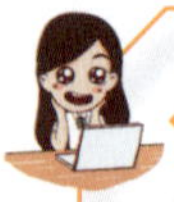

- 字符在模板文件工作簿范围（所有工作表）内必须是唯一的；
- 字符可添加工作表名作为标识，表名 + 序号，便于阅读；
- 只要是需要汇总的工作表，都是添加辨识字符；
- 插入新行时，B 列原有内容不允许更改，新加的行必须重新设置辨识字符；
- B列可设置字色与背景填充色相同，并设置单元格锁定，或者隐藏整列；
- 如感觉行列标签上大纲较“丑”，可按 Ctrl_8 显示 / 隐藏，注意不是小键盘上的 8；
- 不可使用 ROW 函数。

3. 设计公式。点入新增加的工作表存货单元格E6输入公式“=SUMIF(INDIRECT("'"&主控台!$C$6&"'!C[-3]",),$B6,INDIRECT("'"&主控台!$C$6&"'!C[0]",))”，公式的解读和注意点如下：

来源	自定	自定义.	自定义.D	自定义.D	自定义.I	自定义.Dat	自定义.Data.C
21 00总部(2023.08)muban.xlsx!存货	CH001	表2					
22 00总部(2023.08)muban.xlsx!存货	CH002	202X年存货变动表					
23 00总部(2023.08)muban.xlsx!存货	CH003	填报单位:总部				单位: 万元	
24 00总部(2023.08)muban.xlsx!存货	CH004						
25 00总部(2023.08)muban.xlsx!存货	CH005	序号	行业分类	年初数	本年变动	期末余额	备注
26 00总部(2023.08)muban.xlsx!存货	CH006	1	房地产业	1200	600	1800	
27 00总部(2023.08)muban.xlsx!存货	CH007	2	贸易业			0	
28 00总部(2023.08)muban.xlsx!存货	CH008	3	运输业	601	-95	506	
29 00总部(2023.08)muban.xlsx!存货	CH009	4	其他行业			0	
30 00总部(2023.08)muban.xlsx!存货	CH010					0	
31 00总部(2023.08)muban.xlsx!存货	CH011					0	
32 00总部(2023.08)muban.xlsx!存货	CH012					0	
33 00总部(2023.08)muban.xlsx!存货	CH013	合计		1801	505	2306	
34 00总部(2023.08)muban.xlsx!存货	CH014						
35 00总部(2023.08)muban.xlsx!存货	CH015	批准:				审核:	

主控台　分子公司代码库　报送一览　**2023.08**　现金　存货　⊕

图 7-18　汇集清单 "2023.08" 中的存货数据

1）由于公式有 E 列，因此在工作表 "2023.08（由 "'"&主控台!\$C\$6&"'" 指代）" 的 E 列向左偏移 3 列中查找等于 B6（即行的唯一代码）的数据，根据此条件汇总 "2023.08" 的 E 列；

2）由于 INDIRECT 第二参数使用的是 R1C1 格式，因此即使省略了该参数的值，逗号 "," 不可省略，否则会报错；

3）公式中的 "[0]" 可省略，表明使用的是当前列。

向右拖拉 E6 公式，F6 公式变为 "=SUMIF(INDIRECT（"'"&主控台!\$C\$6&"'!C[-3]",),\$B6,INDIRECT("'"&主控台!\$C\$6&"'!C[0]",))"，在 F 列向左偏移 3 列是 C 列，并非行的唯一代码所在的 B 列，因此公式不正确。我们可以改变思维，将 INDIRECT 第一参数改为 A1 格式，单元格 E6、F6 分别为 "=SUMIF（INDIRECT("'"&主控台!\$C\$6&"'!B:B"),\$B6,INDIRECT("'"&主控台!\$C\$6&"'!C[0]",))""=SUMIF(INDIRECT("'"&主控台!\$C\$6&"'!B:B"),B6,INDIRECT（"'"&主控台!\$C\$6&"'!C[0]",))"，在 G6 输入公式 "=E6+F6"，期初数加上变动数得出期末数。将第 6 行公式向下拖拉完成存货公式设计。按同样的方法，完成现金公式设计。

设置汇总公式并验证
上报情况

4. 数据验证。进入目录 "D:\SZCW\Chap7\FSSS\已收回\2023.08\" 中，在空白处按住鼠标左键，拖拉出一块虚线区域，将目录中的三个文件包含在内，松开左键，回车，批量打开这三个文件。将它们与主文件并排查看，图 7-19 所示以四个红框内数字为例进行验证：（K4）6 690=（K1 云南公司）4 600+（K2 辽宁公司）1 482+（K3 总部）2 306，等式成立，说明 SUMIF 公式和前面各节建立的数据查询、连接是有效并且正确的。

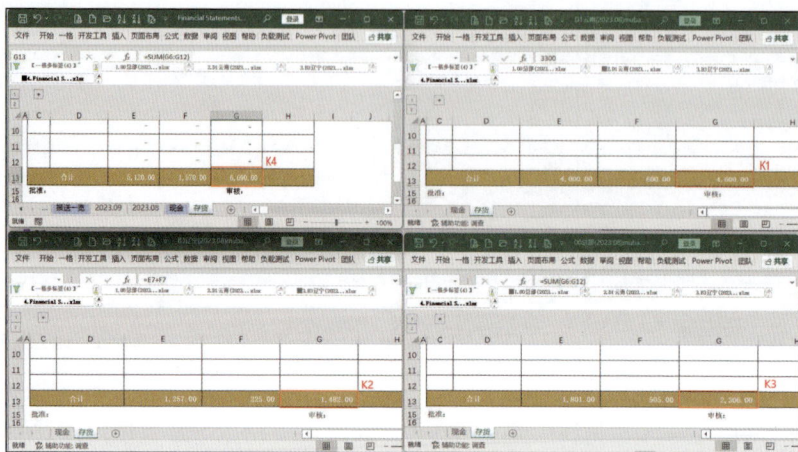

图 7-19 汇总表格数据验证

至此，一份成熟的会计报表自动汇总系统全部完成！

7.5.4 置顶查询和连接的总刷新

经过前述各节一系列的设计，见表7-5，我们已经拥有了多个连接和查询，从中也体会到了查询和连接的细微差别，同时，也学会了使用几个文件操作类的函数和汇总公式。这些设计的主要共性目标，都是为了应对"动态性"（也就是说，下属机构报送时间的不确定），这样当下属机构随时报送文件，当我们从汇总子文件夹中存放或者移除某个文件时，FSSS 就能够及时反映这样的变化。

表 7-5 各工作表主要功能应用

序　号	工作表名称	主要应用
1	主控台	File_DistributeA、File_Exist 等文件操作函数
2	分子公司代码库	报表汇集统计依据，注意勿重复
3	报送一览	连接和File_Exist 文件操作函数
4	2023.09	2023 09查询
5	2023.08	2023 08查询
6	现金	Sumif(s) 函数
7	存货	Sumif(s) 函数

因此，我们需要对不同的查询、连接、公式进行刷新，一个一个地刷新就显得有些烦琐了，能不能有个总开关呢？并且将它放在便于点击的地方。答案是可

以的，来，跟着图7-20所示之①至④的步伐一起学习：

点击【数据】【全部刷新】，右击下拉菜单的【全部刷新】，点击【添加到快速访问工具栏】，图7-20所示之⑤就是我们需要的总刷新按钮，无论在Excel任何选项卡状态，都能够在Excel界面上找到它！

当然，也别忘了，按Ctrl+Alt+F5也是可以全部刷新的。

图7-20 总刷新（全部刷新）按钮的置顶

7.6 汇集系统模型维护与扩展

7.6.1 汇集期间（时段）发生变化

完成了2023年8月的汇集之后，时间来到9月，已有部分下属公司上报了文件，利用FSSS系统能够自动完成对新期间的数据汇总吗？必须能啊，系统是能够自动适应汇集期间的变化的。我们按照以下步骤进行一些操作就可以了：

1.建立期间目录。在"D:\SZCW\Chap7\FSSS\已收回\"中建立子目录"2023.09"，将9月的上报文件存放其中。

2.主控台变更日期。在主文件主控台单元格C6输入"2023.09"，以便于其他工作表取数。

3.复制新查询。点击【数据】【查询与连接】，调出"查询与连接"控制面板，在"查询"下的"2023.08"字样右侧的空白处双击，进入PQ界面，然后操作如下：

报表汇总系统的
月初简单设置

233

①复制。在左侧"查询"清单中，选中"2023 08"，按下 Ctrl_C、Ctrl_V。

②改名。右击"2023 08(2)"，【重命名】，改名为"2023 09"；或在 PQ 界面右侧"查询设置"下的名称框内输入"2023 09"也可改名。

③更改源。在"应用的步骤"下，点击"源"右侧的齿轮，在弹出的对话框中，将路径修改为"D:\SZCW\Chap7\FSSS\已收回\2023.09"，点击【确定】，如图7-21所示。

④返回 Excel。点击【主页】【关闭并上载】，将数据提交给 Excel。

⑤修改工作表名称。将工作表名称"2023 09"修改为"2023.09"。

4.检查汇总表格。经上述设置，即可点击工作表"现金""存货"，检查表格数据是否已经自动更新（"7.5.3"节"数据验证"）。

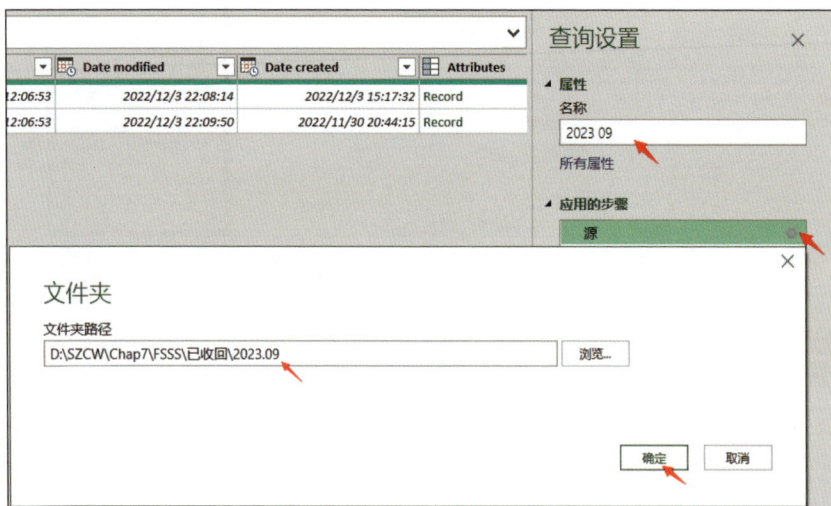

图 7-21　更改期间的"源"

7.6.2　多模板文件建模三法

本章讲解的表格汇集系统是以一个模板文件为例的，实际工作中有可能存在同时下发多个模板文件的情况，那么这个系统该如何扩展来适应多模板汇集呢？

可能的途径有以下几个：

1.替换法。当一个模板文件完成使命后，可将新模板文件（如"muban.xlsx"）粘贴进去覆盖旧模板文件，同时，将"已收回"文件中的形如"2023.08"这样7位字符的文件夹改名，比如"2023.08（已完成）"，并按照需要的年份+日期格式建立空白文件夹，用于存放下属机构报来的基于新模板的收回文件。

2.模板文件共存。将不同的模板文件放置于系统的"模板库"文件夹中，在主文件主控台工作表中单元格C10，设置下拉按钮，用于选择不同的模板文件，同时在相应的汇总文件中使用SUMIFS函数对PQ生成的查询表格（如"2023.08"工作表）的"来源"列进行多条件判断。

3.多系统共存。将系统整体移植，即一个模板文件对应一个系统，将新的模板文件放置于新系统的"模板库"文件夹中。如采用此模式，可将主文件"Financial Statements Summary System.xlsx"改名，以便于可同时打开不同系统中的多个主文件。

上述几种方法各有利弊，同学们可根据实际加以采用，但要注意，只要采用新模板文件，新模板文件中所有待汇集的工作表都要"移动/复制"到主文件中，成为新的待汇总工作表，并在新的待汇总工作表中注入新的SUMIF求和公式。

7.7 汇集系统内在逻辑线回顾

报表汇集系统是成功制作完成了，有必要做一个简单的回顾，系统中所用的表格以及关联的文件之间是一个什么样的逻辑关系？它们之间存在什么样的联系？

一图胜千言，我们琢磨一下图7-22所示的内容，从左向右想一下（由什么可以推出什么？），然后再倒过来，从右向左想一下（想要什么，缺什么就想办法补什么），你是不是突然对建模豁然开朗了呢？

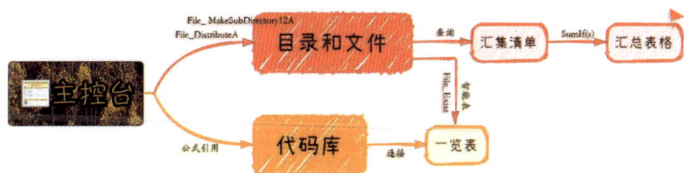

图7-22　FSSS组成部门内在联系图

就本章系统采用的文件而言，图7-22所示中"目录和文件"指的上报文件存放目录（文件夹）及其中各个年月期间目录和期间目录内的文件，如"D:\SZCW\Chap7\FSSS\已收回\2023.08\"；"汇集清单"指的是工作表

"2023.08""2023.09"；"汇总表格"指的是工作表"现金""存货"；"代码库"指的是工作表"分子公司代码库"；"一览表"指的是工作表"报送一览"。

掌握FSSS的运行机理后，你就有信心和底气对其进行优化了，在实践中，结合变动的业务模式，或者单纯为了提高系统运行效率，都激励我们优化模型，比如图7-17所示辅助列B列，它有易于观察识别、便于处理的优点，也存在要对模板进行预处理、人为增加一列显得累赘的缺点，如果你不愿接受它的缺点，你就会考虑如何才能不添加辅助列也可实现辨识模板不同行的目标，在PQ中用公式？还是在模板中使用其他汇总标志？优化的现实需求会促使我们进一步学习，寻找更新的优化解决方案。